La economía
del delito

Ricardo Monreal Ávila

La economía del delito

CONJURAS

· Los imprescindibles ·

L.D. Books

La economía del delito
© Ricardo Monreal Ávila

L.D. Books

D. R. © Editorial Lectorum, S. A. de C. V., 2016
Batalla de Casa Blanca Manzana 147 A, Lote 1621
Col. Leyes de Reforma, 3a. Sección
C. P. 09310, Ciudad de México
Tel. 5581 3202
www.lectorum.com.mx
ventas@lectorum.com.mx

Primera edición: noviembre del 2016
ISBN: 978-1543-28-4348

D. R. © Fotografía de portada: Shutterstock®
D. R. © Portada: Angélica Irene Carmona Bistráin

Introducción

México y el mundo experimentan un entorno grave, caracterizado por el aumento sensible del crimen y la violencia, aderezado con la corrupción y la impunidad, que amenaza con desbordar los cauces institucionales de contención y de control fiscalizador, jurisdiccional y político. Podría afirmar, sin temor a equivocarme, que es un mal momento para los estados nacionales, en general, y para el Estado de derecho en particular; es un mal momento social, salpicado de irritación y de enojo de los gobernados, provocado por la corrupción, la impunidad, los altos índices delictivos, la desconfianza, la decepción, el desempleo, la falta de oportunidades, la carestía... Todo esto viene a generar un ambiente social desfavorable para la paz, la sana convivencia y el desarrollo del individuo y la colectividad.

Pero mucho de esto tiene que ver con las esferas del poder público, porque en el fondo estas formas de violencia son promovidas, auspiciadas o permitidas por los propios centros del poder político mediante la protección de los delincuentes, la excepción en la aplicación de la ley, la ausencia de una representación política auténtica y la falta de conocimiento y profesionalización de las autoridades.

Una democracia inacabada, procedimientos de selección (de miembros o directivos de los principales organismos públicos) dudosos y de parcialidad comprobada, ausencia de planeación y falta de visión de Estado; todo esto genera que los poderes constituidos —lo mismo en los órganos jurisdiccionales que en las cámaras legislativas o en los órganos autónomos— se integren por personas que obedecen a una élite incipiente, que influye de manera negativa en la conducción y desarrollo de la nave estatal, arrojando como producto de desecho más violencia y mayor criminalidad.

Esto último deviene en una verdadera crisis de representación que entorpece o posterga la necesidad de atacar los lastres nacionales. En los últimos años, el número de homicidios registrados en la República Mexicana se ha multiplicado exponencialmente: de 2006 a 2012, la cifra fue de 24 por cada 100 mil habitantes, mientras que en los países más desarrollados se observó una tasa promedio de homicidios, durante el siglo xx, de uno por cada 100 mil personas.

Lamentablemente, la clase económica privilegiada de nuestro país sigue enteramente enfocada en amasar fortunas al amparo del poder público, mediante componendas de élite en las cámaras o en el Gobierno, lo que a su vez se traduce en un mayor atraso, y provoca la ausencia de auténticos estadistas y representantes capaces y honestos en los diferentes órganos del Estado, cuya presencia se hace impostergable.

Esto tiene que ver con la impunidad. Esta última y la corrupción engendran mayor delincuencia. Asimismo, en el contexto de la teoría económica del crimen, entre los costos que lo anterior significa, además del gasto directo en entrenamiento o implementos necesarios para cometer el delito, se debe incluir el costo esperado del castigo, no sólo el de la multa o la cárcel, sino también el de la atrición moral (coincidiendo con Gary Becker) y de otros riesgos intangibles.

Es decir, en la medida en que haya más impunidad habrá más atracción para cometer el delito; en tanto haya más corrupción y puedan ser evadidos los castigos, habrá más posibilidad de detonar una espiral de violencia generalizada.

Por eso es que tenemos que generar claridad en este tipo de análisis, y resulta fundamental que las aproximaciones teóricas que tratan de dilucidar la relación entre la economía y el fenómeno delincuencial respondan los cuestionamientos respecto a la falta de justicia y ausencia del Estado de derecho, tópicos que están bajo el escrutinio permanente de la sociedad.

Debo confesar que al comenzar a escribir este libro creí que sería más fácil la investigación y su actualización. Pero no fue así. El tema de la economía del delito me pareció sumamente atractivo dadas las circunstancias cotidianas que la nación sufre en la actualidad, sobre todo reconociendo que en México es un tema de preocupación constante en la mente de sus habitantes; sin embargo, en el proceso de la investigación me encontré con dificultades para obtener la información; con la existencia de cifras negras y desconocidas; con el contubernio y la complicidad, nunca faltos de corrupción e impunidad.

Dicho lo anterior, el presente esfuerzo de investigación parte del interés por el nexo entre la economía y el crimen, vínculo que ha sido reconocido en un amplio contexto histórico y motivo de profundos estudios, inclusive desde antes de la aparición formal de las ciencias sociales.

Al momento de analizar las implicaciones y correlaciones entre las variables del sistema económico y los índices delincuenciales, parece haber cierta preeminencia del enfoque racional de la teoría económica. Sin embargo, conviene traer a colación algunas semblanzas relacionadas con ciertos supuestos que se ubican más bien en el campo de la economía política y que precedieron o incluso acompañaron los desarrollos teóricos del *homo economicus*.

Esto, porque si bien es cierto que el *homo economicus* se encuentra en la base de la propuesta de la teoría económica del delito, no debe soslayarse que la complejidad que encierra el fenómeno delincuencial y su relación con el entorno o el contexto económico amerita ampliar los horizontes intelectuales para asumir que como individuos también somos *homo sapiens, homo faber, homo politicus* y *homo eroticus,* entre otras formas de manifestación de nuestra propia naturaleza humana.

En atención a esto último, en esta obra se abordarán todas aquellas conjeturas que apuntan al hecho de que la pobreza, la desigualdad económica y la deficiente o irregular cobertura de servicios públicos básicos acaparan el mayor número de elementos de riesgo que repercuten en mayores índices de criminalidad y violencia.

En la presente obra, asimismo, se atiende el contexto internacional, partiendo de un análisis metodológico de carácter deductivo y de cierta noción holística de la realidad; se incluyen, entre otros, los aspectos generales de la globalización económica y el carácter transnacional de los delitos cometidos por la delincuencia organizada internacional.

Al desarrollar los capítulos me fui adentrando en la revisión de estadísticas, encuestas, datos y cifras que fueron creando la percepción que, de continuar con las políticas públicas aplicadas, nos situaríamos en caminos sin retorno en materia de seguridad pública.

La economía del delito de un país o de una región describe su perspectiva en el corto, mediano y largo plazos; por ende, en el transcurso de la presente investigación acudo a lugares comunes y también a espacios inaccesibles y excepcionales que sorprenderán al lector. Así fue como decidí analizar el caso concreto de la Ciudad de México y de la delegación Cuauhtémoc, sus implicaciones económicas y sus consecuencias políticas y sociales.

Al detallar y precisar hechos, actos y lugares en los que se expresa con naturalidad y tolerancia la incidencia delictiva y su repercusión económica ilícita, el objetivo del presente trabajo se erige como una muestra delicada de la descomposición y destrucción del tejido social que al Estado le urge atender y resolver.

Las diversas manifestaciones de la criminalidad o la presencia de conductas antijurídicas y actividades de alto impacto que derivan en la presencia de grupos de delincuencia organizada que han detonado los índices criminógenos, están directamente relacionadas con la economía, con la desigualdad, con la pobreza, la exclusión y finalmente con las políticas públicas del régimen.

En pocas palabras, podría afirmar que la inseguridad pública y la presencia de grupos criminales y delincuenciales que generan una significativa y poderosa economía ilegal son submundos alejados del control institucional del Estado.

Los gobiernos han abandonado esta función primordial, este principio de justificación y fin esencial del

Estado, poniendo en riesgo la convivencia armónica de los seres humanos que decidimos vivir en comunidad.

La desigualdad ha recobrado su importancia en cualquier análisis que se formule y es, junto con la pobreza y la economía, nuestro punto de partida para la explicación sociológica, política y cultural sobre la presencia del crimen y su repercusión.

Hay poderosas razones para afirmar que la desigualdad se torna en un riesgo para cualquier sociedad; resulta mala incluso para *los de arriba*, para los que concentran la mayor riqueza, pero también para el rendimiento económico de una nación.

En efecto, la economía paga un alto precio por la desigualdad, crece más despacio y de manera menos sostenible. En México, país de la desigualdad, el grupo de las y los mexicanos más poderosos en la actualidad (aproximadamente el 1% de la población) concentra el 43% del total de la riqueza; pero incluso a ese 1% debería preocuparle la desigualdad, por su propio interés.

Es decir, la teoría del "derrame económico" o, como se conoce, el *Trickle-Down Economics*, tan socorrida y aplicada a ultranza por el neoliberalismo, está desacreditada. No funcionó. La desigualdad está en la base de las teorías que reivindican la idea de que el contexto, las condiciones o los factores sociales se ubican en la raíz de las principales causas del delito, lo cual explica en parte la constitución y fortaleza de los grupos delincuenciales de todo tipo, mismos que se habrán de analizar con detalle en las páginas de este libro.

No olvidemos que el poder de los monopolios es la causa principal de la desigualdad; el poder monopólico provoca que *los de abajo* no tengan acceso a la educación; que existan prácticas rentistas y financiarización; que aumenten los precios y, por tanto, bajen los sueldos, y se elimine la negociación colectiva, lo cual asfixia a los trabajadores y debilita a los sindicatos.

Sin duda, la prevención del delito debe ser considerada el mecanismo más idóneo y eficaz para contrarrestar el aumento del crimen y la presencia de la delincuencia. El Estado debe invertir en este rubro, en razón de los beneficios directos que debería reportar, los cuales se traducirían en mayores índices de seguridad, mayor inversión y productividad, mayor confianza ciudadana e institucional, mejores índices de desarrollo económico y social.

Hasta ahora, la inversión económica en prevención del delito ha sido insuficiente y precaria, y es parte también del análisis que se hace en esta investigación, para determinar el modelo económico óptimo de combate al delito. Entre otros aspectos, se vislumbra la repercusión de la introducción de la variable tecnológica en el combate al crimen y la prevención del delito.

Debemos coincidir en que la delincuencia impacta negativamente a la economía y a la sociedad, afecta la confianza de un país, vulnera la convivencia, inhibe inversiones, productividad y crecimiento, disminuye la calidad y la esperanza de vida, lesiona el Estado de derecho y hace inviable la existencia de una nación democrática y soberana.

Criminalidad, violencia y costo

En sociedades como la nuestra, los tópicos que se relacionan con la violencia y el crimen —léase: *inseguridad*— acaparan gran parte de la agenda pública de los gobiernos, y prácticamente son imprescindibles en los discursos políticos de campaña y en la plataforma electoral de los partidos. Por ende, nunca estará de más cualquier aproximación que se haga al tema, en tanto que es y será una categoría conceptual que admite las más variadas propuestas clásicas o revisionistas desde todas las trincheras morales e intelectuales.

Al analizar el ciclo económico se atribuye al desempleo la variable del aumento o disminución de la criminalidad, y se describe cómo los sectores sociales afectados con la disminución o pérdida de recursos económicos buscan sustituirlo con actividades ilícitas.[1]

Ésta es una variante que no podemos desatender dado que el individuo, al no tener alternativa de ocupación en actividades lícitas o de ser empleado formal y

---

[1] Ramírez de Garay, Luis David (2014). *Crimen y economía: una revisión crítica de las explicaciones económicas del crimen.* Argumentos, 74.

ordinariamente, termina cometiendo conductas antisociales. Mucho se ha discutido sobre las tesis del desarrollo económico, si éste hace posible la disminución del crimen y el delito, y si los países de alto desarrollo están asociados con bajas tasas de criminalidad.

En contraposición al desarrollo económico se encuentra la pobreza, cuyos efectos profundizan la exclusión social, y estructuralmente mantienen a un sector de la población en el límite de la sobrevivencia y, como consecuencia, este sector social vulnerable es susceptible de ser atraído a cometer conductas ilícitas. Está demostrado que en lugares donde crece la pobreza escasea el número de oportunidades para los habitantes, y como resultado aumenta la posibilidad de la comisión de delitos y la criminalidad, sobre lo cual abundaré más adelante.

Criminalidad, violencia y costo en México

Lamentablemente, en México, derivado de grandes factores como el desempleo, la corrupción, la falta de oportunidades, entre muchos otros aspectos, el número de delitos cometidos se ha incrementado exponencialmente en los últimos años. Este aumento tiene una relación directa con la economía del país, puesto que las pérdidas hacen que el delito tenga un costo muy alto para la población.

Los datos, sin duda, son alarmantes: según la *Encuesta Nacional de Victimización y Percepción sobre Seguridad Pública 2015* (ENVIPE), en 2014 al menos 22.8 millones de personas fueron víctimas del delito. Como consecuencia de ello se generaron pérdidas equivalentes a 155 mil millones de pesos, así como gastos de atención a la salud que ascienden a los 8.2 mil millones de pesos.

14

Al considerar estas cifras se obtiene que el costo del delito es de 226.67 mil millones de pesos. En promedio, hablamos de que por cada persona el delito cuesta 5 mil 861 pesos, cifra que ha ido en aumento en los últimos años, ya que en 2011 fue de 123.4 mil millones; en 2012, de 215.2 mil millones; y en 2013, de 213.1 mil millones de pesos.

Esa cifra representa el 1.27% del PIB nacional. Así entonces, el costo por delito está casi a la par del crecimiento anual del PIB nacional, lo cual hace reflexionar acerca del gran costo que la delincuencia le representa al país, y que las estrategias del combate resultan onerosas e ineficaces. Es así como el delito le cuesta una enorme cantidad de recursos a la nación, mucho de lo cual proviene de particulares.

Ante los altos índices delictivos y la mala percepción social de seguridad, la población hace gastos en medidas de protección para sus hogares. Se estima que existen 34 millones 297 mil 592 personas en hogares que han implementado alguna de estas medidas. A nivel nacional se hicieron erogaciones por 63 mil 640 millones 436 mil 623 pesos, lo que da un promedio de 1,856 pesos por persona.

En la Ciudad de México, el dato no varía mucho: en 2014 cerca de 3 millones de personas fueron víctimas del delito, lo que arrojó pérdidas de 27.3 mil millones de pesos, con gastos de 726 millones de pesos para la atención a la salud. Por lo tanto, el costo del delito en la capital del país es de casi 32 mil millones de pesos, lo que quiere decir que a cada persona afectada le cuesta 8 mil pesos cada delito.

De igual manera, quienes habitan en la Ciudad de México invierten en su seguridad. Existen alrededor de 3 millones de personas en hogares que tienen alguna medida de protección, lo cual representa un gasto de 4 mil millones de pesos; esto es, un promedio de 1.3 mil pesos por persona.

Tales cifras consideran mayormente a los delitos que en este libro llamaré *comunes*, como el homicidio, las lesiones, el robo, entre otros. Sin embargo, existen también aquellos delitos a los que me referiré como *de alto impacto*, cometidos principalmente por el crimen organizado, como el secuestro, la trata de personas y el tráfico de drogas (conocido como *delitos contra la salud*), los cuales son los que mayor impacto tienen en la economía del delito. De todos ellos me ocuparé detenidamente en el capítulo 4.

Recordemos que la Comisión de Salarios Mínimos estableció la cantidad de 73.04 pesos para 2016; por lo tanto, el impacto del crimen y la violencia se traduce en daños y perjuicios que para un mexicano que gana el salario mínimo equivalen a casi el costo de una quincena trabajada. En pocas palabras, la clase trabajadora y obrera termina *lavando los platos sucios* y absorbe directamente los costos de dicho impacto.

Asimismo, la distribución per cápita de los costos implícitos en el crimen y la violencia del país resulta ser un plano ideal, puesto que en la práctica los sectores más pobres o pauperizados de la sociedad son los que soportan directamente los embates de la violencia y de los criminales.

De conformidad con el mapa mundial basado en el *Informe sobre el Desarrollo Humano* de la ONU, en 2015 menos del 2% de los mexicanos vivía con menos de 1.25 dólares, lo que según el tipo de cambio promedio del primer trimestre de 2016 equivale a 21.65 pesos al día.

Empero, esta cantidad que determina el umbral para hablar de pobreza extrema representa el 29.64% del salario mínimo en México.

Es importante remarcar que el sistema judicial de nuestro país enfrenta grandes retos, como la enorme carga de trabajo y el alto índice de sobrepoblación en las prisiones. En 2015, la paz en México mejoró en un 0.3%, que es el menor avance que hemos tenido en los últimos 5 años, combinado con el gran número de detenciones sin sentencia. Estas mediciones fueron posibles gracias al *Indicador de Paz en México*, en inglés MPI (*Mexico Peace Index*), realizado por el Institute for Economics and Peace, con base en el *Indicador de Paz Global* que se lleva a cabo cada año desde 2007.

En esta medición de paz en México,[2] Hidalgo se posiciona como el estado más pacífico, seguido de Yucatán, Veracruz, Tlaxcala y San Luis Potosí. Las cinco entidades menos pacíficas son Guerrero, Sinaloa, Morelos, Baja California Sur y Baja California. El estado de Guerrero es una vez más el menos pacífico del país, con el porcentaje más alto de homicidios (54.5 homicidios por cada 100 mil personas).

El estudio de los porcentajes acerca de indicadores de violencia en ese estado proyecta una característica muy interesante, ya que hubo avances en la lucha contra extorsión, secuestro y crímenes relacionados con el tráfico de drogas, y podría representar un aparente progreso. Sin embargo, el creciente aumento de homicidios nos indica un cambio radical en cuanto a las formas de ejercer la violencia: menos tolerancia para la extorsión y altos

---

[2] Institute for Economics and Peace (Mar 2016.). *Mexico Peace Index 2016*, IEP Report 38. Consultado en: http://goo.gl/oFWkMj el 4 de julio de 2016.

índices de homicidios; y tomando en cuenta la psicología de los grupos delictivos, se podría estar enviando un mensaje para todo aquel que no coopere.

Según cálculos realizados a partir de la información de la *Encuesta Nacional de Victimización y Percepción sobre Seguridad Pública* (ENVIPE) del Instituto Nacional de Estadística y Geografía (INEGI), en 2014 solamente se denunció en México el 10.70% de los delitos ocurridos, y el resto de los ilícitos no fueron denunciados por causas atribuibles a la autoridad, como pueden ser:

• Se considera a la denuncia una pérdida de tiempo.
• Se tiene miedo de la extorsión.
• Prevalece la desconfianza hacia las autoridades.
• El trámite le consume mucho tiempo al denunciante.
• La actitud hostil y nada servicial de la autoridad.

Al considerar la media de los datos para cada estado de la República y a nivel nacional, le toma en promedio dos horas (119.08 minutos[3]) a una persona que ha sido víctima de un delito realizar una denuncia ante el Ministerio Público. Esta escala de valores ha ido en constante incremento con el paso de los años. Por ejemplo, en 2010 en el estado de Puebla una persona tardaba alrededor de 234.48 minutos en hacer una denuncia, es decir, casi cuatro horas.

En el contexto de los índices de criminalidad y de violencia de que son objeto algunas entidades del país,

---

[3] INEGI. (30 de septiembre de 2015). *Encuesta Nacional de Victimización y Percepción sobre Seguridad Pública* (ENVIPE) 2015 INEGI. Consultada en: http://goo.gl/sMjIOi el 4 de julio de 2016.

no se puede dejar de mencionar el caso del Estado de México, ya que en dicha demarcación se denuncia, en promedio, un delito cada 90 segundos; es decir, casi se corresponden las cifras de denuncias por minutos transcurridos. Por otro lado, carece de una cobertura suficiente por lo que compete a ciertos servicios públicos fundamentales, no obstante que en virtud de sus índices económicos contribuye con el 9.5% del Producto Interno de México; de ahí que en dicha entidad operen el 11% de las empresas de todo el país.

Dos millones y medio de los habitantes de esa entidad federativa viven en extrema pobreza y marginación, lo que se acompaña con severas violaciones a las garantías individuales. Recuérdese el caso especial de San Salvador Atenco suscitado en 2006, donde según investigaciones de la Comisión Nacional de los Derechos Humanos y la Suprema Corte de Justicia de la Nación hubo abusos, detenciones arbitrarias, trato cruel, tortura, allanamientos de morada, abuso sexual y violaciones a 26 mujeres, entre otras atrocidades.[4]

Como parte de los principales factores que incentivan la actividad criminal tenemos que en dicha demarcación prevalece la falta de aplicación estricta de la ley penal, sobre todo para el caso de altos funcionarios de las presentes o pasadas administraciones, lo que a su vez contribuye a fortalecer el alto grado de desigualdad social y económica. Según datos del ENVIPE, el Estado de México encabeza la lista de las 10 entidades con mayor tasa de victimización.

---

[4] Comisión Nacional de los Derechos Humanos. (16 de octubre de 2006). *Recomendación 038/2006* Sobre el caso de los hechos de violencia suscitados los días 3 y 4 de mayo de 2006 en los municipios de Texcoco y San Salvador Atenco, Estado de México. Consultado en: http://goo.gl/AuNcVY el 4 de julio de 2016.

Por otro lado, México se ha convertido reciente-mente en tierra de los cárteles de las drogas, lo que ha generado entre otras consecuencias un ámbito hostil para ejercer ciertas libertades fundamentales. Así, tenemos que nuestro país se ubica como uno de los peores en el hemisferio en cuanto a violencia y ataques a la libertad de prensa. Los asesinatos o ejecuciones cometidos contra periodistas y reporteros usualmente son a sangre fría, y en la mayoría de los casos no hay sanción para los culpables.

Al comenzar a escribir este libro, a inicios de 2016, eran cuatro los periodistas asesinados en nuestro país durante ese año. Al día de hoy (julio del mismo año), suman diez:

1. Marcos Hernández Bautista, ejecutado de un disparo en la cabeza el 21 de enero, corresponsal del diario *Noticias*.

2. Reinel Martínez Cerqueda, quien participaba en la estación de radio comunitaria *El Manantial*, de Oaxaca, fue asesinado a tiros el 22 de enero.

3. Anabel Flores Salazar fue sustraída de su domicilio por medio de la violencia el 8 de febrero y hallada muerta al día siguiente, con huellas de tortura. Colaboraba en medios locales, como *El Sol de Orizaba*. Ocurrió en Veracruz.

4. Moisés Dagdug Lützow, quien fue apuñalado en su domicilio el 20 de febrero en Villahermosa, Tabasco, después de haber exhibido abierta y continuamente ciertos casos de corrupción y crimen en su programa de radio y en sus transmisiones en vivo por internet.

5. Francisco Pacheco Beltrán, en Taxco, Guerrero, fue asesinado afuera de su casa el 25 de abril. Fue fundador del diario *El Foro de Taxco*.

6. Manuel Santiago Torres González fue asesinado el 14 de mayo en Veracruz; él era editor de su propio portal informativo y colaboraba con el Ayuntamiento de Poza Rica.

7. Elidio Ramos Zárate colaboraba con el periódico *El Sur*, diario del Istmo, y fue acribillado el 19 de junio, luego de haber dado cobertura a los enfrentamientos en Nochixtlán, Oaxaca, y después de haber sido amenazado durante el desempeño de su labor.

8. Zamira Esther Bautista Luna fue asesinada afuera de su domicilio en Tamaulipas el 20 de junio por disparos de arma de fuego. Era periodista independiente.

9. Salvador Olmos García, locutor de la radio comunitaria *Tuu Ñuu Savi*, de Oaxaca, murió el 26 de junio al ser atropellado, presuntamente, por una patrulla de la policía de Huajuapan de León. Se tiene registro de que fue golpeado por los policías y presentaba huellas de tortura. Él apoyaba al movimiento magisterial.

10. Pedro Tamayo Rosas, periodista que tenía seguridad por parte de la Comisión Estatal para la Protección a Periodistas de Veracruz desde febrero de 2016, fue acribillado el 20 de julio en Tierra Blanca, Veracruz.

De acuerdo con la Organización de las Naciones Unidas para la Educación, la Ciencia y la Cultura (Unesco), en lo que va de 2016 han sido asesinados 49 periodistas en todo el mundo; 14 de ellos en América Latina, de los cuales 9 eran mexicanos (ya son 10), lo que posiciona a nuestro país como la nación más peligrosa de la región para ejercer esa labor.

La frecuencia con la que siguen sucediendo los crímenes en contra de periodistas y trabajadores de los medios de información es alarmante. Aun cuando se han llevado a cabo algunos intentos normativos y administrativos para atacar este flagelo, éstos han resultado insuficientes y ha quedado claro que no se ha contenido la creciente espiral de violencia, de inseguridad e impunidad que reina en nuestro país. México se ubica en el lugar 148 de 180 naciones en cuanto a los Indicadores de Libertad de Prensa.

Por otra parte, no olvidemos los delitos económicos, que son una constante preocupación para los países y distintas organizaciones del mundo. En México constituyen una gran amenaza para los procesos básicos de desarrollo económico (compras, ventas, pagos, cobros, importaciones y exportaciones).

Sin embargo, últimamente, con los avances notorios en ciencia y tecnología, estos delitos han encontrado un factor de multiplicación, puesto que cada vez son más comunes las transferencias o transacciones electrónicas, como los pagos en línea. En sólo cuestión de segundos un criminal cibernético podría apoderarse de la identidad y los recursos de cualquier persona.[5]

[5] PwC México. (2014). *Encuesta sobre delitos económicos 2014. Suplemento México*. Consultado en: https://goo.gl/i7Omdw_el 4 de julio de 2016.

Tabla 1

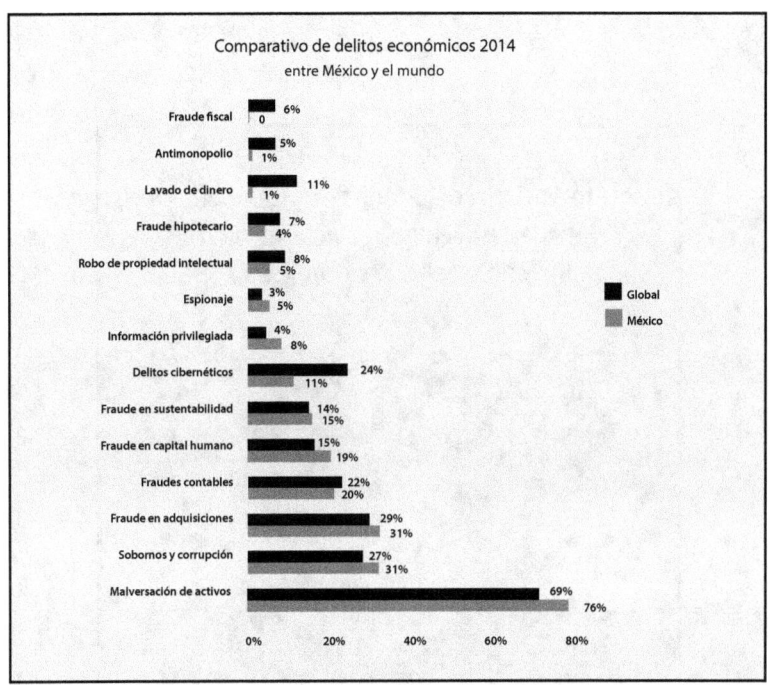

Comparativo de delitos económicos 2014
entre México y el mundo

	Global	México
Fraude fiscal	6%	0
Antimonopolio	5%	1%
Lavado de dinero	11%	1%
Fraude hipotecario	7%	4%
Robo de propiedad intelectual	8%	5%
Espionaje	3%	5%
Información privilegiada	4%	8%
Delitos cibernéticos	24%	11%
Fraude en sustentabilidad	14%	15%
Fraude en capital humano	15%	19%
Fraudes contables	22%	20%
Fraude en adquisiciones	29%	31%
Sobornos y corrupción	27%	31%
Malversación de activos	69%	76%

A continuación se exhibirán algunas tablas y gráficos con información relevante respecto del crimen y la violencia en México.

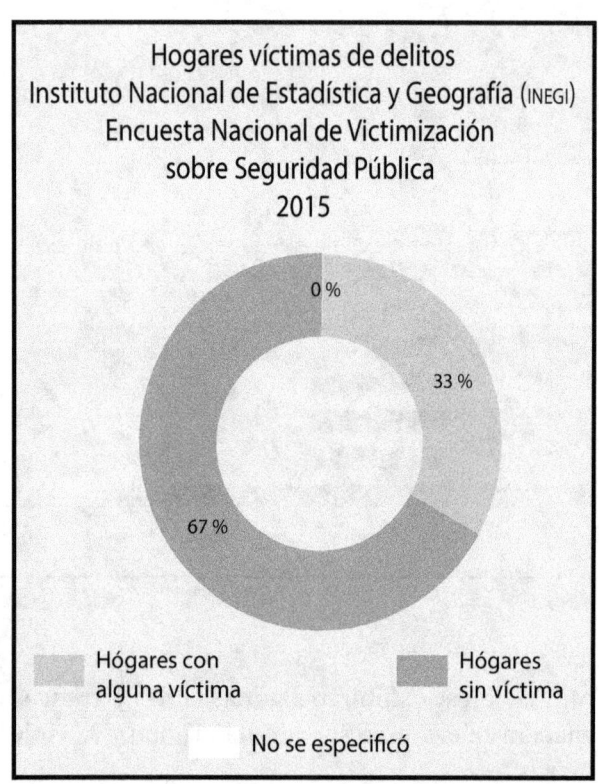

Hogares víctimas de delitos
Instituto Nacional de Estadística y Geografía (INEGI)
Encuesta Nacional de Victimización
sobre Seguridad Pública
2015

0 %

33 %

67 %

Hógares con
alguna víctima

Hógares
sin víctima

No se especificó

En la siguiente tabla, según la *Encuesta Nacional de Victimización sobre Seguridad Pública*, es posible observar la relación de crímenes perpetrados en México por género, de donde se deduce fácilmente que los hombres superan a las mujeres por un amplio margen.

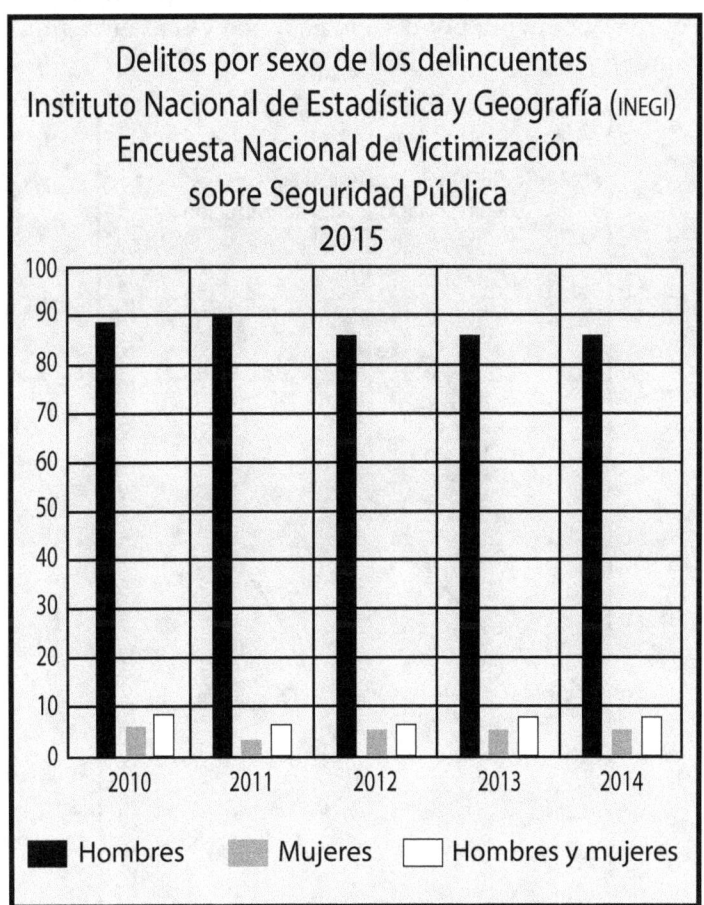

En el siguiente gráfico, elaborado por el INEGI con base en la *Encuesta Nacional de Victimización sobre Seguridad Pública 2015*, se muestra la tasa de delitos por tipo y pone en evidencia que el robo permanece como el ilícito más concurrente en el país, aunque en la tabla no se manejan las modalidades de manera desagregada, por lo que el rubro se configura por el robo genérico y el asalto a transeúntes y a transporte público.

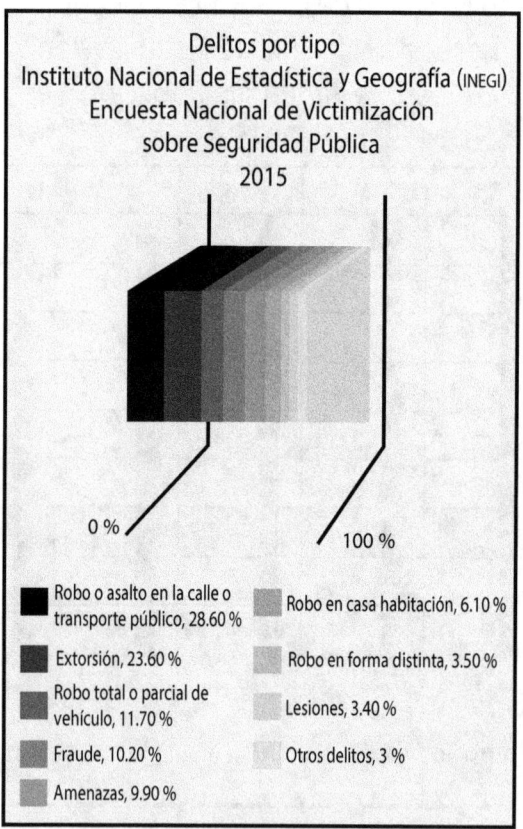

Instituto Nacional de Estadística y Geografía. *Encuesta Nacional de Victimización sobre Seguridad Pública 2015.*

La siguiente gráfica del INEGI, basada igualmente en la *Encuesta Nacional de Victimización sobre Seguridad Pública* de abril a marzo de 2015, pone en evidencia información sumamente importante para los efectos del presente trabajo. La relación entre las variables económicas y el crimen y la violencia subyacen en el fondo de los principales temas que se estarán abordando.

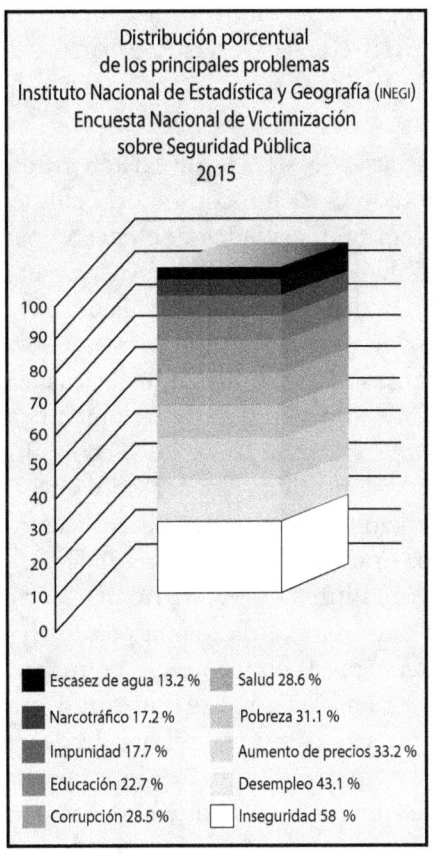

Instituto Nacional de Estadística y Geografía. *Encuesta Nacional de Victimización sobre Seguridad Pública*. Abril a marzo de 2015.

Queda, pues, expuesto que aun de manera intuitiva la mayoría de los mexicanos está consciente de la estrecha relación entre la economía y el delito; entre fenómenos económicos como pobreza, desempleo y falta de oportunidades, y la inseguridad (el aumento o disminución del crimen o la violencia).

Surgimiento de la delincuencia, sus causas sociales y políticas

En nuestros días es evidente que existen múltiples formas que ha adoptado el delito y sus causas son, en cada uno de los casos, particularidades que hacen aparentemente incomprensible la raíz y lo que subyace en el fondo. Esta investigación tiene entre sus objetivos primordiales exponer la matriz, la raíz del acto delictivo, y con ello determinar las causas estructurales e históricas sin las cuales sería imposible comprender este fenómeno.

En primer lugar, la teoría de la economía del delito parte de una visión utilitarista del individuo. Este último, en la concepción anglosajona, ha sido comprendido a través de dos grandes periodos: premoderno y moderno. Respecto a esta última etapa, corrientes teóricas como el utilitarismo han marcado la pauta para ordenar algunas de nuestras categorías conceptuales contemporáneas.

En la premodernidad el individuo era comprendido como un ser, como un animal desde otras aristas, con facultad para crear un orden interno, espiritual —o místico, si se quiere—, en el que el delito constituía una transgresión y, por lo tanto, una amenaza al equilibrio entre este orden individual —y sus relaciones— y el orden externo; los griegos clásicos los denominaron *hibris* y *thimos*, desórdenes del equilibrio interno que atentaban contra la comunidad y los dioses.

Algo distinto sucede en nuestros días, puesto que la mentalidad occidental moderna no asume al individuo como un ser capaz de crear el orden interno mediante sus facultades anímicas, sino que es la sociedad la que crea este orden interno; o mejor dicho, en el orden interno de las facultades anímicas del individuo encontramos reflejado el mundo social, y cada uno de los actos del individuo es la expresión del desarrollo y el retraso del orden social.

El utilitarismo parte de una premisa según la cual el individuo es la imagen institucionalizada del orden social. En la modernidad, este orden social se desarrolla sobre la base de estructuras materiales en las que articula su autorregulación y su autodeterminación, tales como las estructuras gubernamentales, administrativas, culturales y morales. El Estado moderno es una unidad política en la que se desarrollan estas estructuras.

La esencia del Estado es la razón. El individuo y el Estado están vinculados de una forma esencial, precisamente porque el individuo es la potencia del Estado, y éste es el acto real del individuo. El individuo sólo se hace real si permanece dentro de la estructura del Estado; si la transgrede, el Estado suprime la capacidad de acción.

La teoría de la sociedad de Max Weber sobre el Estado, tomada prácticamente del *Manifiesto del Partido Comunista* de Engels y Marx, nos puede ayudar a comprender la unidad orgánica entre el individuo y el Estado. En *El político y el científico* la define en las siguientes palabras:

Asociación de dominación con carácter institucional que ha tratado, con éxito, de monopolizar dentro de un territorio la violencia física legítima como medio de dominación y que, con este fin, ha reunido todos los medios materiales en manos de sus dirigentes y ha expropiado a todos los seres humanos que antes disponían de ellos por derecho propio, sustituyéndolos con sus propias jerarquías supremas.[1]

Esta definición nos puede ayudar a comprender el hecho de que el Estado no es una estructura externa cuya lógica sea ajena al individuo, sino que encontramos su esencia en el culto a la razón, y esta última debe considerarse además como una forma de producción de la lógica social. Una manifestación directa de las aspiraciones y de la capacidad de realización del individuo y del colectivo en el que se halla inmerso.

El Poder Judicial constituye una de las formas estatales de monopolio, ejercida por una relación histórica de amo y esclavo, de dominantes sobre dominados. Michel Foucault ha definido en *Vigilar y castigar* la correlación que tiene el ejercicio del Poder Judicial con los mecanismos institucionales que la sociedad se crea para determinar la relación dialéctica de amo y esclavo, de juez y condenado.

Esta relación histórica nos ayuda a comprender cómo los instrumentos institucionales son una forma de ejercer el control de unos sobre otros. En tal relación nos encontramos con que el ejercicio del Poder Judicial siempre se encuentra vigente; es por eso que el Estado es siempre real. Una cárcel o un manicomio están en pie porque funcionan como condensadores; en estos lugares se deposita aquello que las capas sociales dominantes

---

[1] Weber, Max. (1979). *El político y el científico.* 5.ª edición. Alianza Editorial. Madrid, p. 92.

consideran como indeseable, como paria, lo incómodo de la sociedad.

El sistema penal, como determinación institucionalizada del Estado, ejerce el Poder Judicial a través de una racionalidad de los elementos, las formas, los espacios, los tiempos, límites y alcances de los actos sobre los cuales regula los diversos modos de manifestarse del individuo. De ahí que Gary Becker, quien ganó el Premio Nobel de Economía en 1992, expusiera a través de las determinaciones que rige al acto ilícito una lógica interna vinculada al sistema acusatorio: de lo que se trata es de saber qué medidas se pueden constituir como fórmulas que permitan al Estado administrar y regular de forma óptima el acto delictivo, entendido éste como un acto económico.

El estudio sobre el origen del delito, sin embargo, no puede reducirse a la estructura lógica del sistema penal. Éste, al pensar al delincuente y al criminal como seres racionales, lo hacen capaz de discernir y, por tanto, de discriminar entre la acción con mayor índice de efectividad y la ganancia que puede producir, y la acción con menor índice de efectividad a la vez que con una perdida escatimada por el sistema punitivo.

El sistema penal, en la teoría económica del crimen, tiene la ventaja de poder explicar el alto índice de crímenes y de delitos, ya que al usar elementos que son condiciones suficientes y necesarias para replantear los esquemas econométricos como el de la razón del delincuente, hace del crimen y del delito una forma comprensible del hecho. Precisamente porque nos explica que el alto índice de crímenes y de índices delictivos se deben a que el individuo encuentra en estos actos una mayor ganancia y un espacio económico rentable, contrario a lo que pasaría si hiciera cualquier otra actividad dentro del marco legal y apegado al Estado de derecho. Sus acciones, enmarcadas en los límites de la ilegalidad y la delincuencia, consideradas racionalmente, hacen las veces de una especie de trabajo, en el que involucra un análisis mínimo de costos y beneficios.

Vale decir que aquí nos hemos referido sólo a la relación entre individuo y Estado, para extraer de su lógica los medios a través de los cuales podemos comprender al acto delictivo como expresión del desarrollo de su relación. Sin embargo, comprendemos que existe una tipología que es producto de este desarrollo, en la que se encuentra, por ejemplo, la delincuencia organizada transnacional, como un estadio superior del fenómeno criminológico y, por ende, con implicaciones racionales más complejas.

En el contexto de la teoría de la economía del delito se explica que en un primer momento la causa de la comisión de acto desviado o delictivo encuentra su raíz en el análisis racional. Pero como se expondrá más adelante, tal aproximación teórica no está exenta de observaciones. Así, por ejemplo, al tomar el efecto por la causa, la teoría económica del crimen desvía el problema a uno *de facto*, presuponiendo que ha explicado algo que en el fondo tiene causas estructurales. En último caso, las condiciones histórico-materiales nos pueden ayudar a comprender este fenómeno.

Las condiciones estructurales que determinan el proceso histórico de constitución del acto delictivo se condensan en el interior de lo que conocemos como *comunidad política*. Esta concentración de lo que define a la comunidad política es un espacio en el que se desarrolla la estructura concreta del ser social, a saber: la ciudad.

La ciudad hoy en día es la clara muestra de las múltiples contradicciones que se han desarrollado a lo largo de la historia de la lucha entre clases sociales. Es por ello que debemos comprender cómo la ciudad define concretamente una condicionante histórica del delito, que es la desigualdad.

Urbanización como factor delictivo

No necesitamos describir la diferencia abismal que existe entre los diferentes tipos de ciudades modernas donde habitamos; estas distinciones son determinaciones materiales que condicionan al acto delictivo, porque donde existen mejores oportunidades para el desarrollo individual sin un desequilibrio tan abrasivo del tejido social, existe menos crimen. En contraparte, donde existe una mayor desigualdad de oportunidades, es decir, menos equidad para el desarrollo individual, encontramos mayor índice delictivo.

Este desequilibrio que oprime a los menos favorecidos en un sistema económico con recursos escasos y en donde se privilegia a los más "aptos", permea en general a todas las capas sociales. Es decir, la ruptura del tejido social tiende a intensificarse con mayor fuerza en países de la periferia o de marcado subdesarrollo, lo cual claramente explica por qué en México, aun cuando existen grupos organizados, complejos y con un considerable número de integrantes, no escapan de un número proporcional de rupturas entre sí.

Adicionalmente hay que señalar que los bajos o altos niveles de criminalidad en ciudades y pueblos se dan en razón de costos y riesgos, sin desestimar los usos, costumbres y cultura —riesgos que pueden ser incentivos para delinquir conforme los beneficios obtenidos—; también influyen políticas anticrimen, endurecimiento de penas, sistemas penitenciarios, aprehensiones y, sobre todo, impunidad.

La teoría de la prevención situacional del delito en nuestro país es relativamente nueva, justo porque nos hemos dado cuenta ya tarde de que la urbanización exacerba la desigualdad de oportunidad y de equidad entre los diferentes grupos sociales. Desafortunadamente, este descuido urbanístico viene de años atrás, de siglos atrás. Hoy en día, entre mejores y más servicios se dispongan para todos los sectores de la sociedad mayor será la satisfacción ciudadana; empero, colateralmente más costosa podría ser la vida, y entre más costosa, más inaccesible para la población que habita una urbe y que puede estar siendo azotada por el desempleo, el cual, por cierto, está en aumento. Éste es el reto: compaginar el diseño urbano con la democratización de los servicios.

El sistema económico como factor de exclusión

El sistema económico global, caracterizado por el libre mercado, las desinhibiciones al comercio internacional y el súbito desarrollo de las Tecnologías de la Información y la Comunicación, constituye la quintaesencia de las nociones más comunes de globalización.

En este sentido, esta última puede entenderse como un modo de producción histórico basado esencialmente en el capitalismo. Éste es un modelo económico-histórico de producción de lo social, a través de determinadas condiciones materiales, como el territorio y la historia.

La ciudad es el resultado de estas condiciones o determinaciones materiales, por lo que su grado de desarrollo y el modo específico de imbricación entre los individuos está relacionado directamente con los fuertes vínculos económicos. El capitalismo se empezó a desarrollar en algunos países a mediados del siglo XVI y en otros hasta el siglo XVII; sin embargo, hoy sabemos que la relación entre las naciones ha sido indisoluble y, en todo caso, el desarrollo mismo del capitalismo se debe a ello. El colonialismo, en su fase temprana, constituyó el primer momento de este desarrollo, y el neocolonialismo es la etapa en la que hemos perpetuado esta relación de dependencia económica a escala global.

Debemos entender que la globalización de la que hablaba Marshall McLuhan ha quedado cada vez más lejos del plano concreto. Es verdad que al desarrollar los medios de producción que tiene una determinada comunidad se desarrollan también las formas como se relaciona la comunidad consigo misma y con los medios, y que esta relación ha ido evolucionando de la carreta jalada por caballos, pasando por el automóvil, los barcos, los ferrocarriles, los aviones, a un medio más rápido: internet.

Empero, si bien los medios a que se ha hecho referencia sirven, en esencia, para comunicarnos, en un primer momento funcionan para que a través suyo determinada clase social potencie sus posibilidades para desarrollar sus vínculos a escalas más amplias y con mayor velocidad.

En un segundo momento, no sólo son medios exclusivos de una clase, sino que también, a través de ellos, se regula la explotación sobre la clase oprimida; y finalmente, al estar estos medios insertos en una economía de competencia y de consumo, requieren de elementos necesarios para su reproducción, por lo que llevan ínsitos procesos que perpetúan la necesidad de expandir los mercados, a costa del trabajo de los grupos más vulnerables, y a costa de sus necesidades creadas. En realidad, la forma de relación de la comunidad consigo misma en la globalización es más violenta porque intensifica, expande y diversifica la separación de unos sobre otros. Sin embargo, las relaciones de dominación inmanentes en el desarrollo de la globalización encuentran su principal factor de reproducción en la actividad estatal. Esto es así en virtud de que "Una sociedad basada sobre intercambios de mercado no puede funcionar sin el sistema legal y el sistema político."[2]

Tales interacciones, mediante las relaciones de subordinación, constituyen una precondición necesaria para el establecimiento y la consolidación del sistema económico; no obstante, al mismo tiempo, dicho complejo se constituye en una condición de subsistencia para los demás sistemas. En otras palabras, la estrecha relación que existe entre los diferentes sistemas, característica de los países considerados como de capitalismo tardío, configura una especie de simbiosis, la cual encierra una condición estable de los subsistemas normativo y político-administrativo, a partir del establecimiento de la hegemonía de los intercambios y libre mercado como centro del sistema económico.

En consecuencia, las políticas, las actividades, los planes y programas "públicos", así como las acciones u omisiones de los gobiernos de los países del capitalismo

---

[2] Offe, Claus. *Contradicciones en el Estado del bienestar*. México: Conaculta/ Alianza, 1990, p. 45.

tardío, se encaminan principalmente a consolidar el *status quo* que promueve la globalización económica; por ello, las diferentes interacciones entre los subsistemas a que se ha hecho referencia están marcadas por un programa común. Las manifestaciones de esto pueden consistir en la serie de planes, programas, políticas, proyectos, estrategias, objetivos y reformas de carácter "público", pero de marcada tendencia para favorecer la política económica "global" dominante: el libre mercado, la desregulación, la privatización y el adelgazamiento del aparato estatal. Estas acciones, en opinión de algunos, repercuten en el socavamiento y la pauperización de las condiciones sociales de subsistencia y desarrollo de las mayorías, así como en la delimitación de determinados derechos alcanzados a través de los más emblemáticos movimientos y gestas sociales.

La globalización es un momento de la historia del capitalismo en la que la delincuencia, al ser un fenómeno social que responde al desarrollo de determinadas condiciones materiales, también se vuelve de dimensiones planetarias. La delincuencia organizada es efecto de este desarrollo de las desigualdades, desequilibrios, disoluciones y asimetrías de la unidad social. De ahí que el crimen organizado viva una fase de desarrollo paralelo al del Estado moderno, en la cual su racionalidad compite por la hegemonía de la dominación.

Tenemos el claro ejemplo de los *Panama Papers-The International Consortium of Investigative Journalists*. Los paraísos fiscales han sido descubiertos en el seno de las matrices financieras y fiscales, extrayendo de los países neocolonizados su fuente de capitales más rentables. Los criminales o los delincuentes se han vuelto los modelos de vida dentro de las ciudades, justo porque su racionalidad excede a los modelos del capitalista clásico.

Debemos replantear este sistema económico global de tal forma que se impida reproducir las condiciones de explotación. Se hace necesaria la fiscalización del Estado sobre los capitales internacionales; el castigo o la sanción financiera sobre los evasores de impuestos, tales como los grandes consorcios capitalistas, y otras medidas para controlar el flujo de inversiones y de distribución de la riqueza.

Esto pone en evidencia el grado superlativo del fenómeno de exclusión a escala internacional. La abrumadora concentración de la riqueza en pocas manos y la consecuente desigualdad son productos directos del sistema económico que se esconde tras las bases de las nociones más generales de la globalización.

Según un estudio, el 46.5% de la población de nuestro país vive en condiciones de pobreza, mientras que un 1% de las y los mexicanos acumula el 21% de la riqueza nacional.[3]

Si se retoma la perspectiva global, la situación es aún más lúgubre, ya que el 1% de la población mundial posee más riqueza que el 99% restante de la población.

El poder, las concesiones y privilegios de que gozan estas clases, repercuten directamente en los grados de manipulación del sistema económico, lo que tiene como corolario lógico la ampliación de las diferencias económicas.

---

[3] Oxfam. *Una economía al servicio del 1%. Acabar con los privilegios y la concentración de poder para frenar la desigualdad extrema. 210 Informe de Oxfam.* 18 de enero de 2016. Oxfam.org. 10 de julio de 2016. https://goo.gl/ WAQNXs.

En 2015, sólo 62 personas en el mundo poseían la misma riqueza que 3 mil 600 millones de sus congéneres; tan solo cinco años antes, en 2010, la riqueza que ahora ostentan esos 62 magnates estaba repartida entre 388 personas; la riqueza de un puñado de privilegiados se ha incrementado en un 45% apenas en 5 años. En contrapartida, la riqueza concentrada en la mitad más pobre de la población mundial se redujo en más de un billón de dólares en ese mismo periodo, lo que significó un desplome económico del 38%. Desde el inicio del presente siglo, la mitad más pobre de la población mundial sólo ha recibido el 1% del incremento total de la riqueza mundial, mientras que el 50% ha ido a parar a los bolsillos del 1% más rico.

Tan desproporcionada es la acumulación de la riqueza a escala global, que los ingresos medios anuales del 10% más pobre de la población mundial han aumentado menos de 3 dólares al año, en casi un cuarto de siglo. Por otro lado, los paraísos fiscales esconden 7.6 billones de dólares correspondientes a fortunas individuales; esto es una cantidad superior al PIB de Alemania y el Reino Unido juntos.

El 30% del patrimonio de la población africana que se encuentra en la cúspide de los estamentos sociales tiene su riqueza concentrada en paraísos fiscales, lo cual genera pérdidas de hasta 14 mil millones de dólares al año; cantidad suficiente para escolarizar a todos los niños que viven en aquel continente, y cubrir la atención sanitaria de 4 millones y medio de sus niños y niñas.

El Fondo Monetario Internacional (FMI) ha revelado que en países en donde existe una mayor desigualdad económica prevalecen diferencias entre hombres y mujeres en cuanto a oportunidades de educación, trabajo, ingreso a cargos públicos; lo mismo acontece en el caso de la brecha salarial. Ejemplo de esto es que de las 62 personas más ricas del mundo, 53 son hombres.

Tenemos un sistema económico que parece funcionar sólo para la clase más privilegiada, a costa de pauperizar a la clase más desprotegida y marginada. En tal sentido, la división del trabajo internacional funciona para favorecer exclusivamente tan solo al 1% de la población.

Estos fenómenos relacionados con la disolución que caracteriza al casino financiero y la avaricia desmedida pueden ser el mejor ejemplo de la estrecha relación entre la economía y el delito. Por ello, las leyes penales también parecen favorecer de cierto modo a este 1%, al estigmatizar y pseudodisciplinar a la clase marginada, pero encubriendo al mismo tiempo los delitos financieros de la clase poderosa.

Valdría la pena cuestionar si los sistemas penales occidentales no son el vivo reflejo de la desigualdad, un mecanismo que sirve como la principal defensa de los intereses de los más poderosos. Karl Marx manifestaba que el sistema punitivo implica nada menos que un medio con el que la sociedad se defiende a sí misma contra las infracciones sobre sus condiciones vitales.[4]

La pobreza como violencia estructural

Hay que considerar que la violencia como fenómeno de carácter social tiene varias aristas. De este modo, se observa que la violencia puede manifestarse de diferentes

---

[4] Marx, Karl, *Population, Crime and Pauperism. New York Daily Tribune.* 16 de septiembre de 1859.

formas: económica, política y física. Respecto de esto último, cabe mencionar que por sus implicaciones directas y ampliamente visibles, la violencia física es la que más arraigo tiene en el imaginario negativo de la sociedad; resulta ser una de las principales manifestaciones humanas que mayores temores engendra.

Por ello, no resulta difícil dilucidar por qué los más connotados teóricos del Estado, como Montesquieu o Hobbes, han situado a la violencia como el principal factor de legitimidad del Estado moderno y, por ende, como el principal cometido de un pacto o consenso social general ideal. Del mismo modo, no podía ser sino el ejercicio monopólico de la violencia el fondo de la proposición del origen fundacional del Estado moderno.

Así, tenemos que derivado de dicha proposición, en la base del pacto social original o fundacional se ubica una sociedad que, huyendo de la violencia propia del estado de naturaleza, se ve en la necesidad de confiar en aquellos que pueden emplear la violencia de manera exclusiva y legítima, con el fin de buscar seguridad y protección. Cabe traer a colación la máxima de Carl Schmitt respecto de los principales principios de justificación del Estado: "El *protego ergo obligo* es el *cogito ergo sum* del Estado."

A merced de esto último, el Estado mantiene el monopolio legítimo de la aplicación de la fuerza o del ejercicio de la violencia y puede ejercerla a favor de las mayorías sin que esto sea considerado un crimen —desde la dimensión legal, claro está—; en cambio, si la violencia es ejercida por un individuo resulta una conducta propia de un desviado, de un delincuente. Debe recordarse que, como se mencionó en apartados anteriores, Max Weber

41

define al Estado a partir del monopolio del uso legítimo de la violencia.

Cabe decir que uno de los mayores problemas de las sociedades modernas se relaciona con la confrontación y la crisis que se deriva del enfrentamiento entre las instituciones y los fenómenos delincuenciales que son producto de la violencia ejercida por los particulares. Algo distinto es cuando tales enfrentamientos o confrontaciones se derivan de las acciones violentas llevadas a cabo por un representante legítimo del Estado, cuando tales acciones violentas se exceden de los límites marcados por la voluntad colectiva. La violencia ejercida sin control o de manera ilegítima daña la confianza de los miembros de la sociedad, y en tal virtud, compromete la estabilidad del tejido social y amenaza la cohesión del grupo. Con mayor razón si se trata de una violencia poco percibida, pero sistemática.

En tal orden de ideas, principalmente por lo que respecta a los países de la periferia o que son sometidos por las dinámicas de subdesarrollo, el mayor azote de la violencia está relacionado con el carácter estructural de ésta, por lo que los estragos pueden ser bastante más considerables que la violencia de tipo físico. En este tenor:

> México es un país organizado en la violencia estructural. Es la violencia económica y política que la minoría privilegiada ejerce sobre la mayoría pobre [...] A la violencia se recurre para apaciguar y volver a encarrilar a la sociedad en el camino de la sumisión y de la conformidad [...] La violencia siempre se ubica allá afuera, en el pueblo, en la rebeldía, en la

protesta, no en los que causan y llevan adentro la violencia, los que acumulan para sí.[5]

Y en este mismo sentido:

La violencia parece engendrada de las condiciones estructurales de las relaciones sociales, pero también por las disyuntivas y opacidades de la comprensión del vínculo: la derrota de la solidaridad y de la reciprocidad, pero también, los accidentes del reconocimiento y de sus ataduras simbólicas [...] Así, la violencia define la génesis, instauración y dinámica de las identidades diferenciales y su potencia desigual de acción recíproca.[6]

Cabe hacer mención aquí de la máxima de Karl von Clausewitz: "La guerra no es simplemente un acto político, sino un verdadero instrumento político, una continuación de las relaciones políticas, una gestión de las mismas con otros medios", pero, sobre todo, de un valioso aforismo de Michel Foucault, el cual palabras más, palabras menos, refiere que "la política es la guerra por otros medios."[7]

Esta última afirmación encierra en el fondo una categorización de la política que bien puede ser empatada con algunas propuestas venidas de la teoría de las élites; la política como la contención y el ejercicio del poder

---

[5] Maza, Enrique. "Atenco: La violencia oficial." *Proceso*, 21 de mayo de 2006: p. 77.
[6] Mier, Raymundo. "Notas sobre la violencia: las figuras y el pensamiento de la discordia." *Subversión de la violencia*. México: Casa Juan Pablos/UNAM/FES Acatlán, 2007, p. 108.
[7] Foucault, Michel. *Genealogía del racismo*. Madrid: Ed. La Piqueta, 1992, p. 29.

por parte de unos cuantos; la política como esa forma maestra de ejercer una violencia estructural y sistemática sobre los oprimidos, los dominados, conscientes de la victimización o no.

En suma, el ejercicio del poder político por parte de un grupo de dominadores que verán siempre en los dominados un riesgo latente para comprometer sus intereses, sus privilegios, su pleno dominio. Por ende, la guerra debe ser estructural, permanente, sin tregua y hasta sus últimas consecuencias. Por ello, quizá la pobreza constituye el principal lastre de los modernos Estados-nación.

Queda claro, pues, que el ejercicio de la violencia en los estados democráticos modernos suele estar asociado con el carácter marginal, o focalizado si se prefiere, de sus manifestaciones —reservadas únicamente para los *despreciables*—. Empero, en tanto que marginal, nunca se deja de hacer presente, ya que además de que no es posible negar su existencia, tampoco puede ser eliminada, en virtud de que es un elemento instintivo, parangonable con las funciones orgánicas de un ente biológico. Con esto último se quiere dar a entender que, si bien las funciones corporales nos resultan cotidianas y naturales, algunas de ellas han venido a ser objeto de la secrecía, con el objetivo de conservar el decoro.[8]

La violencia estructural, aquella que de acuerdo con Hannah Arendt, como cualquier otra acción, cambia

---

[8] Nos referimos a decoro desde una óptica gofmaniana. Erving Goffman, en su obra *La presentación de la persona en la vida cotidiana*, habla del decoro como una parte fundamental ligada a la apariencia, la cual es un elemento constitutivo del ser social —el cómo somos vistos y tratados por terceros—. En la lógica del autor, en la que las interacciones sociales de la cotidianidad se dan en una especie de representación teatral, cobra relevancia el cuidado de la imagen, puesto que según sea ésta, se impone socialmente un rol que debemos cumplir.

al mundo, pero lo hace para mal, crea vencedores y vencidos, triunfadores y resentidos. Crea heridas profundas que tardan mucho tiempo en cicatrizar. Produce sociedades que empuñan el odio en lugar de promover el diálogo. Produce sociedades divididas, llenas de ciudadanos que no pueden reconocer la humanidad esencial de quienes caminan a su lado.[9]

De lo anterior, podría pensarse que la finalidad de la política social de las administraciones que mal gobiernan este país pasa más por mantener discursos huecos, fútiles, vacíos, cuando se hace referencia al desarrollo humano y al bienestar de los mexicanos a través de la igualdad de oportunidades.

Si bien la retórica oficial en torno a la idea de conducir a México hacia un desarrollo económico y social sustentable apunta a que hay que resolver a fondo las graves diferencias que imperan en el país, la realidad es que desde hace 30 años las condiciones de vida de quienes viven en la pobreza se han pauperizado a ritmos insostenible, y ahora mismo el número de pobres en el país rebasa por mucho la mitad de la población.

El desarrollo humano y el bienestar de las personas que viven en pobreza, como paradigmas genéricos, insustanciales y tan etéreos como la utopía de Tomás Moro, constituyen algunos de los ejes principales a través de los cuales los gobiernos recientes pretenden "atacar" la desigualdad de oportunidades.

En el discurso oficial se dice que aquel que se encuentra en condiciones de pobreza debe tener las mismas oportunidades para desarrollar sus aspiraciones a plenitud y mejorar así sus condiciones de vida, sin menos-

---

[9] Dresser, Denise. "Peste sobre dos." *Proceso*, 14 de mayo de 2006: pp. 84-85.

cabo de las oportunidades de desarrollo de las futuras generaciones. Se reconocen las particularidades tanto de la pobreza en las ciudades como la pobreza en el área rural, por lo que el país supuestamente tiene una enorme deuda con los mexicanos que viven en condiciones de pobreza y marginación.

Claro está que hay muchas necesidades que deben atenderse en forma inmediata. Sin embargo, una política social que sólo resuelva este tipo de necesidades no es efectiva ni viable, ni tiene efectos permanentes en el mediano y largo plazos. Para que el cambio en estas condiciones perdure y se logre romper la transmisión intergeneracional de la pobreza, se deben generar oportunidades de desarrollo de forma equitativa: en el reparto tan descomunalmente desigual de la riqueza se encuentran las causas más profundas de la pobreza.

Se debe garantizar la igualdad de oportunidades en empleo, salud, educación, alimentación y vivienda, además de la prestación completa y oportuna de servicios básicos de calidad; sólo entonces las personas tendrán la capacidad de participar activamente en las estructuras del sistema económico y social.

Como los propios datos oficiales reconocen, la relación entre la población y la urbanización expone el crecimiento en la población urbana y el descenso en la cantidad de población rural, lo que entre otras cosas puede representar una manifestación del federalismo discursivo, pero centralismo en la práctica, así como una manifestación de la concentración del poder en una élite económica. Por ello, las tendencias siguen apuntando a crear expectativas de un mejor desarrollo individual en las urbes.

Tal situación sólo simula la integración de grupos sociales rezagados (por ejemplo, de indígenas); la migración masiva a zonas urbanas sólo es reflejo de las condiciones de pauperización de los menos privilegiados. Subyace, pues, a este fenómeno la explotación ideológica del desarrollo del subdesarrollo, así como la explotación de la fuerza laboral ingenua e incapacitada; una forma moderna de esclavitud.

La ideología del desarrollo evolutivo y progresivo que lleva consigo la transformación de los espacios públicos de las urbes ha producido el abandono de espacios rurales, debido principalmente a que las corporaciones transnacionales monopólicas crean la sobreexplotación de los recursos naturales primarios, a merced de la incursión de procesos industriales, lo que conlleva a la explotación de la mano de obra barata de las comunidades rurales, pero colateralmente al desempleo de los sujetos o comunidades que no tienen la capacidad necesaria para "competir" con los consorcios industriales nacionales y extranjeros. Esto, en última instancia, genera los ya conocidos cinturones de pobreza, pero al mismo tiempo los procesos de degeneración del tejido social, así como el aumento de actividades irregulares o informales.

Así, tenemos que los grupos poblacionales en el ámbito rural se mueven a las grandes ciudades, y la población de las ciudades emigra a otras. Esto sólo muestra que no se han creado las bases que satisfagan los requerimientos de las comunidades, ni infraestructural ni programáticamente.

Es necesaria la creación de espacios heterogéneos para individuos heterogéneos, con el fin de coadyuvar a su libre desarrollo. Este aspecto de la libertad está previsto desde los primeros planteamientos democráticos; de ahí que Aristóteles haya expresado: "La igualdad para ser justa ha de consistir en igualdad para los iguales, mientras a su vez la desigualdad será justa para los desiguales."[10] Se pone en evidencia el soslayo de los grupos menos favorecidos, los que se encuentran en la escala de mayor vulnerabilidad. Prácticamente todos los programas, planes, proyectos y acciones llevados a cabo por las dependencias, entidades y el ramo correspondiente de la administración pública federal, para la atención de los grupos indígenas, atienden a un número muy pequeño de la población objetivo.

Al respecto, la actuación de las autoridades es de simulación, de oropel; utilizan la política social como un discurso legitimador ante los y las mexicanas y ante la comunidad internacional. Aunque lamentablemente, también hay que agregar que en el trasfondo subyace la reproducción de una política clientelar. Lo que hace aún más criticable el esquema de capital social adoptado por la administración pública federal.

Del análisis de cualquiera de los informes de gobierno de las últimas administraciones se puede caer en cuenta de que el papel de los gobiernos actuales no va más allá de reproducir prácticas patrimonialistas, corporativistas y clientelistas, que en otra lectura bien podrían considerarse como la cara visible de esa guerra sin cuartel que los dominadores ejercen sistemáticamente en contra de sus dominados. De ahí que la violencia estructural encuentre en la pobreza su principal manifestación.

---

[10] Aristóteles, *Política*, Libro II, 1280 a.

Economía y empleo. Explicaciones lógicas del delito

El comportamiento humano es influenciado por factores como la educación, el empleo, el acceso a oportunidades, la pobreza, entre muchos otros. Así, por ejemplo, podríamos decir que una sociedad es más propensa al crimen si no tiene acceso a oportunidades, si su población no está educada, vive en la marginación y está desempleada.

Me detendré un poco a analizar de manera general algunos de estos factores, con el fin de demostrar su potencial relación con la comisión de delitos y con ello, a la par, con la economía del delito. Así, un gobierno que no invierte en el bienestar social además de incumplir con sus obligaciones está permitiendo que se genere un gran costo económico debido a la comisión de delitos.

Empleo

México es un país pluricultural con un gran potencial en su gente; lamentablemente, una parte importante de su población trabaja enormes jornadas a cambio de un salario muy bajo; muchos otros laboran bajo el esquema informal, lo cual genera una enorme brecha social que incide en conductas delictivas.

El país cuenta con alrededor de 122 millones de personas, de las cuales casi 53 millones están económicamente activas,[1] según datos del Instituto Nacional de Estadística y Geografía.

---

[1] INEGI. Cuadro Resumen: Indicadores de ocupación y empleo al primer trimestre de 2016. inegi.org.mx. s/f. INEGI. 11 de junio de 2016. http://goo.gl/KaatnQ.

De la población económicamente activa, casi 3 millones están sin empleo, lo cual pareciera un dato positivo; sin embargo, la mayoría de los trabajos otorgan bajos salarios y ninguna prestación.

Dentro de la población no económicamente activa existen 6 millones de personas[2] que están disponibles para ser empleadas. Un sector al cual se le debería apostar con la creación de nuevos empleos, mejor pagados, que impulsen la economía del país y brinden una gama más amplia de oportunidades a los mexicanos.

Dentro de las personas que están ocupadas en el país surgen tres problemas en el empleo, los cuales se han caracterizado a través de los años por conllevar condiciones precarias a los trabajadores: la subocupación, la subcontratación o *outsourcing* y el empleo informal.

A. Subocupación

En nuestro país existen más de 4 millones de personas subocupadas,[3] de las cuales el 40% trabaja por cuenta propia. Según la Organización Internacional del Trabajo, el subempleo refleja la subutilización de la capacidad productiva de la población ocupada.[4] Se trata de personas que trabajan menos horas de las normales y desean laborar más para generar un mejor ingreso, o que tienen empleos en los que no pueden aplicar sus conocimientos,

---

[2] INEGI. "Ocupación. Población de 15 años y más según condición de actividad y disponibilidad, nacional trimestral." inegi.org.mx. s/f. INEGI. 11 de junio de 2016. http://goo.gl/Tc7tIw.

[3] Véase cuadro estadístico: INEGI. "Subocupación. Población subocupada según posición en la ocupación, nacional trimestral". inegi.org.mx. 13 de mayo de 2016. INEGI. 11 de julio de 2016. http://goo.gl/OZPOCg.

[4] Véase FORLAC/OIT. "El empleo informal en México: situación actual, políticas y desafíos." www.ilo.org. 2014. Organización Internacional del Trabajo. 11 de julio de 2016. http://goo.gl/tlO5iE.

puesto que no hay disponible una gama de empleos para elegir libremente.

Esto resulta en bajos ingresos y un enorme descontento de los trabajadores, quienes se sienten frustrados por no poder llevar a cabo su plan de vida, razón por la cual el Gobierno mexicano está fallando en su papel de fomentar la creación de empleos y oportunidades dignos.

B. Outsourcing

En 2012 se impulsó una reforma de fondo a la Ley Federal del Trabajo, conocida como *reforma laboral*, con la cual se reguló un tipo de empleo llamado *subcontratación*,[5] el cual permite que las empresas, denominadas *contratantes* se beneficien de los servicios de trabajadores que están a cargo de otra empresa, denominada *contratista*.

Ello permite que la empresa que se beneficia de los servicios se libere de la obligación de entregar prestaciones, ya que ello corresponde a la otra empresa, la cual muchas veces brinda condiciones precarias y maneja un bajo capital con el fin de no poder responder en casos de emergencia.

Es así que se obtienen servicios laborales a muy bajo costo, generando que los trabajadores se vean obligados a buscar otras maneras de generar un ingreso digno que les permita vivir tanto a ellos como a sus familias.

C. Empleo informal

Según datos del INEGI, en la *Encuesta Nacional de Ocupación y Empleo. Informalidad laboral*, el 57% de la población ocupada se encuentra bajo el empleo informal a ni-

---

[5] Véase artículo 15-A de la Ley Federal del Trabajo.

vel nacional,[6] esto en los primeros meses de 2016. Dicha cifra es alarmante, puesto que es población que trabaja y no está registrada y que no tiene acceso a prestaciones sociales o laborales: se encuentra en una situación de vulnerabilidad alarmante.

Como lo señala la Organización Internacional del Trabajo, en México "la ocupación en puestos de trabajo informales es, para una proporción significativa de quienes pierden su empleo, la principal alternativa para generar ingresos."[7]

Y es que la economía mexicana se ha estancado en los últimos años, y la creación de empleos no va a la par de las necesidades sociales; por ello, aunque el país tenga tasas muy bajas de desocupación laboral, la mayor parte de la población ocupada vive en la informalidad.

En la Ciudad de México la cifra no cambia mucho, pues el 50% de la población ocupada está en la informalidad laboral.

Sin duda es un sector creciente y que contribuye de manera importante a la economía del país, ya que se estima que aporta cerca del 25% al Producto Interno Bruto[8]. Esto considerando que no se tiene un registro exacto de la informalidad y sus ganancias, lo cual es la característica intrínseca de ese tipo de empleo.

Y una de las más grandes expresiones del empleo informal es el comercio en vía pública, el cual ha ido en

---

[6] Véase *Encuesta Nacional de Ocupación y Empleo. Informalidad laboral*, INEGI. Disponible en: http://www3.inegi.org.mx/sistemas/tabuladosbasicos/tabtema.aspx?s=est&c=33698. [Consultado el 14 de junio de 2016].
[7] Organización Internacional del Trabajo, p. 5.
[8] Véase *Medición de la Economía Informal, 2014 preliminar. Año Base 2008*. INEGI. Disponible en: http://www.inegi.org.mx/est/contenidos/proyectos/cn/informal/ [Consultado el 14 de junio de 2016].

aumento a través de los años y se ha permeado de vicios que lo vuelven un asunto delicado a tratar.

D. Comercio en vía pública

Este tipo de comercio es una actividad que se ha desarrollado a lo largo de la historia de nuestro país como un medio de intercambio de mercancías y obtención de recursos para miles de familias. En los últimos años es una actividad que se ha incrementado especialmente en la Ciudad de México, y en el caso específico de la delegación Cuauhtémoc.

Es importante recalcar que el comercio en vía pública no es malo en sí mismo, lo que ha pasado es la consecuencia de la falta de regulación y la poca preocupación que al respecto ha tenido la autoridad; líderes corruptos lo han convertido en toda una mafia, de tal suerte que se expande sin límites en condiciones poco dignas, sujeto a extorsiones y abusos de dirigentes, partidos políticos, policías y autoridades.

En este sentido, esta actividad se ha convertido en un foco de criminalidad, ya que se ha configurado como un ambiente idóneo para delitos como robo, extorsión, venta de narcóticos y bebidas alcohólicas, entre muchos otros.

Según datos del Sistema de Comercio en la Vía Pública (Siscovip),[9] se tiene un total de 11 mil 641 comerciantes que contribuyen y están registrados en la delegación Cuauhtémoc y que reportan pagos por derechos de 300 mil pesos mensuales. No obstante, una cantidad mayor a ésa no se ingresa y queda en manos de líderes

---

[9] Datos de la Dirección de Mercados y Vía Pública de la Delegación Cuauhtémoc.

corruptos y algunos trabajadores de vía pública de los gobiernos central y delegacional, igualmente corruptos.

Sin embargo, existen aproximadamente otros 30 mil comerciantes que no se encuentran registrados y por ende no son formales, pagan cuotas a líderes y son extorsionados día con día. Si se regularizaran, por tal concepto entraría un poco más de 2 millones de pesos a la Delegación, cantidad que sí reporta ganancias a los líderes y servidores públicos antes señalados.

En tal virtud es que se deben tomar acciones inmediatas, así que he implementado un programa de reordenamiento en vía pública. La propuesta es sencilla: no se debe criminalizar el comercio ambulante, pero sí se debe reordenar y dignificar. La autoridad debe contar con los debidos registros, y que las cuotas se paguen a la Delegación en lugar de a personas ajenas que lucran con la necesidad de la gente.

Dada la importancia que reviste este tema, lo retomaré en el capítulo 4, en el que desarrollaré con amplitud la vinculación entre el delito, el comercio ambulante y la economía.

La conjunción de los factores y la economía del delito

En un país donde diversos factores incrementan la desigualdad social, las conductas delictivas tienden a incrementarse como una válvula de escape. Donde la subocupación laboral es un factor común que no ha podido ser erradicado, los trabajadores se sienten frustrados por no poder desarrollarse al máximo en su profesión; donde el empleo informal supera al formal, los trabajadores no tienen derechos ni prestaciones sociales; así, no tienen seguro médico o seguro de retiro, entre otros tantos derechos conquistados por la clase trabajadora.

En una sociedad en la que además la clase económica más privilegiada busca mano trabajadora a menores costos y donde desde el Gobierno se implementan mecanismos para ello, como el *outsourcing*, los trabajadores viven con salarios bajos y deben laborar más para poder sobrevivir.

Así también, en nuestro país la mayor parte de la población vive en la pobreza, y a la par tiene a los más ricos del mundo. La sociedad mexicana está dividida en una brecha social de gran magnitud.

En una nación donde todos estos factores confluyen es donde el crimen se presenta como una salida para tantos abusos, como una válvula de escape ante la enorme falta de oportunidades. La población muchas veces recurre a la criminalidad como una salida fácil en la que se pueden generar recursos y en la que, debido a la enorme impunidad, es mínima la posibilidad de aprehensión.

Democracia y criminalidad

Como se expondrá más adelante, en el apartado referido específicamente a la corrupción, los bajos índices democráticos, la pobreza y la desigualdad económica son percibidos por los gobernados como los principales factores para detonar ese ominoso fenómeno.

Parece conveniente para los fines del presente apartado adoptar un concepto de *Estado de derecho* que además de contener elementos de carácter formal y procesal, también esté provisto de un carácter sustancial, con un fuerte contenido de reconocimiento y respeto de los derechos humanos.

Tal concepto es el de autores como Díaz y Vázquez, en el que el contenido de derechos humanos en el concepto de *Estado de derecho*, es la coyuntura que puede permitir un acercamiento y comparación con el concepto de *democracia*.

De este modo, en aras de definir el Estado de derecho, Elías Díaz señala cuatro características, a saber: (1) el imperio de la ley; (2) la división de poderes; (3) la fiscalización, limitación y el control jurídico de la administración, especialmente del Poder Ejecutivo, basado principalmente en un Poder Judicial independiente; y, (4) la protección de derechos y libertades fundamentales.

En el mismo sentido, Rodolfo Vázquez considera a la protección de los derechos y libertades fundamentales (derechos humanos) como un elemento sustancial del concepto *Estado de derecho*. Por otro lado, se considera más funcional, teóricamente hablando, adoptar esta concepción, debido a que resulta más práctica para definir y entender a la democracia, además de que aporta los elementos suficientes para construir un marco teórico en torno a ambos términos.

Del mismo modo que cuando se habla de Estado de Derecho, cuando se habla de democracia nos enfrentamos a un contexto complejo, en el que convergen una multiplicidad de definiciones que hacen difícil su tratamiento para el caso de que se le quiera comparar con otras categorías conceptuales. Pero en este caso resulta adecuado adoptar un concepto de *democracia* que se aparta un poco de los lineamientos propios de la democracia formal o procesal.

Luego entonces, valdría la pena apropiarse del concepto de democracia de Norberto Bobbio,[1] que si bien considera a las elecciones limpias y competidas como un elemento fundamental del concepto, agrega el respeto irrestricto de las libertades fundamentales, como la de expresión y asociación, como condiciones necesarias para hablar de la construcción de un régimen verdaderamente democrático, lo cual da a esta concepción una característica propia de las versiones sustanciales de democracia.

Y si ambos conceptos tienen como común denominador en sus versiones sustanciales el respeto a los derechos humanos, estaríamos hablando de una afinidad fundamental que proveería a su codependencia y a la ineludible confusión entre los mismos.

Sin duda alguna, no sólo en México sino en toda América Latina se presentan una serie de deficiencias de carácter institucional, cultural, social y económico, muchas de las cuales se circunscriben a su realidad histórica, sin olvidar también la severa y determinante influencia de naturaleza exógena, desde el principio de su historia.

Actualmente son muchos los textos, investigaciones y documentos que tratan de explorar tales deficiencias, escarbando en las raíces, las fuentes de tales problemas y su estigma estructural. Textos que son elaborados por destacados autores (Garzón Valdés,[2] Vázquez, Maclean,[3]

---

[1] Bobbio, Norberto. " Capítulo 1: *El futuro de la democracia.*" En Norberto Bobbio. El futuro de la democracia. México, D.F.: Fondo de Cultura Económica. 2005.

[2] Garzón Valdés, Ernesto. "Estado de derecho y democracia en América Latina." En Miguel Carbonell, Wistano Orozco y Rodolfo Vázquez, comps. *Estado de derecho: concepto, fundamentos y democratización en América Latina.* México, D.F.: Siglo XXI, 2002.

[3] En Pasara, Luis (comp.), *En busca de una justicia distinta. Experiencia de reforma en América Latina,* Universidad Nacional Autónoma de México, 2004.

O'Donnell,[4] entre otros), pero además también por organismos internacionales, como el Programa de Naciones Unidas para el Desarrollo y el Banco Interamericano de Desarrollo.

Dentro de tales problemas estructurales que le son propios a la región de América Latina, encontramos precisamente lo relativo a la debilidad del Estado de derecho, que hace mella en cada uno de los regímenes que se proclaman como democráticos. En esta tesitura, cabe señalar que es el Estado la ficción o el ente que se constituye en el principal objeto de estudio de cualquier análisis sociopolítico que aborde la relación entre Estado de derecho y democracia.

En palabras de Guillermo O'Donnell, el Estado incluye tres dimensiones: una, la más obvia y reconocida casi exclusivamente por la literatura contemporánea, es el Estado como un conjunto de entes burocráticos. El Estado también se constituye como un sistema legal; tan es así, que en países como México, por ejemplo, toda la estructura burocrática está sometida en sus competencias y facultades de actuación al principio de legalidad. El cual implica que la autoridad no puede hacer más allá de lo que la ley expresamente le permite, en tanto que los gobernados pueden hacer todo, excepto lo que la ley les prohíbe. Entonces, dicho entramado legal establece las reglas que penetran y codeterminan las relaciones sociales.

La tercera dimensión del Estado se refiere a la pretensión de constituirse, además, en un foco de identidad

---

[4] O'Donnell, Guillermo. "Notas sobre la democracia en América Latina". En Programa de las Naciones Unidas para el Desarrollo (PNUD). *La democracia en América Latina: Hacia una democracia de ciudadanas y ciudadanos*. Buenos Aires: Aguilar, Altea, Taurus, Alfaguara, S.A., 2004.

colectiva para todos o casi todos los habitantes de su territorio.

Garzón Valdés[5] describe respecto de países como México que incluyen elementos culturales y prácticas viciosas de fuerte raigambre, además de la nociva tradición retórica, dentro de ese cuadro de falencias que le hacen mella al desarrollo de la mayoría de los países de América Latina.

Quizás el punto coincidente más relevante en cada uno de los análisis de los autores Guillermo O´Donnell[6] y Garzón Valdés[7] es el relativo a la debilidad del aparato estatal y su consecuente tendencia o proclividad a permitir que se consoliden intereses particulares, en el seno mismo de los organismos encargados de la toma de decisiones.

Es decir, el secuestro de la élite gubernamental por parte de corporaciones o grupos diferenciados ha sido el lastre que ha venido arrastrando la sociedad latinoamericana desde la fundación misma de las naciones de la región; lastre que ha hecho mella en los intentos por transitar a regímenes auténticamente democráticos.

Si no se resuelve lo anterior, México seguirá padeciendo de intentos meramente discursivos para atacar la corrupción, la impunidad y la criminalidad asociada a la ausencia del Estado de derecho y de la consolidación democrática. En cambio, en el plano concreto serán cada vez más insuficientes los esfuerzos para incorporar plena-

---

[5] Garzón Valdés, Ernesto, "Estado de Derecho y democracia en América Latina". En Miguel Carbonell, Wistano Orozco y Rodolfo Vázquez, comps. *Estado de derecho: concepto, fundamentos y democratización en América Latina*. México, D.F.: Siglo XXI, 2002.
[6] O´Donnell, Guillermo, *Op. Cit.*
[7] Garzón Valdés, Ernesto, *Op. Cit.*

mente los mecanismos o estrategias para hacer efectivos los elementos sustanciales del Estado de derecho, según lo ya referido.

De ahí la pertinencia del estudio que ha desarrollado Guillermo O'Donnell, mediante el cual se establece una relación de las zonas que en cada país presentan diferentes grados de presencia e institucionalidad del Gobierno: las áreas con mayor deficiencia en la influencia y presencia institucional del Gobierno, son designadas por el autor como zonas marrón.

En el caso concreto de México subsisten muchas zonas marrón, verdaderos paraísos para la delincuencia, la ingobernabilidad, la ilegalidad y la anarquía. La mal llamada "guerra contra el narco" evidenció, como nunca antes, la multitud de espacios geográficos, políticos, sociales y culturales cedidos a la delincuencia organizada.

Queda expuesta la ecuación: la ausencia de Estado de derecho conduce irremediablemente a una democracia inefectiva; a su vez, la falta de consolidación del régimen democrático deviene en ilegitimidad, inestabilidad e ingobernabilidad, ingredientes idóneos para el descontrol y el aumento de la violencia y la criminalidad.

Las nuevas corrientes teóricas en torno a la llamada *gobernanza*, representadas por autores como Kooiman, y en México por Luis F. Aguilar, Guillermo O'Donnell y Garzón Valdés, voltean la mirada hacia el capital social (la sociedad civil organizada y diferenciada) para buscar nuevas respuestas a los diferentes retos que plantea una sociedad dinámica, diferenciada y cada vez más participativa e involucrada en los temas de lo público.

Muchas de las presiones actuales para redefinir el rol del Estado en materia de dirección provienen de diferentes actores o protagonistas que ostentan un poder *de facto* (en virtud de los importantes recursos tecnológicos, financieros, informativos e informáticos, etcétera), que los coloca en una posición estratégica para contribuir al marco donde puedan desarrollarse los métodos o mecanismos para conducir a la sociedad al bienestar general, desarrollo integral o la plenitud que persiguen los regímenes democráticos.

Si además consideramos que las acepciones sustanciales del Estado de derecho y de la democracia tienen como *summum* el respeto, reconocimiento, garantía y pleno cumplimiento de los derechos humanos, el Estado mexicano debe ser asumido como un gran deudor de la consigna democrática, en tanto que los hechos recientes (la represión de las manifestaciones, el caso Ayotzinapa, las muertes de civiles en Tlatlaya y Oaxaca) han posicionado al Gobierno de México como un violador sistemático de los derechos humanos de sus gobernados.

Esa posición se ha hecho aún más ostensible, dados los recientes roces entre el Gobierno mexicano y uno de los principales organismos del sistema interamericano de derechos humanos: la Comisión Interamericana de Derechos Humanos. Como resultado de la postura del gabinete de la actual administración federal frente al proceder del Grupo Interdisciplinario de Expertos Independientes que llevaron a cabo las investigaciones sobre el caso de los 43 estudiantes desaparecidos de la Escuela Normal de Ayotzinapa.

Las violaciones sistemáticas a los derechos humanos de los gobernados son un síntoma inequívoco de las inercias antidemocráticas que aún privan en México. Por ello, no es gratuito que la muy incipiente democracia nacional se ubique entre los últimos lugares de entre los

países que integran la Organización para la Cooperación
y el Desarrollo Económicos (OCDE), mientras que las altas tasas de criminalidad en el país lo ubican en el primer
lugar en ese rubro.

El índice de democracia es una medición realizada
por la unidad de inteligencia del semanario británico *The
Economist,* en la que se determina el rango de democracia
en 167 países. Estos resultados están basados en 60 indicadores divididos en las siguientes categorías:

- Libertades civiles
- Participación política
- Cultura política
- Funcionamiento del Gobierno
- Proceso electoral y pluralismo

En los siguientes cuadros se puede apreciar la calificación obtenida por México, la cual es prácticamente re-
probatoria, puesto que está debajo de 7, en una escala
donde 0 significa ausencia absoluta de democracia y 10
representa el cumplimiento máximo de las precondicio-
nes mínimas para hablar de una auténtica democracia.

Junto con Colombia y Turquía, México conforma
el grupo de las democracias más incipientes, con la peor
calificación dentro del conjunto de países miembros de
la OCDE, en el contexto de la medición global democrática de 2015. En contrapartida, países como Noruega e
Islandia se ubican en la cima de la calificación y al mismo tiempo son naciones que presentan bajas tasas de
criminalidad.

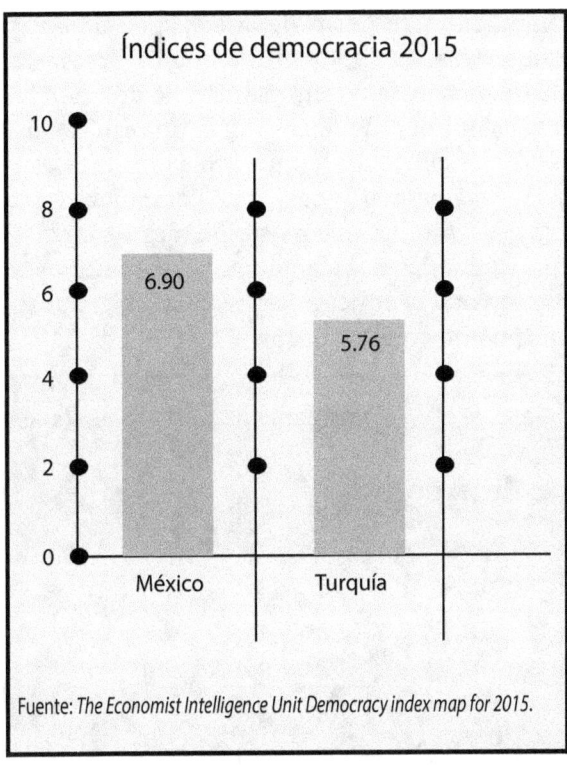

Índices de democracia 2015

6.90 — México

5.76 — Turquía

Fuente: *The Economist Intelligence Unit Democracy index map for 2015.*

La Oficina de las Naciones Unidas contra la Droga y el Delito (UNODC) arroja datos acerca de las tasas de homicidios de la mayoría de los países. Si analizamos a las 34 naciones integrantes de la OCDE se puede observar cómo, lamentablemente, México ostenta el primerísimo lugar con un margen amplísimo respecto de los demás países.

Del mismo modo que no resulta sencillo asociar la pobreza o la desigualdad económica con el crimen, la idea de establecer alguna relación entre democracia y criminalidad resulta de sumo compleja. Empero, no se puede pasar por alto el hecho de que México presenta serios cuestionamientos respecto de la consigna de la consolidación democrática y, por otro lado, los datos sobre las tasas de delincuencia o criminalidad no admiten réplica.

En este orden de ideas, quizá no resulte tan aventurado asociar el hecho de que a mayores índices de democracia, más capital social, más condiciones de competencia y desarrollo, más posibilidades de crecimiento, más oportunidades de negocio, más opciones de acceso al conocimiento, la educación y la cultura, y, por supuesto, menos delitos que perseguir.

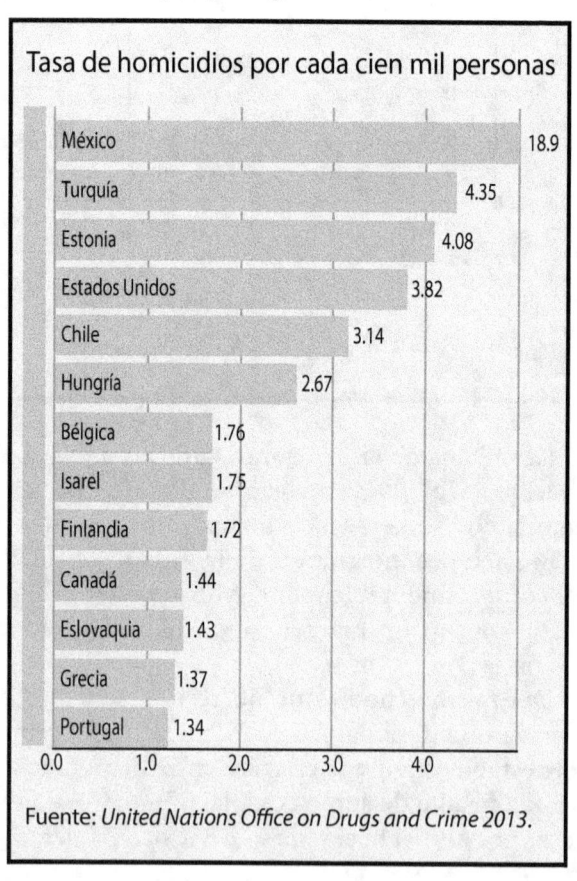

Tasa de homicidios por cada cien mil personas

País	Tasa
México	18.9
Turquía	4.35
Estonia	4.08
Estados Unidos	3.82
Chile	3.14
Hungría	2.67
Bélgica	1.76
Isarel	1.75
Finlandia	1.72
Canadá	1.44
Eslovaquia	1.43
Grecia	1.37
Portugal	1.34

Fuente: *United Nations Office on Drugs and Crime 2013.*

Delitos electorales

Mira qué brazos tan largos tengo
y por todos sitios no hay más que vacío.
Ingmar Bergman.

Los intentos por consolidar nuestra democracia y su credibilidad a través de la legitimidad que se obtiene en las urnas, en el proceso electoral, han tenido un impacto económico muy alto en el presupuesto público, lo que redunda en el bolsillo de las y los mexicanos. El presupuesto que se destina al Congreso, partidos, al Instituto Nacional Electoral (INE), al Tribunal Electoral del Poder Judicial de la Federación (TEPJF) y a la Fiscalía Especializada para la Atención de Delitos Electorales (Fepade) ha crecido considerablemente, en diferentes grados en cada caso en particular.

A diferencia de los altos niveles de gasto público implicados en el presupuesto destinado a este tipo de instituciones, que parecieran estar en constante curva de crecimiento económico, los niveles de confianza en las mismas han disminuido de manera inversamente proporcional. Resulta evidente, pues, que el distanciamiento entre gobernantes y gobernados es cada vez mayor.

Un estudio de opinión pública que se realizó en 2015[8] arroja los siguientes datos estadísticos:

• El 81% de los encuestados califica como corrupto al Gobierno mexicano.
• El 65% reprueba el trabajo realizado por el Gobierno mexicano.

---

[8] http://www.latinobarometro.org/lat.jsp

- El 81% critica la injusticia distributiva.
- El 81% se siente insatisfecho con los resultados alcanzados.
- El 74% considera que las elecciones son sucias.
- El 83% no se siente representado por el Congreso ni por un partido político.
- El 79% cree que no se gobierna para el bien del pueblo.
- El 74% piensa que sus funciones no son transparentes.
- Los mexicanos percibimos nuestra "democracia" como la peor de América Latina.

De acuerdo con un análisis elaborado por la Fundación Internacional para Sistemas Electorales[9] (IFES, en inglés) sobre el costo de los procesos electorales en América Latina, el promedio del financiamiento público en México fue hasta 18 veces superior al de los países hermanos de América Latina en el periodo comprendido entre 2001 y 2004. Así tenemos que el costo por voto en Guatemala y Brasil fue de 27 y 29 centavos de dólar, respectivamente, mientras que el costo en México fue de 17.24 dólares por sufragio, lo que lo coloca como el sistema electoral más caro en Latinoamérica.

Como se mencionó, independientemente del tipo de concepto que se adopte en torno a la democracia, la relación más inmediata, visible y palpable entre esta última categoría y el fenómeno delincuencial, la encontramos en los llamados *delitos electorales*, los cuales afectan enormemente los presupuestos mínimos para hablar que se está frente a un régimen auténticamente democrático.

Dentro del conjunto de los llamados delitos electorales encontramos la denominada *compra de votos*. Aun-

---

[9] http://www.ifes.org/

que son muchas las conductas típicas que lesionan gravemente los principios fundamentales del sistema electoral, el fenómeno de la compra de votos ofende especialmente a la libertad y la dignidad humanas, puesto que compromete seriamente los derechos político-electorales de la ciudadanía, hace nugatoria la libertad de elegir y, consecuentemente, vulnera los principios de autenticidad y libertad que deben ser inherentes a toda contienda electoral.

Es tal la prevalencia de este tipo de delitos, que tan solo en 2015 la Fepade inició 1,311 averiguaciones previas, lo cual representa el 13% de la totalidad de las del conjunto de las subprocuradurías.

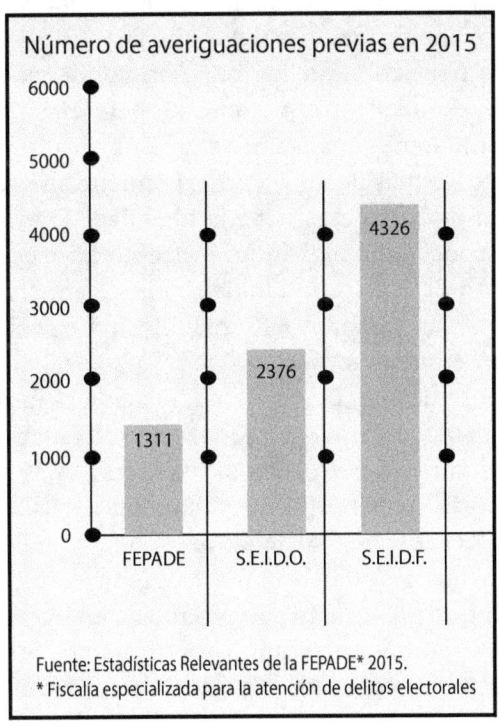

Fuente: Estadísticas Relevantes de la FEPADE* 2015.
* Fiscalía especializada para la atención de delitos electorales

Ahora bien, resulta inconcuso sostener que la relación entre la incidencia de los delitos electorales es directamente proporcional al socavamiento del sistema electoral, y, por ende, a la frustración de la consolidación de un régimen mínimamente democrático.

Sistema carcelario

Una vez hecha una breve semblanza de lo que implica la violencia estructural en el marco del vínculo entre economía y delito, no debe dejarse de lado incluir, aun de manera somera, lo relacionado con uno de los principales sistemas totales, pensados para castigar, reprimir y acaso paliar las manifestaciones del crimen.

En México, aquellos que son condenados por la comisión de un delito que amerite pena privativa de libertad son sometidos a un tratamiento institucional en alguno de los más de 400 centros penitenciarios que existen; en el discurso esto tiene la finalidad de lograr la reinserción social del individuo, concepto que según la Organización de Naciones Unidas consiste en: "El proceso por el cual las personas en rehabilitación o rehabilitadas inician o retoman actividades de estudio, trabajo, recreación, construcción de redes de relaciones familiares y otras para su desarrollo personal y social, en condiciones de seguridad y respeto pleno a sus derechos."

Teóricamente, la reinserción social es la principal garantía que tiene la sociedad para que aquellos individuos desviados no vuelvan a transgredir el mítico pacto social, al que ya se ha hecho referencia en apartados anteriores. Empero, en términos de Ludwig Wittgenstein, el pacto social constituye la serie de acuerdos y reglas inteligibles a los que se somete la voluntad del individuo, reconociendo su importancia para la estabilidad de la sociedad.[10] Sin embargo, se ha comprobado de diferentes maneras que los métodos privativos de la libertad no garantizan el cumplimiento de los objetivos ideales del sistema penitenciario. En el segundo párrafo del artículo 18 de la Constitución Política de los Estados Unidos Mexicanos se prevén algunas premisas relacionadas precisamente con esos ideales.

Resultaría obligado preguntarse si los centros de reclusión, con su alto grado de sobrepoblación, son capaces de lograr las tareas fundamentales consagradas en la Carta Magna. La respuesta parece lógica y encuentra su fundamento en no pocos desarrollos teóricos de connotados científicos sociales.

Cualquier institución carcelaria con las características de nuestro sistema penitenciario atrapa al sujeto, obligándolo a incorporarse a una dinámica muy adversa que genera como respuesta una aversión hacia la sociedad misma, situación que se traduce en que "los penales [...] contienen, pero no corrigen, simple y sencillamente mantienen al interno apartado de la sociedad".[11]

En el mismo sentido se ha pronunciado Víctor A. Payá, quien afirma que "Lo que sucede en el interior de la cárcel dista mucho del ideal que pretende readaptar al

---

[10] Wittgenstein, Ludwig, *Investigaciones filosóficas*, México, Grijalbo, 1988, p. 39.
[11] Hernández Bringas, Mauricio Alejandro y Roldán Quiñones, Luis Fernando, *Las cárceles mexicanas. Una revisión de la realidad penitenciaria*, México, Grijalbo, 1998, p. 170.

criminal, antes bien, el encierro provoca casi siempre lo contrario: termina por profesionalizarlo".[12] Simplificando esta idea, se puede apreciar la enorme contradicción que significa el sistema penitenciario, es decir, para reinsertar a los sujetos a la sociedad, concienciarlos de la importancia del respeto al pacto social y garantizar que no vuelvan a infringirlo, los colocamos en una caja oscura, separados de la sociedad a la que, se supone, los vamos a reinsertar; además, esta caja no sólo es oscura sino que está llena de otros individuos "desviados" que se supone también han transgredido al pacto social. Por lo tanto, resulta lógico que pocos de ellos pueden poseer cualidades que impulsen a otros a esa reinserción.

Si en un mismo espacio se encierra a una gran cantidad de individuos que no comparten entre sí más que el estigma que los caracteriza, no existirá cohesión o lazos de unidad entre sí, lo que anula la posibilidad de reproducir un orden social; es decir, la cohesión y la solidaridad son incapaces de desarrollarse en un escenario de distancia y diferenciación.[13]

Habrá que agregar a lo anterior la cada vez más creciente sobrepoblación en los penales y cárceles del país, la cual configura un escenario en el que el hacinamiento y el contacto forzado de los cuerpos provoca una crisis que se traduce en la interminable lucha por los tan limitados recursos de los que se dispone.

---

[12] Payá Víctor A. "Los intestinos del Leviatán: Poder, escatología y violencia en el cautiverio forzado". En *Subversión de la violencia*. Marco Antonio Jiménez (editor). UNAM, México; 2007. P. 297.
[13] Arteaga Botello, Nelson, *Revista Sociológica*, año 18, número 52, mayo-agosto de 2003, p. 135.

Recursos como el alimento, el vestido, la atención médica y el espacio cobran importancia en el encierro, debido a que las personas, al encontrarse recluidas en un lugar que ha rebasado su cupo en mucho más allá de su 100%, sufren recalcitrantemente los padecimientos relacionados con el alto nivel de hacinamiento, donde resulta muy difícil lograr satisfacer las necesidades básicas ya enumeradas.

Aunque el sistema penitenciario posee, en el discurso, líneas de acción bien definidas para el tratamiento adecuado de los presos, y las autoridades ejecutivas cuentan con una serie de programas e incentivos para procurar la readaptación de los sujetos internados en los centros de reclusión, todos ellos no son suficientes para cubrir la demanda necesaria, dado el gran número de los internos.

Por otro lado, la mayor parte de la población penitenciaria no tiene oportunidades de acceder a un empleo digno o de matricularse en los programas que están diseñados para apoyarlos en su rehabilitación. Acerca de esto, la antropóloga Elena Azaola señala:

> Desde luego que las carencias organizacionales y las deficiencias funcionales van a tener sus repercusiones en la generación de obstáculos para alcanzar el fin de la Reinserción Social. De tal manera que encontramos: focos de corrupción, sobrepoblación, falta de personal capacitado, constante violación de los derechos de los internos, baja participación de los internos en actividades laborales y educativas, ausencia de instalaciones funcionales. Por otra parte, el orden, la legalidad y seguridad interior de la institución penitenciaria

permiten la implementación de una serie de relaciones bajo un régimen para-legal.[14]

Además, no pueden soslayarse los efectos negativos del fenómeno del "contagio social" que se da dentro de las prisiones; este concepto hace referencia al fenómeno de aprendizaje de toda conducta social, que en prisión se centra específicamente en las conductas "desviadas" que transgreden en diversos grados el pacto social.

Asimismo, delincuentes considerados de baja peligrosidad conviven con los de alta; de igual modo, reincidentes con primo-delincuentes, situación que ocasiona que quienes cometieron delitos simples sean contagiados y tocados por las conductas aún más desviadas de los criminales más peligrosos, razón que igualmente viene a mermar las posibilidades de rehabilitación y reinserción social.

En el sistema penal y penitenciario del país se prevén algunos dispositivos para imponer medidas no privativas de libertad a los individuos que hubieran incurrido en algún supuesto de hecho señalado como delito; no obstante, tristemente en la práctica estas medidas se encuentran en total desuso, debido principalmente a la popularidad que goza la pena carcelaria en la sociedad y entre los cuerpos de impartición de justicia, dado que estos últimos miden la eficacia de su trabajo de acuerdo con el número de personas que entran a prisión; vicio heredado, a su vez, de las instituciones de seguridad pública, que de igual manera ven en el número de puestos a disposición el indicador del cumplimiento de su labor (el famoso sistema de "cuotas").

---

[14] Azaola, Elena y Marcelo Bergman. *El sistema penitenciario mexicano*, San Diego, 2003, pp. 14, 15 y 16.

72

Tal confusión es compartida por el grueso de la sociedad, al creer que mientras más grande sea el número de personas encarceladas, más seguras estarán las que no lo están. En tal virtud, medidas como la construcción de un mayor número de prisiones o el incremento de los recursos destinados a éstas constituyen acciones populistas de fuerte raigambre en el país, pero que no reportan un impacto en la realidad, puesto que el indicador correcto para medir el trabajo de estas instituciones debiera comenzar en la etapa de prevención del delito, en tanto que con la implementación de cualquiera de los modelos que se desprenden de la teoría económica del crimen, los índices de delincuencia deben reflejar necesariamente el correcto desempeño de las instancias de procuración de justicia y de seguridad.

La instauración del nuevo Sistema de Justicia Penal Acusatorio traerá consecuencias distintas, ya que muchas de las personas que estén enfrentando un proceso penal podrán estar en libertad, sin vigilancia alguna, lo que podría conllevar a una mayor comisión de delitos. Aún está por probarse la eficacia de este nuevo modelo.

La discusión actual en el contexto internacional empieza a alejarse, a tomar cada vez mayor distancia de las penas privativas de libertad, enfocándose a mecanismos que le permitan al individuo una mejor reinserción social, dejando de lado las categóricas diferenciaciones y separaciones de que son objeto los compurgados. Cualquier proceso de reinserción debe pasar por el contacto con el seno familiar, la inserción en el mercado laboral legal y los valores que se deben cultivar en una sociedad democrática.

La Organización de las Naciones Unidas, hace más de 20 años, tomó la iniciativa de proponer a los estados-nación virar hacia este nuevo rumbo, promulgando el 14 de diciembre de 1990 el documento "Reglas mínimas de las Naciones Unidas sobre las medidas no privativas de la libertad", en las que establece el abandono total de castigo al sentenciado mediante el encierro y la conversión de la pena impuesta en un proceso de educación social que pueda permitir una disminución en las reiteradas conductas criminales.

Se debe avanzar hacia un esquema en el que se abandone la idea de que el castigo físico es una herramienta que por sí misma permite la erradicación del crimen, ya que éste es uno de los mayores generadores de resentimiento social, que ocasiona aún más la reproducción de conductas desviadas, como ya se apuntó.

Puede traerse a colación el ejemplo de un joven primo-delincuente acusado de un delito considerado no grave, que es sentenciado a compurgar una pena carcelaria de 6 meses. En ese periodo de tiempo bien podría aprender y reproducir comportamientos que transgreden a la sociedad. Por otro lado, si a pesar de haber cumplido su condena es etiquetado como un ente dañino, manifestándose ello en el rechazo, la exclusión y casi eliminación de las oportunidades laborales, se provocaría una condición de vulnerabilidad y frustración que lo podría orillar a echar mano de aquellas conductas aprendidas en su estancia en la prisión para obtener recursos que satisfagan sus necesidades.

Por el contrario, si al mismo joven se le impusiera una pena que no lo envolviera en esa dinámica carcelaria voraz y le permitiera resarcir el daño de sus actos, haciéndolo responsable de éstos sin la necesidad de privarlo de su libertad y sus derechos, dándole un tratamiento adecuado por medio de asesorías y métodos de enseñanza que le hagan ver no simplemente el hecho de que esas conductas no son correctas, sino que además comprenda por qué no lo son, se estaría avanzando sustancialmente y de manera más eficaz en el proceso de reinserción social, si y sólo si durante este aprendizaje continúa en contacto con la sociedad.

Resulta necesario transitar hacia una visión diferente del sistema de reinserción social y del sistema penitenciario en general; no castigar al delincuente sino, en todo caso, descomponer sus inercias culturales y emparentar los valores y principios recogidos por la norma con su sistema lógico de pensamiento para que sea reinsertado a la sociedad.

El modelo penitenciario actual se encuentra muy alejado de sus fines; los medios que la normatividad correspondiente indica para alcanzarlos no se cumplen en las prisiones. No sólo se puede hacer referencia a que los centros penitenciarios del país son ineficientes en razón de la gran sobrepoblación; por encima de esta razón, las prisiones ya no cumplen el propósito de educar, y siendo un poco más severos, podemos atender lo siguiente:

"Las sociologías críticas del sistema penitenciario han contribuido a mostrar que, lejos de estar al servicio de la justicia, esos recintos cerrados, al igual que las mazmorras del Antiguo Régimen, no sirven en realidad para combatir el delito sino para castigar la pobreza."[15]

Indiscutiblemente, el sistema de impartición de justicia es imperfecto:

---

[15] Álvarez-Uría, Fernando, "Sociologías de la cárcel", en *Cuadernos de la cárcel*, Buenos Aires, edición especial No Hay Derecho, 1991, pp. 82-102.

El verdadero problema penal de nuestro tiempo es la crisis del derecho penal, o sea de ese conjunto de formas y garantías que le distinguen de otra forma de control social más o menos salvaje y disciplinario. Quizá lo que hoy es utopía no son las alternativas al derecho penal, sino el derecho penal mismo y sus garantías; la utopía no es el abolicionismo, lo es el garantismo, inevitablemente parcial e imperfecto.[16]

Ya se había traído a colación el pensamiento del ilustre pensador francés, pero por lo que respecta concretamente al sistema penitenciario, viene a propósito parte del tratado de Michel Foucault en el que describe la finalidad de los centros de reclusión en el siglo XIX, a efecto de darle todavía mayor consistencia a los argumentos anteriores:

> [...] corresponde al siglo XIX haber aplicado al espacio de la exclusión cuyo habitante simbólico era el leproso (y los mendigos, los vagabundos, los locos, los violentos, formaban su población real) la técnica de poder propia del reticulado disciplinario. Tratar a los "leprosos" como a "apestados" [...] De un lado, se "apesta" a los leprosos; se impone a los excluidos la táctica de las disciplinas individualizantes; y, de otra parte, la universalidad de los controles disciplinarios permite marcar quién es "leproso" y hacer jugar contra él los mecanismos dualistas de la exclusión.

---

[16] Ferrajoli, L. Trabajo aparecido en VV.AA., *Prevención y teoría de la pena*, Santiago de Chile, Editorial Jurídica Conosur, 1995, pp. 25-48.

Foucault, en su análisis del sistema penitenciario, llega a la conclusión de que éste es sólo una institución basada en la exclusión, que castiga indudablemente la diferencia y, al centrarse en eso, elimina la posibilidad de reinsertar, puesto que alecciona y no educa, ya que, si algo enseña a los internos la prisión o cualquier otra institución "total", es el qué no son, por qué no lo son y por esto mismo dónde deben estar.

Por otro lado, la reinserción social se puede alcanzar utilizando mecanismos que no excluyan sino por el contrario, dado que la finalidad es modificar el comportamiento de los considerados "delincuentes" de forma que éstos internalicen el marco normativo de la sociedad y de ese modo se conviertan en "entes" sociales que no sólo no delincan nuevamente, sino que además reproduzcan los modelos del correcto comportamiento, respetando las leyes.

Así, pues, el sistema penitenciario y de readaptación social en nuestro país dista de cumplimentar los parámetros establecidos en el artículo 18 constitucional, y aun más, de lo dispuesto por la ONU, que identifica a la reinserción social como el proceso por el cual las personas rehabilitadas o en rehabilitación no sólo inician o desarrollan actividades relacionadas con el estudio o la educación, el trabajo, la recreación o el deporte —a semejanza de lo dispuesto en el artículo 18 de nuestra Carta Magna—, sino que se incluye además a la construcción y mantenimiento de redes de relaciones familiares y otras para su desarrollo personal y social.

La propia Organización de las Naciones Unidas establece ciertos lineamientos a seguir en cuanto a niveles de población penitenciaria, ya que estima que privar de la libertad a una persona en condiciones de hacinamiento de más del 120% de exceso poblacional, es considerado un trato cruel. En México, los centros penitenciarios funcionan a más del 200% de su capacidad: dos de cada tres reclusos viven en situación de hacinamiento, y hay 8 internos por cada custodio.[17] La disfuncionalidad de los sistemas de readaptación social de los compurgados conlleva a las reincidencias delictivas, ya que en la gran mayoría de los casos un delincuente prefiere volver a delinquir que tratar de adaptarse a un sistema económico que ciertamente no le acomoda o que incluso le es ajeno del todo, en el que las ganancias económicas están mayormente asociadas a las redes de las conductas desviadas de las que precisamente forma parte. Por otro lado, suponiendo que no encontrara obstáculos en el mercado laboral formal, difícilmente le sería atractivo un salario mínimo.

Militarización a la mexicana

El Gobierno mexicano ha realizado una compra excesiva de armamento a los Estados Unidos de América, pasando de largo los postulados mínimos de cualquier política social coherente, estableciendo un vínculo económico entre ambos países, teniendo a la "lucha" en contra del narcotráfico como justificación.

Este tipo de militarización mexicana ha sido continuamente revisada por los grupos de derechos humanos, encontrando que conforme ha aumentado el armamento y equipo militar se han incrementado los abusos y repor-

---

[17] *Globalización, delito y exclusión social.* Una correlación a debate. INACIPE 2015.

tes de tortura por parte del Gobierno. Es decir, a mayor número de armas, pertrechos y militarización de la "seguridad", mayor es el espiral del crimen y la violencia.

De hecho, desde que el Ejército mexicano fue involucrado hace 10 años como columna central de la estrategia de seguridad y combate a la delincuencia, se ha evidenciado como el cuerpo de seguridad de mayor letalidad en un país que no vive un conflicto bélico. Es el ejército que reporta un mayor número de bajas civiles en proporción a las bajas militares en situaciones de enfrentamiento, es el que menos prisioneros entrega con vida, es de los que más "daños colaterales" reporta y es uno de los que concentra mayores denuncias por violación de derechos humanos.

Las condiciones de bienestar social en México se encuentran en un deterioro progresivo y el crimen organizado ha logrado expandirse y crecer con estrategias de naturaleza delictiva. Enrico Ferri afirma que la privación social y económica son las principales causas del delito. En su obra *Sociología criminal* defiende la acción política del Estado como opción para reducir la desigualdad y la pobreza, al plantearla como una medida legítima para reducir la criminalidad.

Factores determinantes para el aumento de la criminalidad y la violencia

En el contexto del modelo ideado de economía del delito por autores como Gary Becker e Isaac Ehrlich, es posible conjeturar que zonas o áreas con una deficiente o desigual cobertura de servicios públicos básicos (pavimentación, alcantarillado, educación, salud, alumbrado, etcétera) acaparan el mayor número de elementos de riesgo que repercuten en mayores índices de criminalidad y violencia.

Por otro lado, la desigualdad de oportunidades produce del mismo modo importantes factores de riesgo para que la población que vive en la marginalidad o que se encuentra en el círculo de los menos privilegiados (la mayoría en los países en vías de desarrollo) halle en la delincuencia, el crimen o el delito una actividad proporcionalmente más rentable que las ocupaciones u oficios lícitos que se encuentren disponibles.[1]

No obstante los importantes desarrollos teóricos que propugnan por la preeminencia del análisis del fenómeno delincuencial con base en los estrechos vínculos que guarda con los fenómenos económicos, otros autores, como Robert K. Merton, han identificado el camino hacia el comportamiento desviado o delincuencial como una senda que pasa por sentimientos o sensaciones de frustración, ocasionados por las tensiones entre la falta de oportunidades, la pobreza y los valores culturales predominantes de las sociedades occidentales, asociados principalmente con la propiedad y el éxito económico.[2]

Ese rechazo social causa mortificación en el sujeto, pues queda desnudo y desprotegido por la colectividad; sin embargo, en esa desolación se gesta la sociedad. Así, las reminiscencias de una asociación caótica envuelta en estigmas y etiquetas engendran una asociación diferencial; propuesta que reconoce el proceso de generación

---

[1] Jaitman, Laura (coordinadora del área de investigación en Seguridad Ciudadana y Justicia del BID), "Una introducción a la Teoría Económica del Crimen", en Sin miedos, consultado en: http://blogs.iadb.org/sinmiedos/2015/01/22/una-introduccion-la-teoria-economica-del-crimen..

[2] Ramírez de Garay, Luis David (2014).

de conductas alternas a las permitidas por las mayorías y la conformación de códigos de conducta y solidaridad propios de un grupo marginado.[3] Tales postulados guardan correspondencia con los argumentos de la denominada *teoría del control social*, la cual encierra la idea de que las clases sociales menos privilegiadas, en estado de privación,[4] son menos propensas a adoptar o incorporar el cuadro de valores éticos o morales que pueden desincentivar la comisión de conductas ilícitas o criminales. Aquí vale la pena hacer una breve interpolación para entreverar los postulados teóricos en comento con un caso práctico: Edgar Tamayo, uno de nuestros connacionales sentenciado a pena capital y ejecutado por el estado de Texas el miércoles 22 de enero de 2014, señaló en una entrevista en 2008, desde el pabellón de la muerte de la unidad carcelaria Polunsky, en Livingston, que en Texas no existe justicia para pobres, hispanos ni afroamericanos: "Nuestra pobreza y nuestro color de piel nos hacen culpables."[5]

Así las cosas, puede pensarse que los señalados como delincuentes no necesariamente están fuera de los procesos de socialización, más bien están más familiarizados como los cuadros de valores inherentes a los grupos sociales a los que pertenecen. La frustración o el resentimiento generado por la segregación en un sistema estratificado puede llevarlos a rechazar los valores dominantes impulsados por las autoridades estatales y sus

---

[3] Monreal Ávila, Ricardo, *Escuadrones de la muerte en México*, Cámara de Diputados, México, 2013, P. 106.
[4] Privación se entiende como la pérdida repentina o sistemática de condiciones materiales y subjetivas de bienestar. Stones en Ramírez de Garay, Luis David (2014).
[5] http://archivo.eluniversal.com.mx/notas/882838.html.

principales medios de difusión masiva. Incluso podría pensarse que tales frustraciones pueden derivar en una actitud de rechazo y transgresión de tales valores dominantes, en tanto que puede verse a los grupos dominantes como el sector excluyente.

Desde esta perspectiva, podemos colegir que la sociedad misma genera a sus propios desviados, a sus criminales y a sus agresores.

De esta manera, los delincuentes son, por antonomasia, el principal reservorio para depositar los estigmas inmanentes a la figura simbólica del "otro", de todo aquello que no se debe ser. En consecuencia, el migrante pobre, por ejemplo, suele ser objeto de la desafortunada identificación con el delincuente.[6]

De las reflexiones precedentes encontramos elementos clave para identificar el fenómeno de la exclusión social, puesto que si bien se ha hecho alusión de un modo particular a los migrantes, debemos tener en consideración que tal fenómeno se da de igual manera con cualquier individuo que es objeto de la estigmatización. En este tenor, la estigmatización y la consecuente exclusión serán mucho más marcadas en la medida en la que las diferencias culturales sean mayores.

Si en el común de las sociedades actuales occidentalizadas la figura del delincuente remite a la noción de personajes siniestros que se refugian en sus "guaridas" para cavilar su siguiente atraco, de modo que con total despliegue de maldad pueda arrebatar su botín, ahora estarían presentes elementos suficientes para detenernos a reflexionar en el hecho de que el sujeto que delinque es un miembro de un grupo determinado, que seguramente

---

[6] Monreal Ávila, Ricardo, *Op cit*. P. 106-107.

se conduce como lo hace en razón de lo aprendido en su contexto social. Incluso, en algunos casos, a estos individuos "rebeldes" y marginados Robert K. Merton los identificaría como *innovadores*, mientras a aquellos que tienen claros sus objetivos sociales y los medios para alcanzarlos, siempre dentro del marco institucional oficial, los definiría como *conformistas*.[7]

---

[7] K. Merton, Robert, *Teoría y estructuras sociales*, Fondo de Cultura Económica de España, 2003.

La economía del crímen o del delito

Fundamento teórico y desarrollo histórico de la economía del delito

> *"Competitividad de un país es el grado en el que una nación puede, bajo libre comercio y condiciones justas de mercado, producir bienes y servicios que cubran las exigencias de los mercados, a la vez que mantener y expandir los ingresos reales de su gente en el largo plazo."*
>
> OCDE[1]

El proceso de industrialización de la Europa occidental, aunado a los repentinos cambios en las esferas de tipo económico y social, y al súbito crecimiento urbano, fomentaron la criminalidad y el surgimiento de una nueva clase peligrosa.

---

[1] http://imco.org.mx/wpcontent/uploads/2004/12/situacion_de_la_competitividad_de_mexico_2004_hacia_un_pacto_de_competitividad.pdf.

La perspectiva económica que existe en torno al grave fenómeno de la criminalidad no se ocupa solamente de la correlación entre incentivos o desincentivos lógicos relacionados con el tratamiento jurídico penal del fenómeno, sino que lleva implícita la gran tarea de encontrar los diferentes factores sociales, culturales, políticos, étnicos o antropológicos que se encuentran en el origen de la conducta antisocial.

Por esta razón, resulta importante considerar dentro de un contexto económico variables como la educación y la capacitación, como factores que se encuentran estrechamente vinculados con la incidencia o erradicación del crimen y la violencia, ya sea en el marco del sistema penitenciario o fuera de éste.

Richard J. Herrnstein y James Q. Wilson describen en su libro *Crime and Human Nature* el factor determinante que subyace en la psique del delincuente, por ejemplo cuando es consciente de que existe la probabilidad de ser arrestado (ya sea de manera in fraganti o como resultado de una buena investigación), y derivado de la acción delictiva sobrevenga una condena que el delincuente perciba como un castigo grave o pena severa, cuestiones que pueden ser consideradas como motivo suficiente para disuadir a varios criminales de cometer el mismo acto delictivo.

Por esta razón, en términos de la economía del delito, un incremento al gasto destinado al apartado de seguridad policial y administración de justicia, que se traduzca en mejores investigaciones y sentencias más expeditas, podría constituir un poderoso factor de desincentivación.

Estos investigadores hacen destacable el hecho de que, durante la década de los ochenta, el número de crímenes violentos en los Estados Unidos de América aumentó considerablemente, y en este mismo periodo la población de las prisiones federales y estatales prácticamente se triplicó, y con esto se determinó que un incremento de delincuentes en prisión contribuía a una disminución de delitos en las calles.

También registraron un aumento entre la población delictiva de jóvenes entre 15 y 24 años de edad, aproximadamente a partir de 1950, en las prisiones norteamericanas, rescatando como conclusión que la juventud es más propensa a cometer delitos de carácter impulsivo; bajo este contexto se hace evidente el efecto de los incentivos.

Es menos probable que se castigue a un delincuente joven si el delito no es grave, y los jóvenes con bajo o nulo nivel de preparación académica prefieren dedicarse al robo cuando no logran conseguir empleo, o su salario es relativamente bajo. Como resultado de los análisis desde la perspectiva antropológica o etnográfica, se identificó que la población afroamericana que vive en los barrios marginados de las grandes ciudades tiene ocho veces más probabilidades de caer presa, en comparación con los miembros de las comunidades de raza blanca.

Como ya hemos anotado, algunos miembros de la clase política se han inclinado a la posición que propugna por poner menos énfasis en el aumento de la fuerza policial y en el incremento de las sanciones privativas de la libertad derivadas del acto delictivo, para poner más atención a una adecuada rehabilitación de los sentenciados y a la erradicación de los factores causantes del propio acto delictivo, como pueden ser el desempleo, los círculos sociales, el racismo, la discriminación, la ausencia de oportunidades de educación, etcétera.

Sin embargo, dichas propuestas teóricas no contribuyen a producir grandes cambios a corto y mediano plazos; caso contrario, aparentemente, es el aumento de fuerzas policiacas y la imposición de penas severas acorde con el delito, que contribuyen visiblemente a producir un efecto casi inmediato en los índices de violencia y criminalidad.

Además de lo anterior, tales medidas no requieren el paso de varias generaciones para rendir frutos. No deben dejarse de lado las aproximaciones teóricas que ponen el acento en determinados fenómenos sociales que caracterizan nuestro actual sistema y resultan fundamentales en cualquier análisis de la relación causal del fenómeno delictivo. Empero, los postulados de la economía del delito pueden ofrecer una respuesta expedita y concreta para abordar una determinada crisis criminológica.

El psiquiatra Karl A. Menninger nos describe en su libro *The Crime of Punishment*: "Sospecho que la totalidad de los delitos cometidos por los convictos no se equipara al daño social de los crímenes que se han cometido en contra de ellos." Esta forma de pensar cambió drásticamente la percepción o imagen que se tenía de las autoridades, generando un sentimiento de malestar o impotencia frente a éstas y los jueces en la materia.

A comienzos del siglo XIX, el filósofo Jeremy Bentham ofreció una perspectiva económica, posteriormente revisada y adicionada por expertos en la materia en los años sesenta de esa misma centuria. De conformidad con lo sostenido por Bentham, los delincuentes responden a ciertos incentivos de carácter racional.

Los estudiantes de preparatoria tienden a estudiar en las instituciones universitarias las carreras que probablemente les ofrezcan un mejor futuro económico; por lo tanto, hay ciertas carreras que tienen sobrecupo por mayor demanda.

Asimismo, cierto número de individuos se han inclinado a desarrollar una vida criminal, ya que dicha senda fue más atractiva económicamente hablando, en razón de que los castigos no eran tan severos y no existía una total certeza respecto de su imposición.

Existen amplias investigaciones acerca de la relación pena-incentivo-delito, tratando de determinar si los delincuentes responden a ciertos alicientes. Los resultados arrojaron que en el índice criminológico que se presentaba en los delitos denominados *pasionales* y en el robo hubo una drástica reducción cuando el castigo era más severo, y existían amplias posibilidades de imponer dicha sanción. Esto implica que gran parte del origen del aumento de la comisión de ciertos delitos va de la mano con la disminución o reducción de los canales o instrumentos para garantizar la eficacia del sistema punitivo.

Una sociedad marcada por una tendencia claramente dominante: la preeminencia del subsistema económico sobre los otros dos subsistemas, el político y el social, determina que la naturaleza de la mayoría de las relaciones al interior del sistema sociedad tenga como telón de fondo la satisfacción de intereses de carácter económico.

Existe una clara vinculación entre la teoría de la elección racional y las proposiciones relacionadas con la teoría económica del delito. Incluso, más atrás pueden encontrarse algunas raíces de esta última propuesta en el conductismo y en el estructuralismo. Empero también podría traerse a colación la influencia de la teoría de juegos como una herramienta práctica para tratar de medir la capacidad de raciocinio y los procesos de toma de decisión de los diferentes individuos que son envueltos en situaciones que implican la pérdida o la ganancia de un valor.

Si bien es cierto que el *homo economicus* se encuentra en la base de la propuesta de la teoría económica del delito, no debe soslayarse que la complejidad que encierra el fenómeno delincuencial y su relación con el entorno o el contexto económico amerita ampliar los horizontes intelectuales para asumir que como individuos también somos *homo sapiens*, *homo faber*, *homo politicus* y *homo eroticus*, entre otras formas de manifestación de nuestra propia naturaleza humana.

Impacto de la teoría de la economía del delito en los sistemas penales nacionales y en organismos internacionales

El Estado no posee la garantía o la certeza absoluta de cuándo y en qué medida podrían suscitarse las conductas delictivas, por lo que invierte parte del presupuesto en tener una adecuada prevención del delito. Las actividades criminales generan costos socioeconómicos que afectan la esfera pública y privada.

Por lo tanto, la prevención del delito puede ser considerada como un mecanismo en el que vale la pena invertir, en razón de los beneficios directos que reporta, los cuales consisten principalmente en mayores índices de seguridad, cuyo corolario lógico es un marco atractivo para los inversionistas y, por ende, mejores índices de desarrollo económico.

Pero, ¿qué cantidad de recursos será óptima para combatir el crimen? Los estados modernos están siendo abrumados por la cada vez más creciente tendencia que los ubica como el centro de las más crecientes y variadas demandas de la sociedad, en tanto que cada vez se muestran más limitados para responder a esas demandas. Por ende, en un escenario de recursos económicos cada vez más escasos, resulta primordial hacer un análisis sesudo de los rubros y las cantidades destinadas para el presupuesto. No está a debate la necesidad de destinar partidas presupuestales específicas a la prevención del delito, lo complejo estriba en determinar en qué proporción. Para tales fines, se desarrollará un análisis crítico del modelo propuesto por el economista Gary Becker, elaborado con base en su multicitada teoría económica del delito.

Dicho modelo es abordado por el autor en su conocida obra *Crime and Punishment*[1], de la cual se desprenden algunas ecuaciones que han mostrado ser de gran utilidad para el diseño normativo de la legislación penal en determinados países. Como se verá más adelante, el modelo económico de Becker ha sido retomado por una parte de la doctrina penal nacional e internacional.

Según el autor estadounidense, para determinar un modelo económico óptimo para combatir al delito resulta necesario evaluar los costos, los cuales se dividen en:

1. El costo neto o daño sufrido por la sociedad, que es producto de la diferencia que prevalece entre el mal social y el valor social como ganancia que obtiene un criminal con sus actos. El mal social y la ganancia son funciones crecientes del número de crímenes.

---

[1] Becker, G. S., & Landes, W. M. (1974). *Essays in the Economics of Crime and Punishment*. New York: National Bureau of Economic Research.

$$D = H - G$$

D = Daño sufrido por la sociedad
H = Mal social
G = Valor social de las ganancias de los
     criminales

2. El gasto en grupos policiales y jueces como funciones crecientes de su carga laboral, que es determinada por el número de condenas, que a su vez se establece por el número de crímenes y la probabilidad de que éste sea resuelto y termine en condena.

$$C = C\,(A)$$

C = Costo de la actividad policial y
     tribunales
A = Nivel de actividad de la policia y los
     tribunales

$$A = f(m, r, c)$$

A = Nivel de actividad de la policia y los
tribunales
m = Fuerza de trabajo del sector
r = Materiales utilizados
c = Capital utilizado

3. El número de crímenes que un delincuente espera cometer con la probabilidad de ser condenado, y el castigo en caso de condena. El número total de crímenes es la suma de aquellos cometidos por individuos; por lo tanto, se obtiene una función agregada con las mismas propiedades que las funciones individuales.

$$O = (\ )\ (p, f)$$

O = Número total de crímenes
p = Promedio ponderado de las
posibilidades de cada uno de los
individuos
f = Promedio ponderado de los castigos
por crimen

4. Los costos del castigo asociado con el delito se convierten en monetarios para su posible interpretación e impacto en la economía. En el caso de las multas, el costo es medido por el monto de la multa. Por otra parte, el costo de encarcelamiento es medido por el flujo descontado de los ingresos perdidos, más el valor asignado a la libertad y restricciones.

Por lo tanto, el costo para un delincuente será mayor mientras más pase tiempo en prisión, puesto que el consumo e ingresos perdidos están relacionados directamente con la sentencia y, como ya hemos expuesto anteriormente, el castigo al delincuente también afecta a la sociedad, ya que de ésta emanan los gastos para guardias, cárceles, etcétera. Por lo tanto, el costo social de los castigos emana del costo para el delincuente y, más o menos, la ganancia de la sociedad. Se establece entonces una función que relacione el costo social de los castigos con el costo para el delincuente.

$$f = f\,(b)$$

f = Costo social de los castigos
f = Costo para el delincuente
b = Coeficiente de conversión de f en f

El valor de b depende de la tipicidad del delito; en el caso de las multas es igual a 0 (cero), porque el costo para un delincuente representa un ingreso para el Estado; en cambio, b será mayor que 1 (uno) para cualquier delito en el que se genere un costo social mayor que el del delincuente. Los indiciados sujetos a prisión preventiva y los condenados a la misma sanción punitiva son obligados a hacer lo que coloquialmente se conoce como *fajina* (limpieza de baños y recámaras, etcétera). Para evitar esta especie de trabajo forzado, los sentenciados o los sujetos a prisión preventiva tienen que pagar entre 3 mil y 5 mil pesos.

Los internos conocen muy bien cuando un nuevo "inquilino" puede ser "taloneado", es decir, extorsionado, lo que convierte a la mayoría de los centros penitenciarios de nuestro país en una especie de hoteles macabros con los costos más altos del mercado.

Las modalidades de extorsión son tan variadas, que pueden incluir hasta favores sexuales por parte de los familiares de los internos. Las extorsiones de carácter monetario son las más comunes y la principal reprimenda por no hacer las "amables" contribuciones consiste en una serie de agresiones físicas y mentales que incluso pueden derivar en la muerte. En los centros penitenciarios los internos llevan a cabo tres pases de lista diarios, y además de las contribuciones que se hacen a las mafias de los internos, se tiene que alimentar la red de corrupción de guardias y celadores.

Tales "contribuciones" para los "servidores" públicos que administran y resguardan los penales van desde la famosa cuota diaria para la "lista", hasta las cuotas para conceder la visita de un familiar, amigo o conocido.

También hay cuotas para pasar objetos o comidas para los internos, e incluso existe un sistema de extorsión para arrancarles recursos a los abogados que solicitan audiencias o visitas con sus clientes. El sistema de aduanas de los penales parece más bien una especie de complejo de alcabalas por derecho de pasillo.

Todos estos factores contribuyen enormemente a la economía informal, incentivando la corrupción y dañando enormemente el progreso económico de nuestro país, sobre todo respecto de las clases sociales económicamente menos privilegiadas. Las familias de los reclusos son en su gran mayoría de escasos recursos, por lo que el sistema penitenciario en México resulta ser quizá la principal fuente de extorsión de los más débiles.

Según estudios realizados por la profesora investigadora Catalina Pérez-Correa,[2] de las 3 millones 293 mil 597 visitas que se llevaron a cabo en la Ciudad de México, el 75% (2 millones 211 mil 409) fueron hechas por mujeres; y en el estado de Morelos, de 175 mil 859 visitas realizadas casi el 80% (139 mil 082) fueron hechas por mujeres.

El 9.7% de los visitantes a los centros penitenciarios varoniles eran menores, mientras que en los centros femeniles esa suma asciende a 20.7%. El principal sustento de las mujeres visitantes, según este estudio, es el trabajo doméstico, y casi el 50% obtiene un ingreso que no rebasa los 800 pesos a la semana. Cantidad que tiene que ser suficiente para cubrir las necesidades de comida, ropa, calzado, medicina y accesorios de higiene personal

---

[2] Primera encuesta realizada a visitantes de los Centros de Readaptación Social. Link de descarga desde la página de la Suprema Corte de Justicia de la Nación http://equidad.scjn.gob.mx/las-mujeres-invisibleS.

para su familiar recluido, sin dejar de mencionar la miríada de contribuciones que implica "el hotel más caro del mundo".

Dicha lista de contribuciones o "cuotas" es realmente muy extensa, y necesariamente debe considerarse como una variable indispensable para calcular las ecuaciones económicas que reflejan el notable incremento de los costos relacionados con el mantenimiento de los internos en prisión. Atendiendo a lo anterior, existe pues una evidente afectación económica, pero también de carácter social y de género asociada al encarcelamiento.

Visitas en Centros Penitenciarios de la Ciudad de México y del estado de Morelos				
Entidad	Hombres	Mujeres	Niños	Total
Cd. México	733,560	2,211,409	348,628	3,293,597
Morelos	36,777	139,082		175,859
Ambos	770,337	2,350,491	348,628	3,469,456
Porcentaje	22.2 %	67.7 %	10 %	100 %
Diseño porpio con datos tomados de la Secretaría de Gobierno del estado de Morelos en respuesta a la solicitud de información pública de folio 00088914 y Secretaría de Gobierno del Distrito Federal número de folio 0101000045214.				

Tipo de empleo de los visitantes a centros penitenciarios de la Ciudad de México y del estado de Morelos					
Tipo de empleo	Cd. de México	Morelos	Total	Mujer	Hombre
Empleada doméstica	23.1 %	22.9 %	23 %	29.2 %	0.5 %
Comerciante	18.1 %	19.3 %	18.6 %	21.2 %	9.6 %
Empleado privado	26.1. %	19.9 %	23.5 %	23.1 %	25 %
Empleado gobierno	8.2 %	5.4 %	7 %	7 %	6.9 %
Obrero	5,8 %	4.4 %	5.2 %	4.6 %	7.4 %
Taxista	2.4 %	2.5 %	2.4 %	0 %	11.2 %
Profesionista	1.4 %	2.2 %	0.9 %	0.3 %	3.2 %
Auto empleo	12.7 %	18 %	15 %	11.5 %	27.7 %
Otros	2 %	2.9 %	2.5 %	1.4 %	5.5 %
No contesto	0.2 %	0.3 %	0.2 %	0.3 %	0 %
Total	100 %	100 %	110 %	100 %	100 %

Diseño porpio con datos tomados de la primera encuesta realizada a visitantes de los centros de readaptación social. Link de descarg desde la página de la Suprema Corte de Justicia de la Nación.
http://equidad.scjn.gob.mx/las-mujeres-invisibles

Becker determinó una función que mide la pérdida social que provocan los delitos.[3] Esta función ayuda a la sociedad a encontrar sus condiciones de optimalidad social. Esta función se expresa de forma simple de la siguiente manera:

---

[3] Becker, G. S., & Landes, W. M. (1974). *Essays in the Economics of Crime and Punishment*. New York: National Bureau of Economic Research.

$$L = D(O) + C(p, O) + bpfO$$

L = Pérdida social
D = Daño sufrido por la sociedad
C = costo de la actividad policial y tribunales
O = Número total de crímenes
p = Probabilidad de condena
b = Tipicidad penal
f = Pena por delito para los que han sido
   condenados

El término bpfO es la pérdida social resultante de los castigos, ya que bf es la pérdida por delito castigado y pO el número de delitos castigados (si persiste una cantidad considerable de delitos independientes). Las variables que se encuentran sujetas al control social son las cantidades gastadas en combatir los delitos, la pena por delito para los delincuentes juzgados y el tipo de penas. Una vez determinadas, estas variables, mediante las funciones D, C y O, estipulan indirectamente p, O, D y, por consecuencia, L, que es la pérdida social.

El costo de captura y proceso penal para un delincuente es afectado por distintos factores. Un aumento en los salarios de la fuerza policial incrementa el costo de la actividad policial y el costo de la probabilidad de condena para el delincuente, mientras que el costo derivado de una implementación o mejora tecnológica en seguridad y control informático, balística, química y dactiloscopia forense (sólo por mencionar algunos ejemplos) reduce el promedio de penas por delito y, por consiguiente, la exigencia o necesidad de tener que utilizar penas severas para aquellos delincuentes declarados culpables.

Así, puede considerarse óptimo mejorar la tecnología policial y estar constantemente innovando en nuevos métodos de investigación forense, para una probable disminución permanente de las penas.

Notemos una clara tendencia actual en la mayoría de los países a utilizar las multas como una modalidad del castigo, quedando reservado el encarcelamiento sólo para delitos graves. Tomemos por ejemplo a la libertad condicional y el encarcelamiento, que consumen grandes recursos en forma de supervisores, vigilantes o funcionarios encargados de la libertad condicional, y sin dejar de subrayar que el tiempo que los delincuentes permanecen tras las rejas se traduce en altos costos sociales y económicos, como se ha mencionado.

En este orden de ideas, cabe privilegiar la inversión en sistemas tecnológicos de investigación y persecución del delito, así como en sistemas punitivos que reduzcan en la medida de lo posible la privación de la libertad, en tanto que se podría determinar que el bienestar social aumenta conforme aumenten las multas.

Una adecuada utilización de las multas requiere un conocimiento amplio del daño causado, beneficios y costos marginales de captura y condena. La salud mental y la edad podrían representar una variable en la determinación de la pena, y no así de la multa, ya que las multas no dependen de estas variables.

Este fenómeno representa el rompimiento de un paradigma, ya que al estudiar los delitos desde un punto de vista económico es de suponer que la pena sea considerada como una especie de tributo monetario, cuando se trata de una multa, mientras que los legisladores en México, por ejemplo, al estudiar el comportamiento delictivo y sus consecuencias generalmente utilizan criterios de carácter político, dejando de lado las pérdidas o ganancias monetarias implicadas en el sistema penitenciario.

Un argumento fuerte contra las multas puede ser que éstas no son del todo morales, al permitir que el delito se sancione con un precio determinado en dinero; empero, si se analiza bien esta cuestión, se estarían cambiando unidades de medida en cuanto a la reparación del daño: en vez de cobrarle al delincuente unidades de tiempo, se estarían utilizando unidades monetarias para sancionar su conducta, lo que conllevaría mayores beneficios socioeconómicos para el Estado y para el individuo que cometió el delito, ya que podría seguir trabajando y aportando ingresos para su familia y para la sociedad, siempre y cuando no se trate de un delito realmente grave.

La economía de los países en un escenario de globalización económica tiene que lidiar con restricciones presupuestarias, y los siempre escasos recursos monetarios (como lo demuestra la sostenida caída del ingreso y del gasto público en los últimos años de la presente administración) deben, como nunca, destinarse a rubros plenamente justificados y con apego a una estricta planeación estratégica. Por lo tanto, las multas pueden verse como una seria opción contributiva para fortalecer las finanzas públicas en momentos en los que la carga presupuestaria que significa el sistema penitenciario redunda en grandes pérdidas económicas y sociales para el Estado.

Actualmente, en el estado de California está permitido realizar trabajo comunitario, inclusive con distintas opciones para el delincuente. En este sistema se analizan los ingresos de aquél y se le cobra una multa acorde a sus posibilidades, en función de la cual puede realizar diversos trabajos que replican en un mejoramiento visible de las condiciones de la comunidad: limpiando las calles, parques, plazas o aeropuertos; sirviendo comida a las personas de los grupos más marginados, u ofreciendo otros servicios a la sociedad. Incluso se da la posibilidad al delincuente de poder administrar los días y horas de la semana en que puede prestar estos servicios, en función de sus necesidades laborales.

En el modelo económico beckeriano las multas óptimas dependen solamente del mal social causado y del costo en jueces y fuerzas de seguridad, pero no de la posición económica del criminal. Otras teorías, como las de J. Bentham, no comparten del todo los postulados implícitos en la teoría económica del delito de Becker, en tanto que se pone de relieve el carácter axiológico del sistema punitivo.

El jurista y economista italiano Cesare Beccaria ya expresaba la necesidad de un balance entre delitos y penas en uno de los libros más influyente en la reforma del derecho penal europeo en el siglo XVIII, *De los delitos y las penas*[4], y lo expresaba de esta manera:

No sólo no es de interés común que no se cometan delitos, sino también que sean más raros en proporción al mal que irrogan a la sociedad. Por lo tanto, deben ser más fuertes los obstáculos que

---

[4] Beccaria, C. (1991). *De los delitos y las penas*. México, D.F. The Comisión.

aparten a los hombres del delito, a medida que sean más contrarios al bien público... Por consiguiente debe haber una proporción entre los delitos y las penas. La verdadera medida de los delitos es el daño a la sociedad.

Por su parte, Ramos Mejía escribe en su libro *Desincriminación, despenalización, desjudicialización*[5] que "La prisión total en estos casos, suele generar, al cabo del encierro, un desocupado en muy difíciles situaciones de subsistencia. La semilibertad permite entonces una mayor racionalidad en relación a los efectos preventivos de la pena."

En cuanto al término *reparación del daño*,[6] tenemos que es el resarcimiento económico a quien ha sufrido un menoscabo en su patrimonio por acto ilícito o delito.

En México, la reparación del daño está presente en nuestro sistema jurídico desde hace más de 100 años,[7] principio que se ha adaptado a través de las distintas reformas constitucionales, principalmente a través de las reformas de los años 1993 y 2000, en las que se establece como un derecho a favor de la víctima, ya que anteriormente era considerado una pena pública impuesta al imputado. En la reforma del 2008 se insertó la figura restaurativa y posteriormente, con la reforma de 2011, se le dio jurídicamente el valor de derecho humano.

La reciente Ley General de Víctimas no sólo supone una restitución o indemnización de carácter monetario, también implica la restitución, rehabilitación, com-

---

[5] Ramos Mejía, Enrique. "Desincriminación, despenalización, desjudicialización", en Bergalli, R. y Bustos, J. (comp.) *El poder penal del Estado*, Ediciones Depalma, Bs. As., 1985.
[6] Juan Palomar de Miguel. *Diccionario para juristas*, mayo, 1981.
[7] Esparza Martínez, Bernardino. *La reparación del daño*. México: Instituto Nacional en Ciencias Penales, 2015.

pensación, satisfacción y garantías de no repetición, en sus dimensiones individual, colectiva, material, moral y simbólica. Cada una de estas medidas será implementada a favor de la víctima, teniendo en cuenta la gravedad y magnitud del hecho victimizante cometido o la gravedad y magnitud de la violación de sus derechos, así como las circunstancias y características del hecho victimizante.[8]

Por su parte, la Corte Interamericana de Derechos Humanos ha desarrollado jurisprudencia en cuanto a la reparación, sobre todo para víctimas de violaciones de derechos humanos, y pueden incluso determinar responsabilidades a los distintos gobiernos, así como emitir recomendaciones buscando lineamientos generales internacionales.

El artículo 27 de la Convención de Viena sobre el derecho de los tratados señala que "Una parte no podrá invocar las disposiciones de su Derecho Interno como justificación del incumplimiento de un tratado."

La Corte Internacional de Justicia lo reafirma de la siguiente manera: "La reclamación se basa en el incumplimiento de una obligación internacional por un miembro considerado responsable... ese miembro no puede pretender que esa obligación se rija por su Derecho Nacional".[9]

Una de las particularidades de la jurisprudencia en la Corte Interamericana es el denominado *proyecto de vida*, el cual es la realización integral de la persona afectada, considerando su vocación, aptitudes, circunstancias,

---

[8] Ley General de Víctimas (última reforma publicada en 2013, Junio 3). Consultada en mayo 12, 2016, de http://www.diputados.gob.mx/LeyesBiblio/pdf/LGV.pdf.
[9] *Reparation for Injuries Suffered in the Service of the United Nations*. C.I.J. Reports 1949, p. 180.

potencialidades y aspiraciones, que le permitan fijarse razonablemente determinadas expectativas y acceder a ellas.[10]

La Ciudad de México

En definitiva, ante la escalada de violencia, la seguridad se ha convertido en el principal reclamo de la población. Probablemente para muchas personas no haya peor sensación que tener miedo en los lugares públicos, en la calle e incluso en su propia casa. Las consecuencias físicas, psicológicas y económicas de los actos violentos han conducido a mucha gente a optar por diferentes tipos de medidas parciales que más que disminuir la incidencia delictiva sólo amortiguan un poco la sensación de inseguridad. Por su parte, las autoridades de la Ciudad de México han desarrollado diferentes acciones buscando desalentar el crimen y los mercados ilegales. Sin embargo, ni las acciones del ámbito privado ni las realizadas por el sector público han logrado afectar las raíces del problema.[11]

Históricamente, el término *violencia* ha sido abordado desde distintas disciplinas, y esto ha provocado el uso de lenguajes diferentes para analizar el mismo problema. Así, desde el punto de vista sociológico, *violencia* y *poder* son conceptos inseparables. Desde la perspectiva

[10] Corte IDH. *Caso Molina Theissen vs Guatemala. Reparaciones y costas.* Sentencia del 19 de noviembre de 2004.

[11] *Análisis de la magnitud y costos de la violencia en la Ciudad de México,* Fundación Mexicana para la Salud, Centro de Economía y Salud, Banco Interamericano de Desarrollo, Oficina del Economista Jefe, Red de Centros de Investigación, Documento de Trabajo R-331, pág. 60, 1998. Banco Interamericano de Desarrollo. 1300 New York Avenue, N.W. Washington, D.C. 20577.

legal, la violencia se asocia con violaciones a la ley y los hechos violentos se constituyen en actos criminales.[12] Desde la salud pública, la violencia se ha definido como hechos visibles y manifiestos de agresión física que provocan intencionalmente daños capaces de producir secuelas temporales o permanentes, o incluso llegar a la muerte.[13]

Antecedentes de la violencia en la Ciudad de México

Desde su fundación, la Ciudad de México cuenta con episodios sumamente violentos en su historia. La llegada de los españoles trae en consecuencia una importante disminución de la población india:

La cruenta guerra de la conquista y la destrucción del centro del imperio azteca provocó la drástica reducción de su población, de tal manera que habiendo tenido Tenochtitlán alrededor de 300 mil habitantes en 1521 disminuyó a 30 mil entre mexicanos y peninsulares en sus inicios como ciudad española.[14]

Nuevamente la guerra por alcanzar la independencia de la Corona española condujo a un segundo despoblamiento de la ciudad por hechos violentos a principios del siglo XIX. No obstante lo anterior, a finales de la guerra 140 mil habitantes la ubicaban como la ciudad más populosa de la Nueva España; pero como tal, enfrentaba fuertes problemas de desigualdad, desorden y criminalidad.[15]

---

[12] *Ibidem.*
[13] Reiss A. and Roth J. (ed) *Understanding and Preventing Violence. National Academy* Press. Washington DC, 1993.
[14] Orozco y Berra M. *Historia de la Ciudad de México.* SEP Setentas No. 112, México 1973.
[15] *Ibidem.*

Según Humboldt, México era el país de la desigualdad, puesto que en ninguna parte la había más espantosa en la distribución de fortunas, civilización, cultivo de la tierra y población.[16] En un cuidadoso estudio sobre la criminalidad en la Ciudad de México, a principios del siglo XX se sistematizan las primeras estadísticas sobre el crimen de la urbe.[17] En esa época el robo encabezaba la lista con el 39% del total de los motivos de detención; le seguían en orden de importancia las riñas y los delitos sexuales. Los homicidios representaban el 6% del total de los delincuentes detenidos. Hace 200 años, el 88% de los detenidos pertenecía al sexo masculino y las mujeres bajo esta condición por lo regular estaban vinculadas con delitos sexuales y como cómplices de robo u homicidio.

Conviene aclarar que desde principios del siglo XIX se consideraba delito sexual "a quien hacía vida marital sin estar casado". Sin embargo, la ley se ejercía en contra de las mujeres y no de los hombres.

Con respecto a la edad de los delincuentes, tres cuartas partes eran menores de 30 años y el resto se distribuía en 20% para menores de 40 años y 5% para la población mayor de esa edad.

Sin duda, la desigualdad social que prevalecía en aquellos días era la generadora de muchos de los delitos registrados, pero a la vez algunos historiadores insisten en que el origen de la violencia se ubicaba en la ingesta de alcohol y la convivencia en barrios pobres.[18]

---

[16] Humboldt A. *Ensayo político sobre el reino de la Nueva España*, Porrúa. México 1966.
17 Lozano T. *La criminalidad en la Ciudad de México. 1800-1821*. UNAM, México 1987.
[18] Hipólito de Villarroel. *Enfermedades políticas que padece la capital de esta Nueva España en casi todos los cuerpos de que se compone y remedios que se le deben*

Debido al recrudecimiento de los problemas en la distribución de la riqueza y al interés por derrocar una dictadura de más de 30 años, México arranca el siglo XX con otro episodio de guerra civil que afecta nuevamente a los pobladores de la ciudad. No es sino hasta la tercera década del mismo siglo, durante la consolidación en el poder de los grupos surgidos en la Revolución, que la Ciudad de México empieza a transformarse en el centro territorial más importante del moderno Estado mexicano.[19]

En uno de los periodos más largos de la historia de México sin guerras, se presenta un crecimiento inusitado de la población nacional. La capital del país se transforma de pequeña ciudad a megalópolis en menos de 50 años. En 1930 la ciudad rebasó el millón de habitantes; 20 años después aumentó su población a 3.2 millones.[20] En la actualidad se suman a los 8.9 millones de la Ciudad de México, 8.1 millones de personas de la zona conurbada, lo cual da un total de 17 millones de habitantes en la zona metropolitana del Valle de México.[21]

A partir de 1996 se empezó a utilizar el término *megalópolis de México* para definir una de las conurbaciones más pobladas del país y del planeta, al rebasar los 20 millones de habitantes. Esta "corona regional del Centro

---

aplicar para su curación si se quiere que sea útil al rey y al público. Ed. Bibliófilos Mexicanos, México, 1937. Citado por Lozano T. *La criminalidad en la Ciudad de México. 1800-1821.* UNAM, México 1987, y Guedea V. "México en 1812. Control político y bebidas prohibidas." En *Estudios de Historia Moderna y Contemporánea de México,* México 1980, citado por Lozano T. *La criminalidad en la Ciudad de México. 1800- 1821.* UNAM, México 1987.

[19] *Ibídem.*

[20] Ruiz Crescencio. *El desarrollo del México urbano: cambio de protagonista.* Comercio Exterior. 1993; 43 (8):708-716.

[21] http://cuentame.inegi.org.mx/monografias/informacion/df/poblacion.

de México" está integrada por un total de 173 municipios y delegaciones (91 del Estado de México, 29 del estado de Puebla, 37 del estado de Tlaxcala, 16 de Morelos, 16 de Hidalgo y 16 delegaciones de la CDMX), sumando en la actualidad 28 millones de habitantes. Un asentamiento de esta magnitud obliga al diseño de políticas públicas megalopolitanas, no sólo metropolitanas, las cuales desafortunadamente aún no se han desarrollado en México, porque todavía prevalecen las visiones y los intereses políticos localistas o por entidad federativa. Recientemente, con el problema de la contingencia ambiental durante el primer semestre de 2016 en la zona centro del país, se revivió la Comisión Ambiental de la Megalópolis para atender el problema. En el futuro próximo, no únicamente el medio ambiente, sino la seguridad pública, la movilidad, el agua y la basura, entre otros, serán temas que exigirán visiones y políticas públicas megalopolitanas, las cuales no estamos alentando todavía.

Actualmente la Ciudad de México constituye, con mucho, la más importante concentración económico-demográfica del país. En sus 1,500 km^2 se produce alrededor de 35% del Producto Interno Bruto nacional y aloja a una décima parte de la población mexicana que, sumada a la que habita en la zona conurbada, concentra una tercera parte de la población urbana del país. Adicionalmente, es el principal centro cultural y sede del poder político.[22]

Sin embargo, algunos urbanistas consideran que esta megalópolis constituye:

---

[22] *Ibídem.*

Un freno para el desarrollo económico del país, ya que el grueso de la inversión pública se orienta a satisfacer sus necesidades [...] más aún [...] a pesar de su importancia, es muy común referirse a los aspectos negativos de ella: contaminación, marginalidad urbana, desempleo, subempleo, inseguridad pública, etc. [...][23]

Sin duda la mal llamada *guerra contra el narcotráfico* se constituyó en uno de los principales factores de detonación de los índices de violencia y delictivos en nuestro país. Tal ominosa empresa fue iniciada desde 2006 y aún ahora sigue arrastrando consecuencias funestas, puesto que ha traído consigo una ola de delincuencia, y, por si fuera poco, a todo lo largo y ancho de la República.

Empero, hay entidades donde la violencia y la impunidad han rayado en el cinismo. En este sentido, algunas de las entidades federativas que presentan la situación más alarmante son sin duda la Ciudad de México y el Estado de México, las cuales están de tal modo imbricadas, que resulta difícil establecer límites o diferenciaciones por lo que respecta a la prevalencia del fenómeno delictivo, sobre todo en la gran masa urbana que compone la zona megalopolitana.

Datos difundidos por el INEGI revelan que en 6 años, de 2006 a 2012, casi se triplicó el número de homicidios registrados en la República Mexicana. Tan solo en 2011 se registraron 27 mil 199 asesinatos, que representan 24 por cada 100 mil habitantes.

[23] Garza G. y Damian A. "Ciudad de México. Etapas de crecimiento, infraestructura y equipamiento". En Schteingart M. *Espacio y vivienda en la Ciudad de México.* El Colegio de México. México 1991; 21-50.

En este punto vale la pena recordar que hay estimaciones que ubican la tasa de homicidios en la Edad Media en 20 casos por cada 100 mil personas, mientras que durante el siglo XX, en los países más desarrollados, se observó una tasa de promedio de uno por cada 100 mil habitantes.[24]

Según autores como Gurr, la sensible disminución de la tasa promedio de homicidios que se ha registrado en las sociedades modernas en comparación con el medievo obedece a factores como el incremento en la sensibilización de los miembros de las sociedades ante la violencia o el crimen y al correspondiente aumento de los controles internos y externos (como el monopolio de la violencia o de la fuerza por parte del Estado, así como la centralización de los mecanismos para hacer justicia) de estos fenómenos, por parte de las sociedades.[25]

Ergo, vivimos en un país con un Estado débil que no constituye en absoluto un factor de control externo de los fenómenos violentos o criminales, y, por otro lado, las crónicas deficiencias en el sistema educativo formal, así como la pauperización de los procesos de educación no formal o informal (en donde inciden la familia y otras instituciones formativas), han dado como resultado la falta de sensibilización de un gran número de miembros de la sociedad respecto de la agresividad, la violencia y el crimen.

El Estado de México y la Ciudad de México se ubican dentro del grupo de entidades federativas que ostentan el ominoso récord de los mayores repuntes en los números de asesinatos. Esto se corresponde con la violencia

---

[24] Ramírez de Garay, Luis D. *Op. Cit.* pág. 274.
[25] Infra.

y la delincuencia creciente que se ha registrado a nivel nacional durante la presente administración; en 2015, un promedio de 51 a 52 personas fueron asesinadas violentamente todos los días; esto es, 6% más en comparación con 2014.[26]

Existen registros que refieren que la Ciudad de México acumuló en los primeros nueve meses de 2015 un total de 642 averiguaciones previas por homicidio doloso, lo que representó una cifra superior a cualquier otro periodo del presente siglo. Fenómeno similar al suscitado en 2010, cuando dentro de los primeros nueve meses se rebasó igualmente la cifra de más de 600 asesinatos.

De conformidad con algunos analistas, la Ciudad de México no registraba tal nivel de asesinatos por lo menos desde 1998. Las 642 averiguaciones por homicidio comprendieron en total a 679 personas asesinadas, un incremento superior al 20% en comparación con 2014.[27] Cabe mencionar que los anteriores registros obedecen tan solo a números aproximados, puesto que en muchos de los casos no se levanta la denuncia correspondiente.

Estas cifras ya no impresionan al Gobierno de la República, por cotidianas; son parte de las noticias con las que nos encontramos en todas las esquinas, en todos los pasillos, y no precisamente a través de los medios de comunicación masiva, sino por las personas que nos rodean o nuestros propios familiares, que son víctimas de asaltos, de secuestros y hasta de homicidios.

---

[26] Nacional (2015). "Por primera vez en cuatro años, repuntan los homicidios en México". *Animal Político*. Consultado en: http://www.animalpolitico. com/2015/10/por-primera-vez-en-cuatro-anos-repuntan-los-homicidios-en-mexico el 14 de abril de 2016.
[27] *Infra.*

La delincuencia en la Ciudad de México ha crecido significativamente en detrimento de la seguridad, la estabilidad y la paz de sus pobladores, y las acciones del aparato gubernamental parecen nulas o resultan del todo insuficientes, ya que incluso las autoridades mismas están coludidas con los delincuentes o, a su vez, tienen miedo de ser víctimas de la propia delincuencia.

En los inicios de la llamada *guerra contra el narcotráfico* se pensó que los índices delincuenciales eran un efecto más de la oleada de violencia de la delincuencia organizada y se creyó que combatiendo a los grupos dirigentes se terminaría con la criminalidad en general. Empero, esto no fue así, ya que a casi diez años de iniciada la mencionada lucha los resultados lucen francamente decepcionantes: más militares en las calles, más robos, más secuestros y más asesinatos que quedan impunes.

Nuestras corporaciones policiacas son débiles y, aunado a esto, tenemos un aparato de procuración y administración de justicia corrupto e ineficaz: desde los policías y los ministerios públicos, hasta los jueces, los cuales no tienen la capacidad suficiente para hacer frente al problema y a sus aristas.

Además de esto, tenemos un sistema de justicia rebasado, anquilosado y saturado que, ante un mayor número de delitos cometidos, disminuye su capacidad para procesarlos y resolverlos. Por ello tenemos como una de nuestras más grandes afrentas la execrable estadística que dicta que de cada cien delitos que se cometen en el país, sólo uno recibe castigo.

La impunidad es un problema añejo y complejo, pero más graves pueden ser las señales que manda a la sociedad en el contexto de la economía del delito. Por un lado, eleva la percepción de inseguridad en la ciudadanía, no sólo por la probabilidad de ser víctima, sino también por la incapacidad del Estado de prevenir el delito o de sancionar a los responsables. Por el otro, la posibilidad de delinquir sin recibir castigo o sanción alguna hace del crimen una actividad muy redituable y, por tanto, epidémica.

Así, podemos notar que ahora los delincuentes comienzan su vida delictiva a más temprana edad; esto derivado de que los niveles de impunidad son mayores. Por ende, aquellos que no tienen la oportunidad de estudiar pueden ser atraídos con mayor fuerza a optar por el camino de la delincuencia, a sabiendas de que será un negocio fácil en virtud de las disminuidas posibilidades de recibir castigo, o a merced del carácter corruptible de las distintas autoridades, tanto de las encargadas de la prevención del delito, como de las responsables de la procuración y administración de justicia.

Modificar el escenario anterior requiere de un sistema en el que las más altas autoridades del Estado gocen de la debida legitimidad y en el que los gobernados estén convencidos de que sus autoridades tienen la voluntad y la capacidad para respetar y hacer respetar las leyes.

Del mismo modo, resulta necesario que en el análisis racional de los delincuentes o posibles delincuentes exista plena conciencia de que las autoridades no son corruptibles y efectivamente aplican las leyes que componen nuestro marco jurídico. De esta forma se aumentaría considerablemente el costo de oportunidad, para el caso de que alguien esté cavilando romper las reglas.

En el marco de la teoría de la economía del delito se pueden emplear algunas estrategias que impliquen la focalización de los esfuerzos preventivos y de prestación de servicios básicos en las zonas de riesgo o de evidente atraso económico; asimismo, se puede considerar la priorización de ciertos delitos en atención a su impacto y prevalencia, en aras de aumentar la probabilidad de sancionar a quien quebrante la ley.

Las instituciones podrían especializarse y, sobre todo, podrían contar con todo el apoyo presupuestal, así como recursos de todo tipo e inteligencia criminal suficiente para probar la culpabilidad y sancionar a los delincuentes. Esto es así ya que el Estado, al castigar los delitos más graves, podría establecer una amenaza creíble que desincentive los delitos menores también.

La aproximación a la economía del delito y su aplicación práctica en el contexto de la Ciudad de México deben orillarnos a reconocer que existe un fuerte vínculo entre la impunidad y el desgobierno (como algunos de los principales factores de incentivación para adoptar una conducta desviada por parte de los sujetos activos que deciden delinquir), y las actividades ilícitas que se han multiplicado exponencialmente, las cuales son generadoras de ingresos cuantiosos y replican en los más variados negocios clandestinos, tales como el narcomenudeo, la piratería, la trata de personas, la explotación sexual, la explotación laboral, el robo de autos, etcétera.

Empero, ¿qué relación guarda con los derechos humanos?, ¿qué valor tiene la vida de una persona en la Ciudad de México? La realidad es que la vida de las personas también ha entrado al juego del libre mercado y tiene el costo que se establece en el mismo. Muestra de ello pueden ser la serie de desapariciones que han tenido lugar en esta ciudad; recordemos a los 12 jóvenes que desaparecieron del bar Heaven ubicado en la Zona Rosa de la Delegación Cuauhtémoc, quienes en el mes de mayo de 2013 fueron sustraídos por un grupo de personas armadas que irrumpieron en el establecimiento.

Según investigaciones de la Procuraduría General de la República, se presume que el hecho se debió a ajustes de cuentas entre bandas de narcomenudistas, y en él se vio involucrado personal adscrito a la Secretaría de Seguridad Pública.[28] En efecto, existe la relación entre sucesos como éste y la economía del delito, principalmente con negocios informales, y lamentablemente con la vinculación de éstos con el poder político pues, como sabemos, los grupos de delincuencia organizada no podrían operar sin el amparo de la corrupción, la cual proporciona la inmunidad requerida a través de la protección policiaca y política.

La tasa delincuencial de alto impacto durante 2015 nos muestra a la delegación Cuauhtémoc con un índice de 682.0 por cada 100 mil habitantes, siendo Cuajimalpa la de menor índice con 107.8 por cada 100 mil habitantes. En el mes de marzo de 2016 se publicó el reporte más actualizado de la Procuraduría General de Justicia del Distrito Federal, en el que nuevamente la delegación con más alto impacto delincuencial fue la Cuauhtémoc, con 147.0 por cada 100 mil habitantes.[29] Sin embargo, debe considerarse que la Delegación tiene una población flotante de cerca de 5 millones de personas diariamente, similar a la de la zona metropolitana de Monterrey o de Guadalajara, mientras que su población residente es de sólo 538 mil personas, de acuerdo con el conteo intercensal del INEGI de 2015. Los índices delincuenciales

---

[28] http://eleconomista.com.mx/distrito-federal/2013/08/22/cronologia-caso-heaven.
[29] http://www.pgjdf.gob.mx/images/Estadisticas/0316.pdf.

de la demarcación son por ello similares a los de otras zonas metropolitanas del país.

El mismo reporte indicó que durante el mes de marzo de 2016 se iniciaron 14 mil 874 averiguaciones previas y carpetas de investigación por delitos del fuero común, siendo el 16% por delitos de alto impacto y el 84% por delitos de bajo impacto.[30] La relación costo-beneficio de delitos tales como tráfico de armas, tráfico de drogas o secuestro es tan desproporcional, que prácticamente se pueden obtener grandes remuneraciones a cambio de la mínima posibilidad de ser justiciable.

Esta ideología neoliberal implantada en las sociedades modernas ha trastocado nuestra vida y valores, colocando a la dignidad humana como una mercancía más; la perversión es tal, que se ha materializado y monetarizado absolutamente todo, incluso el ser humano se ha cosificado, alcanzando un valor monetario dentro del mercado delincuencial. Rayando en el absurdo, nos encontramos con el hecho de que todas y cada una de las partes del cuerpo humano también han adquirido un valor monetario. El secuestro pone de manifiesto el crecimiento de este "mercado" del horror en donde miles de personas se han visto en la necesidad de "comprar" la libertad de sus seres queridos.

Según un informe publicado en la página electrónica del Secretariado Ejecutivo del Sistema Nacional de Seguridad Pública, en el transcurso de los meses de enero a marzo de 2016 se iniciaron 10 averiguaciones previas por el delito de secuestro en la Ciudad de México.[31]

---

[30] *Ibídem.*
[31] http://www.codigoradio.cultura.df.gob.mx/index.php/nosotros-los-otros/13909-economia-del-delito.

Hemos visto que, en atención a los postulados de la económica del delito, se va haciendo patente el crecimiento sostenido de diferentes "industrias delictivas", ya que los beneficios económicos son sumamente atractivos y la inversión es relativamente baja. Lamentablemente, podemos ver cómo esta ideología de la ilegalidad ha permeado por generaciones a grandes sectores de la sociedad.

El voto corporativista es un claro ejemplo del beneficio político que esto implica; las mafias de tianguistas, mercados, taxistas "tolerados", concesionarios de microbuses y diversas corporaciones que se han gestado principalmente por los vicios de los gobiernos provenientes de la derecha, que lamentablemente se han mantenido y tolerado también por los gobiernos de izquierda, y que dan cuenta puntual del binomio corrupción-impunidad en el que encuentra base sólida la criminalidad.

A este "corporativismo delincuencial" se vinculan delitos como la venta de artículos ilegales o el robo a transporte público. En este último caso, las denuncias correspondientes, tan solo en el mes de marzo de 2016, se han traducido en 78 averiguaciones previas por robo en microbús, 13 por robo en taxi y 29 por robo en el Metro.[32]

Desde niveles más estructurados, nos encontramos con la aparentemente ineluctable delincuencia organizada. El narcotráfico, específicamente, está viviendo su época dorada; cabe preguntarse cómo se pueden transportar grandes cantidades de droga de un lugar a otro sin que exista mayor problema.

---

[32] http://www.pgjdf.gob.mx/images/Estadisticas/0316.pdf.

Hay tres ingredientes fundamentales para que estas corporaciones se desarrollen: la corrupción, las cuantiosas ganancias económicas y el móvil delictivo ataviado con un gran incremento de la violencia que golpea a la sociedad.[33] En este entramado relacionado con economías informales y formales, el poder político juega un papel sumamente importante puesto que se convierte en beneficiario facilitador de móviles delictivos. Sin embargo, hay también actores políticos queriendo detener esta gran ola.[34]

La corrupción que se ha gestado en nuestra sociedad como parte de una estructura y cultura del poder basada en la discrecionalidad, baja institucionalidad y escaso respeto a la ley, reforzada por una práctica cotidiana que se aplica desde lo más mínimo, para realizar o agilizar algún trámite, para evitar alguna multa o para obtener beneficios económicos o políticos, nos ha enganchado de tal manera, que nos hemos acostumbrado a que sólo de esta forma se puede tener acceso a ciertos servicios o productos.

Sin embargo, esto que parece algo tan común y arraigado en nuestra cultura social, ya en otras dimensiones se traduce en un problema de gran magnitud; hechos que llevan implícito un prejuicio y perjuicio en la sociedad, como los delitos de trata de personas, tráfico de armas, tráfico de drogas, etcétera. En particular la trata de personas ha permeado los medios empresariales y políticos, encontrando grandes ganancias a un muy bajo costo, lo cual sólo es posible a través de la vía de la corrupción.

---

[33] Eduardo Daniel Cunjama, Investigador del INACIPE, entrevista del 3 de julio de 2013, http://www.codigoradio.cultura.df.gob.mx.
[34] *Ibídem.*

Según el *Trafficking in Persons Report 2014*, publicado por el Departamento de Estado de los Estados Unidos de América, se realiza una clasificación de países en cuatro niveles de acuerdo con las acciones y compromisos nacionales e internacionales en el combate a la trata de personas, en la cual México aparece en el segundo nivel, y se le considera como una nación cuyo Gobierno ha realizado ciertos esfuerzos para el combate, prevención y sanción, sin llegar a cumplir eficientemente con los mínimos estándares para su efectivo combate.[35]

Según la estadística sobre la procuración de justicia en el combate a la trata de personas en México 2010-2013 realizada por la *Revista internacional de estadística y geografía*, se determinó que en la Ciudad de México se realizaron 212 detenciones relacionadas con la trata de personas de un total de 624, lo que se traduce en el 33.97 % de éstas. Estos datos coinciden con la Comisión Nacional para las Migraciones, cuya misión en México identifica a Chiapas y a la Ciudad de México dentro de los principales destinos de explotación en materia de trata de personas.[36]

Por otro lado, Puebla y Baja California encabezan, junto con Chiapas y la Ciudad de México, el *ranking* de las entidades que reportaron mayor número de detenciones por el delito de trata de personas, lo cual pudiera indicar que una posible víctima es más vulnerable si se encuentra dentro de una entidad fronteriza o en ciudades densamente pobladas.

---

[35] http://www.inegi.org.mx/RDE/rde_15/rde_15_art4.html.
[36] Organización Internacional para las Migraciones. *La trata de personas en México: diagnóstico sobre la asistencia a víctimas*. México, 2011, p. 13. Disponible en: http://www.corteidh.or.cr/sitios/Observaciones/11/Anexo %2018.pdf.

En este contexto, se menciona que:

> La explotación sexual y comercial de niñas y niños
> en México se hace más visible en las fronteras, zonas
> de gran turismo y en las grandes ciudades, esto ha
> traído consigo la muerte de jovencitas, como ha
> sucedido en Ciudad Juárez, lugar con el mayor
> índice mundial en agresión a las mujeres (es lo más
> conocido en el ámbito internacional, pero tenemos
> otras entidades como Chiapas y el Estado de
> México, en donde se ha descubierto más violencia
> que en Ciudad Juárez).
>
> Todo ello deja ver la impunidad con la que operan
> las mafias y queda al descubierto la corrupción que
> impera en todos los niveles de gobierno, pero lo
> más grave es que también existe cierta complicidad
> por parte de la sociedad, en virtud de la insuficiente
> denuncia de lo que ocurre en este país, porque
> aunque nos percatemos de lo que pasa en los
> alrededores, al no intervenir, se está adoptando
> una actitud de "cómplices", de alguna manera de
> lo que sucede.[37]

A pesar de que la Ciudad México encabeza la lista de
entidades con más detenidos por este delito, la prensa y
organizaciones sociales señalan que, no obstante el gran
número de detenciones, hay menos responsables. En este
sentido, el Observatorio contra la Trata de Personas con
Fines de Explotación Sexual del Distrito Federal (OTP-
FESDF) indica lo siguiente:

---

[37] *Ibídem.*

En 2013 hubo 41 averiguaciones previas, un 256% más que el año anterior, cuando sólo hubo 16. Las 41 averiguaciones previas respondieron a 151 delitos asociados y se encontraron 126 presuntos responsables, de los cuales sólo 30 llegaron a sentencias, 27 de ellas condenatorias. Es decir, solo uno de cada cinco detenidos fue sentenciado. Esto es mucho menos que en los años anteriores, ya que en 2012 hubo 44 sentencias y en 2011, 49.[38]

El delito como actor económico tiene su lado siniestro: ¿quiénes son los beneficiarios del crimen? Hay empresas legalmente conformadas que han surgido de la oleada de violencia que azota a México. En cierto modo, estas empresas de seguridad privada que se han constituido para brindar el servicio que el Estado es incapaz de solventar, han sido algunas de las beneficiarias del aumento y la no contención del crimen.

El impacto económico de la violencia en México durante 2015 ascendió a 2.12 billones de pesos, el 13% del Producto Interno Bruto (PIB), que cuesta a cada mexicano 17 mil 525 pesos, según indica el *Índice de Paz 2016*.[39]

El estudio, con base en indicadores tales como el índice de homicidios, el número de presos sin condena, el gasto en contención de la violencia por parte del Gobierno y el gasto en seguridad privada por parte de las empresas, reporta que en México se sigue incrementando el gasto destinado a la compra de patrullas y contratación de policías para prevenir el delito.[40]

---

[38] *Ibídem.*
[39] Instituto para la Economía y la Paz.
[40] http://www.eluniversal.com.mx/articulo/nacion/seguridad/2016/04/7/violencia-cuesta-al-pais-13-del-pib-revelan.

Aquí podemos resaltar que otros beneficiarios del crimen también son las millonarias empresas automotrices. Sin dejar a un lado las empresas dedicadas a la venta de cámaras de vigilancia, alarmas, carros blindados y todos esos aparatos que nos pueden brindar "seguridad", mismos que paradójicamente también son de gran ayuda para la perpetración de actos delictivos. La información obtenida de actividades de vigilancia puede ser también mal utilizada si se encuentra en poder de personas en medios altamente corruptibles.[41]

El gasto indirecto que genera la delincuencia se proyecta principalmente en las víctimas de ésta. El gasto que les genera a las personas que son víctimas de la delincuencia implica desde la parte psicológica, hasta lo concerniente a la reparación del daño en la propiedad patrimonial, como lo es el robo de vehículos, a casa habitación, negocio, etcétera.

Según el informe de la Procuraduría General de Justicia del Distrito Federal, durante los meses de enero a marzo de 2016 se generaron 134 averiguaciones previas por el delito de robo a casa habitación con violencia y 1,309 sin violencia; asimismo, 894 denuncias se presentaron ante el mismo organismo por el delito de robo de vehículo con violencia, y 1,945 sin violencia.

Por lo que atañe al robo de negocios con violencia, fueron 795 denuncias y 2,817 sin violencia, en lo que respecta a los meses de enero, febrero y marzo de 2016. Las lesiones y homicidios también arrojan cifras importantes, siendo 2,435 y 387 denuncias respectivamente, en el tiempo transcurrido durante el primer trimestre de 2016.

---

[41] *Ibídem.*

Los delitos patrimoniales son bastante socorridos, puesto que de enero a marzo del mismo 2016 se han contabilizado 7,064 denuncias por ilícitos como abuso de confianza, daño en propiedad ajena, extorsión, fraude y despojo. Los delitos sexuales, por su parte, tan solo en el mes de marzo de 2016 ascendieron a 151 denuncias.

La economía del delito opera bajo una lógica económica, y asumiendo que el sistema económico, hoy por hoy, está abrumando al sistema político, al sisma social y al sistema cultural, queda claro que las instituciones estatales presentan índices de vulnerabilidad cada vez mayores, porque el dinero, en términos marxistas, tiene el poder de pervertir casi cualquier cosa.

Por otro lado, parece que regresó con fuerza una especie de hedonismo que ha envuelto a las sociedades "desarrolladas", cuyos individuos ven en el dinero no un medio sino un fin, y un fin que constituye el principal vehículo del placer. Las instituciones no están integradas con otro tipo de individuos, y por tanto sus placeres hedonistas se satisfacen igualmente con dinero.[42]

Existen costos muy altos para la economía del país: empresarios que no encuentran la mínima seguridad para desarrollarse en esta ciudad tienden a trasladar sus empresas fuera de ella, provocando que grandes capitales, inversiones y fuentes generadoras de empleo sean desaprovechadas, produciendo más pobreza, y manteniendo ese círculo vicioso que tiene cautiva a la Ciudad de México.

---

[42] *Ibídem.*

La corrupción institucionalizada

La corrupción es un intercambio que se produce en los márgenes de la ilegalidad y la ilegitimidad, y cuyo objetivo es una ventaja indebida; pero se trata de un intercambio que se funda en el conjunto de transacciones sociales que se dan entre las élites económicas y políticas, mismas que se desenvuelven en la clandestinidad y lo oculto. A la corrupción política se la define como aquella situación cuya iniciativa procede tanto desde la autoridad y se dirige a actores que no lo son, para incrementar el poder de ésta (corrupción ascendente), como desde los actores hacia la autoridad (corrupción descendente) para incrementar el patrimonio de estos.[1]

En ambos casos se sobrepasan los límites de la legalidad para obtener beneficios extraposicionales, es decir, ajenos a la remuneración de la actividad que se desempeña. A veces implica deslealtad, traición e incumplimiento deliberado del sistema normativo y de lo que podríamos denominar *código moral, social y jurídico.* El intercambio se produce de forma implícita, aunque se explicita en el

---

1 Corzo Fernández, Susana. "El clientelismo político como intercambio". https://ddd.uab.cat/pub/worpap/2002/hdl_2072_1264/ICPS206.pdf.

ejercicio no responsable de funciones políticas o administrativas.

En términos jurídicos, la corrupción política se concreta principalmente en el peculado, el enriquecimiento ilícito, en el soborno o cohecho, que consiste en acciones u omisiones ilegales derivadas de una determinada función o servicio público, a cambio de un pago en dinero o en especie, para sí o por interpósita persona. En el caso de México la corrupción es un hecho trascendental en la economía. El tipo de acumulación de capital, el tipo de industrias que se constituyen, la información de precios y su crecimiento, la calidad de los productos vendidos, entre otros, son elementos económicos que han dependido en gran parte de la corrupción.[2]

La corrupción es un hecho cotidiano en la determinación de mercados y en la búsqueda de contratos: en todos los países se encuentran a cada momento financieros que van a la cárcel, funcionarios públicos que aceptan "propinas" con el fin de otorgar contratos a las empresas, manejo ilegal de mercados y mercaderías, o bien a niveles más bajos del servicio público, como lo son las agencias del ministerio público.

La corrupción es consustancial y perjudicial en el sistema capitalista moderno. Según Juan Castainghts, la corrupción acompaña al sistema, pero éste necesita reprimirla. Es como el crimen para el proceso social: no hay sociedad sin crimen; pero toda sociedad necesita contenerlo, ya que si el crimen sobrepasa determinados límites la sociedad se desmorona; si la corrupción se sobrelimita, la economía se desintegra.

---

[2] Castaingts Teillery, Juan. "La economía política de la corrupción en México". http://www.izt.uam.mx/economiatyp/numeros/numeros/primera_epoca/13/articulos_pdf/13_5_La_economia.pdf.

En los países que cuentan con un régimen democrático funcional, la delincuencia de cuello blanco, la delincuencia de "los de arriba", debe ser un fenómeno que acapare la atención de los actores nacionales e internacionales abocados a la lucha contra los actos de corrupción, ya que ese tipo de delincuencia lleva aparejado un grave daño económico y una enorme lesión a los bienes jurídicos más valiosos de la sociedad en su conjunto.

Ello, puesto que las acciones u omisiones relacionados con la comisión de los delitos de cuello blanco afectan directamente los pilares institucionales de la armonía social y está demostrado que la malversación de fondos, el fraude en sus distintas modalidades, la disposición ilícita de los bienes públicos, el cohecho, el peculado, el desvío de recursos o fondos públicos o el tráfico de influencias —todos, hechos relacionados con la corrupción— contribuyen directamente al atraso económico de una nación y frenan las posibilidades de desarrollo y progreso social.

No obstante, a pesar de que los delitos de cuello blanco alimentan la desigualdad e impiden crear las condiciones necesarias para el mejoramiento de los pueblos y comunidades, las sociedades, o más bien los grupos dominantes que logran confundir sus intereses particulares con los intereses de Estado, no dejan caer todo el peso del estigma, del rechazo, de la acusación y la afrenta pública sobre los autores materiales o intelectuales de este tipo de ilícitos.

Esto se observa con toda claridad en la manera como el aparato propagandístico y mediático de la iniciativa privada y del Gobierno señala a traficantes, secuestradores o violadores como los principales enemigos del Estado.

Con lo anterior, parecen cobrar sentido ciertas metáforas respecto de nuestro sistema punitivo, como la que —parafraseando— señala que este último se asemeja a una telaraña que tan solo tiene la consistencia, resistencia o estructura para atrapar a insectos débiles o pequeños, pero no a abejorros u otros insectos o seres de mayor peso.

En tal orden de ideas, se alienta al sistema en su conjunto para que sea injusto e inmoral. Además, esa falta de estigma al corrupto y la ausencia de severos señalamientos en contra de los delincuentes de cuello blanco han propiciado un alto margen de eufemismos, que constituyen una cortina de humo bajo la cual se esconden impunemente aquellos que violentan el marco legal.

Así, de manera trivial y en el día a día, tales actos de corrupción se describen o se asimilan como conductas cotidianas medianamente tolerables, como los "moches" o las llamadas "mordidas".

Los delincuentes de cuello blanco no son objeto de las críticas sociales más severas porque aprovechan su posición de dominadores para eclipsar sus corruptelas con los "infames" actos de los de abajo; sacan ventaja de sus procesos de alienación para ser favorecidos por la tolerancia social, en función de su apariencia, falsos paradigmas de éxito o miedos encausados. Si esto no fuera suficiente, cuentan además con su posición económica o fuero.

La normatividad jurídica mexicana da cuenta de ello: tomando como referencia el Código Penal sustantivo de carácter federal y la Ley Federal Contra la Delincuencia Organizada, podemos encontrar que mientras los delitos contra la salud, o aquellos cometidos en contra de la integridad física de las personas, como el secuestro, son considerados como conductas desviadas que merecen los efectos más nocivos del estigma social, los delitos de cuello blanco, a empellones, comienzan a ser mayormente castigados.

La Ley Federal Contra la Delincuencia Organizada define jurídicamente a la delincuencia organizada como tres o más personas que acuerden o estén organizadas para cometer conductas delictivas (artículo 2). De conformidad con dicho ordenamiento, crímenes como terrorismo, delitos contra la salud, falsificación o alteración de moneda, operaciones con recursos de procedencia ilícita, acopio y tráfico de armas, de personas indocumentadas, de órganos, de menores, asalto, secuestro y robo de vehículos deben sancionarse como delitos cometidos por la delincuencia organizada.

Empero, los ilícitos propios de la criminalidad de cuello blanco no están considerados como delincuencia organizada. Tal situación evidencia la diferencia de estigmas, de combate y de represión por parte del Estado, respecto de conductas que en el fondo lesionan severamente y en la misma proporción (o incluso de manera más grave) los bienes jurídicos de la sociedad. Lo que propicia a su vez un nicho importante para alojar a la impunidad.[3]

Como ya se ha puesto en evidencia a través de las mediciones de organismos como Transparencia Internacional, México sigue presentando altos índices de opacidad y corrupción, tanto a nivel gubernamental como sindical, así como a nivel privado.

---

[3] Monreal Ávila, Ricardo, *Los escuadrones de la muerte en México,* Cámara de Diputados, México, 2013, pp.120-122.

Sin embargo, aun y cuando la corrupción se ha convertido en uno de los más grandes lastres de nuestro país, resulta aciago presenciar un escenario donde prevalece la tolerancia social respecto a fenómeno y, por ende, la asiduidad se presenta entre todos los círculos sociales. Diversos estudios realizados por instituciones nacionales e internacionales señalan que México es uno de los países con altos índices de corrupción. Tanto en la literatura como en las opiniones de expertos existen diferentes explicaciones sobre qué fomenta la corrupción en un Estado, cuál es el papel de la ciudadanía para combatirla y cuáles son las consecuencias de este fenómeno.

La falta de regulación, cuestiones culturales, instituciones débiles, impunidad, así como elementos de corte económico, son las causas que se han examinado para explicar la corrupción. Al respecto, Parametría indagó el tema de la corrupción en una de sus encuestas nacionales de vivienda con la finalidad de investigar qué opinan las y los ciudadanos mexicanos sobre el tema.[4]

Un primer dato que arrojó tal encuesta, realizada en 2014, es que cuando se preguntó a los mayores de 18 años cuál es la razón principal por la que hay corrupción en el país, un 26% mencionó causas económicas, como desempleo, bajos salarios y pobreza.

La segunda causa mencionada fue por gobiernos o políticos corruptos (22%), seguido de la falta de educación, valores o ambición (13%). A diferencia de lo señalado por el Ejecutivo federal, únicamente el 5% de los mexicanos considera que la principal explicación para el nivel de corrupción que existe en el país tiene que ver con algo cultural.

---

[4] Parametería, "Ciudadanos culpan al gobierno de la corrupción en el país". (En línea). Disponible en: http://parametria.com.mx/carta_parametrica.php?cp=4701, consultado el 4 de junio de 2016 a las 23:51 horas.

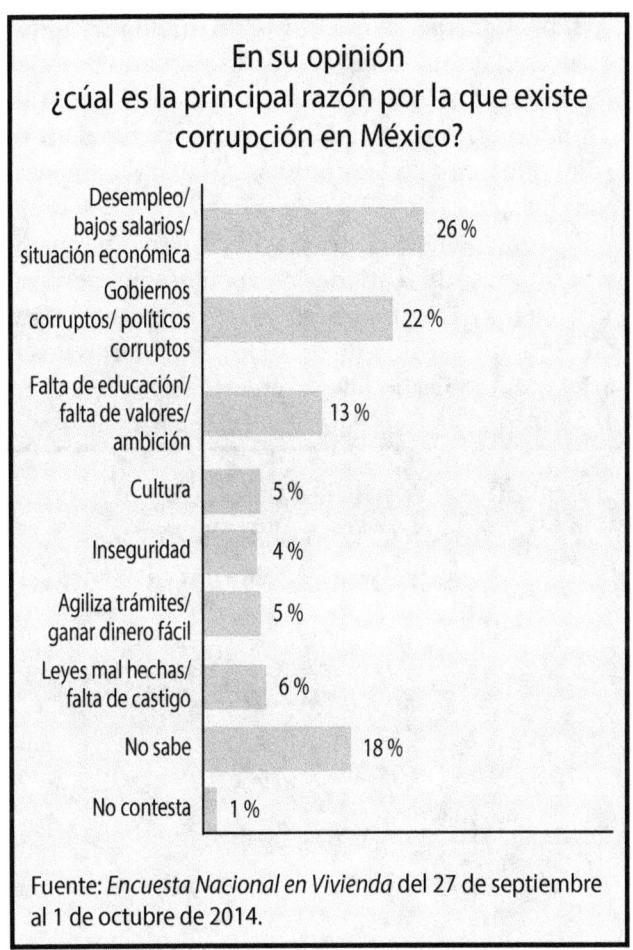

En su opinión ¿cúal es la principal razón por la que existe corrupción en México?

Desempleo/ bajos salarios/ situación económica	26 %
Gobiernos corruptos/ políticos corruptos	22 %
Falta de educación/ falta de valores/ ambición	13 %
Cultura	5 %
Inseguridad	4 %
Agiliza trámites/ ganar dinero fácil	5 %
Leyes mal hechas/ falta de castigo	6 %
No sabe	18 %
No contesta	1 %

Fuente: *Encuesta Nacional en Vivienda* del 27 de septiembre al 1 de octubre de 2014.

Si bien la corrupción no es una práctica exclusiva del Gobierno, ya que los privados también recurren al soborno, fraude, apropiación indebida de desviación de recursos, nepotismo, extorsión, tráfico de influencias, uso indebido de información privilegiada para fines personales o a la compra y venta de las decisiones judiciales, en México son más quienes consideran que existe un grado mayor de corrupción en el ámbito público. Así lo señalan seis de cada diez entrevistados (62%); en tanto que el 7% consideró que en las empresas privadas hay más corrupción, y un 27% dijo que tanto en las empresas públicas como en las privadas existen estas malas prácticas.

El mencionado sondeo nacional arrojó también las siguientes cifras: un 48% de los encuestados pensó que quien fomenta estas prácticas es el Gobierno; seguido por un 30% que señaló que tanto los ciudadanos, los empresarios y el Gobierno favorecen este flagelo en el país.

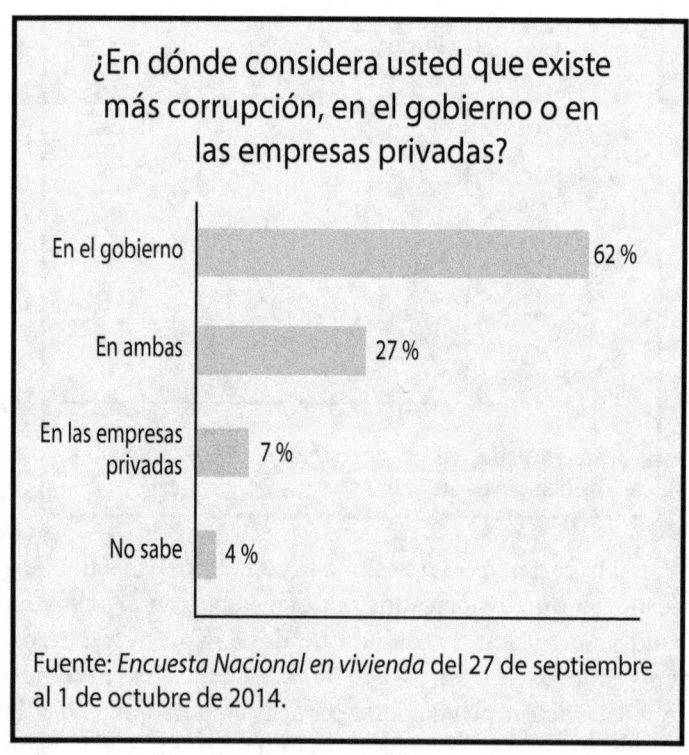

¿En dónde considera usted que existe
más corrupción, en el gobierno o en
las empresas privadas?

En el gobierno — 62 %

En ambas — 27 %

En las empresas privadas — 7 %

No sabe — 4 %

Fuente: *Encuesta Nacional en vivienda* del 27 de septiembre al 1 de octubre de 2014.

Vestigios de corporativismo

A mediados del siglo XX el corporativismo fue sujeto de diversas experiencias que propiciaron su evolución institucional. Sin embargo, a partir de la década de 1980 en el ambiente político y académico tuvo mayor impacto en nuestro país. En aquella época diversos académicos de la realidad política mexicana hicieron énfasis en que el futuro de la democracia del país dependía en mayor parte de la correcta articulación de los diversos grupos sociales, misma que debía ser autónoma del Estado y sus instituciones.

En lo que respecta a la historia política de México, el hecho de que el Partido Revolucionario Institucional (PRI) haya cooptado y controlado desde su creación a los sectores obrero, campesino y popular de la sociedad civil organizada, limitando la participación social y también política de estos cleavages[1] para asegurarse el control político, dejó al país marcado con algunas características consideradas como antidemocráticas. Una de ellas, la cual aún en la actualidad es objeto de debates políticos y académicos, es el corporativismo, concepto que encierra una realidad persistente en la historia mexicana.[2]

---

[1] Para Bartolini y Mair, el concepto de cleavage tiene que ver con divisiones sociales que separan a los individuos en términos de características como la ocupación, el estatus, la religión o la etnicidad; tales individuos son conscientes de su identidad colectiva y están dispuestos a actuar sobre su base, expresándose mediante organizaciones.

[2] Audelo Cruz, Jorge Mario, "Sobre el concepto de corporativismo: una revisión en el contexto político mexicano actual". (En línea), disponible en: http://biblio.juridicas.unam.mx/libros/4/1627/5.pdf, consultado el 21 de mayo de 2016 a las 23:30 horas.

Cuando se habla de corporativismo se debe mencionar a Philippe C. Schmitter, dado que su definición generó fuerte impacto en la ciencia política:

> Sistema de representación de intereses en el que las unidades que lo constituyen están organizadas en un número limitado de categorías singulares, obligatorias, no competitivas, ordenadas jerárquicamente y funcionalmente diferenciadas y reconocidas o autorizadas (cuando no creadas) por el Estado, a las que se garantiza un determinado monopolio representativo dentro de sus respectivas categorías, a cambio de tolerar la práctica de ciertos controles en la selección de sus dirigentes y en la articulación de peticiones y ayudas.

Por su parte, Lijphart define al corporativismo como "un sistema de grupos de interés en el que éstos se agrupan en organizaciones nacionales, que están especializadas, jerarquizadas y que además poseen cierto monopolio de representación. Es considerado como la incorporación institucional de los grupos de interés al proceso de formulación de políticas públicas."

En México se vivió una fuerte presencia del corporativismo, principalmente a partir del primer tercio del siglo XX. Quizá la consolidación del sistema corporativista abonó lo suficiente para hablar de un régimen de partido hegemónico pragmático.[3]

---

[3] En términos de lo señalado por Giovanni Sartori en *Partidos y sistemas de partidos: marco para un análisis.* México, 1992.

El corporativismo pudo constituir una plataforma estable sobre la cual se montó el aparato estatal durante la mayor parte del siglo pasado. Empero, el debilitamiento del régimen presidencialista, el embate de la oleada neoliberal y las crisis económicas y financieras que han aderezado el suelo del presente con un clima de incertidumbre, desequilibrio e inestabilidad, han reducido considerablemente los márgenes de influencia del corporativismo.

Sin embargo, en el caso mexicano, cuando se trae a colación el corporativismo no se puede dejar de considerar como parte de sus resabios a la corrupción institucionalizada. Los líderes *charros* y la perpetración de las cúpulas sindicales antidemocráticas, los operativos de movilización, coacción y compra del voto, el desvío de recursos públicos a través de los canales opacos de las corporaciones, la monopolización de apoyos y programas sociales para favorecer grupos de interés, son sólo algunos de los ejemplos de la miríada de prácticas corruptas que se enquistaron en las más altas esferas del poder.

Clientelismo

El clientelismo es un instrumento de intercambio al servicio de múltiples intereses. Es la consecuencia de una relación personal de intercambio en el ámbito de la política, que reporta un beneficio para las partes involucradas. Se trata de un canje extrínseco entre partes que beneficia a ambas, porque su situación de desigualdad funcional no afecta al intercambio que las dos requieren para alcanzar sus fines.[1]

---

[1] Corzo Fernández, Susana, "El clientelismo político como intercambio". (En línea), disponible en: https://ddd.uab.cat/pub/worpap/2002/hdl_2072_1264/

El concepto *clientelismo* denota una categoría analítica para la investigación de relaciones informales de poder que sirven para el intercambio mutuo de servicios y bienes entre dos personas socialmente desiguales o entre dos grupos. Se trata de una relación diádica, en la cual una persona poderosa (el patrón) pone su influencia y sus medios en juego para dar protección o ciertas ventajas a una persona socialmente menos poderosa (el cliente) que le ofrece respaldo y servicios al patrón. Los actores disponen de diferentes recursos que utilizan para favorecerse mutuamente.[2] De este modo, las prácticas clientelares se organizan en torno a un principio de reciprocidad, "dar, recibir y devolver": unos agentes dan mientras otros reciben, y los que hoy son donatarios mañana serán donantes.

Actualmente se pueden diferenciar tres tipos de clientelismo político: clientelismo electoral, clientelismo de partido y clientelismo burocrático. En el clientelismo electoral el intercambio se produce entre el candidato o partido y el votante. El contenido es el voto, de una parte, y las políticas públicas o medidas concretas, de la otra.

Tras las elecciones, el receptor de esos votos establece otros intercambios con otros actores para fortalecer su capacidad de administrar y distribuir recursos públicos. Algo que además le dará la posibilidad de mantener el vínculo establecido con el votante porque podrá cumplir con sus promesas.

ICPS206.pdf, consultado el 8 de mayo de 2016 a las 20:20 horas, p. 14.
[2] Schröter, Barbara, *Clientelismo político: ¿existe el fantasma y cómo se viste?* (En línea) disponible en: http://www.ejournal.unam.mx/rms/2010-1/RMS010000105. pdf, consultado el 8 de mayo de 2016 a las 21:58 horas, p. 142.

Cada político intercambia su poder con el resto de políticos, o con otros poderes, de forma que se configuran centros de decisión cuya fortaleza radica en su capacidad de relacionarse y en la densidad de las relaciones que establece. En esta segunda fase se diferencian el clientelismo burocrático y el de partido en función de la posición que ocupe el actor, si se trata de un dirigente del aparato del partido o un cargo público.[3] Por otro lado, Weber-Pazmino diseñó cinco dimensiones de clientelismo: clientelismo estructural (¿quién?), clientelismo funcional (¿qué?), clientelismo cualitativo (¿cómo?), clientelismo social (¿dónde?) y clientelismo cultural (¿cómo?). Empero, en la actualidad se puede definir *clientelismo* como el "intercambio de bienes y servicios por apoyo político y votos. Dado que intenta resolver problemas de distribución y mediar entre intereses diversos, siempre es político".

De igual modo, el clientelismo se caracteriza por su asimetría social de los socios, reciprocidad del intercambio y dependencia mutua, carácter personal, informalidad y voluntad limitada.[4]

Procedimientos de selección para encabezar órganos del Estado

El proceso de la transición democrática del Estado mexicano ha supuesto una serie de movimientos sociales (como los de 1968 y 1988) que han derivado a su vez en propuestas de reformas de carácter electoral, principalmente, sobre todo a partir del quebranto del partido hegemónico en las elecciones del año 2000.

---

[3] Corzo Fernández, Susana, *Ibídem*, p. 54.
[4] Schröter, Barbara. *Ibidem*, p. 143.

Desde el propio INE, institución encargada de organizar las elecciones en nuestro país, vemos una intromisión de las cúpulas partidistas (a través del sistema de "cuotas") en la propia figura del presidente de su Consejo General. ¿Cómo se puede esperar que haya imparcialidad, objetividad, autonomía o independencia en organismos constitucionales que obedecen a intereses partidistas? Lamentablemente, tal vicio no es exclusivo de este tipo de instituciones, puesto que incluso un poder constituido, como el Poder Judicial, adolece del lastre de la partidocracia.

Así, tenemos numerosos casos de individuos enquistados en los máximos órganos impartidores de justicia de nuestro país (Suprema Corte de Justicia de la Nación y Tribunal Electoral del Poder Judicial de la Federación), no obstante su filiación comprobada con determinados grupos políticos de la clase dominante.

Baste con citar como ejemplo los casos del ex procurador general de la República y del ex procurador fiscal, que fueron propuestos por el actual titular del Ejecutivo para ser miembros de la Suprema Corte de Justicia de la Nación, y a quienes ha tocado resolver asuntos como ministros, cuando ellos mismos fueron parte en sus encargos como exprocuradores.

Es decir, se ha politizado de tal modo la cúpula del máximo tribunal de la nación, que se cuenta con ministros a consigna, fieles al poder, y que son jueces y parte en los asuntos de mayor trascendencia para el país. La actual administración se ha preocupado poco por la idoneidad del perfil de los aspirantes a ministros de la Suprema Corte y más bien se ha enfocado en asegurar algunos votos en el máximo tribunal, no obstante el conflicto de intereses que esto pudiera significar. Lo propio acontece en el máximo órgano impartidor de justicia en materia electoral. De ahí las resoluciones recaídas a todos y cada uno de los medios de impugnación en esta materia, interpuestos en su mayoría por la auténtica oposición como consecuencia de las irregularidades en el proceso electoral federal 2011-2012; de ahí la ausencia de justicia, la impunidad y el abandono de expedientes execrables, como el caso Monex. Ni siquiera la Comisión Nacional de los Derechos Humanos escapa de las garras de la partidocracia. Por ende, México sigue siendo víctima de la impunidad, la opacidad, la corrupción, la injusticia social, el cinismo y la insensibilidad de la clase política, de la ausencia del Estado de derecho, así como de la nautonomía[5] de la ciudadanía, a merced del estancamiento, de una democracia inacabada, conformada por órganos dudosos y de parcialidad comprobada.

---

[5] Éste es un término acuñado por el autor Atilio A. Borón en su obra *Estadolatría y teorías*, Buenos Aires, 2003.

Leyes laxas e inaplicables

No se llega a entender por qué en este país se le da tanta preferencia a la práctica legislativa de la dictaminación de manera súbita de una serie de paquetes enviados por el Ejecutivo, pero confeccionados en los nichos más oscuros del poder nacional e internacional, cuando lo dable sería someter a los diferentes mecanismos de participación ciudadana institucionalizada las diversas propuestas que los medios oficiales y oficialistas promueven como las "grandes reformas estructurales".

El atropello a todas las disposiciones y reglamentos internos que constituyen nuestro marco jurídico pone de manifiesto la poca intención de obrar con apego a la ley, y el modo de operar del titular del Ejecutivo.

Las privatizaciones que ha sufrido el país nos han llevado ineludiblemente por derroteros aciagos y funestos. Privatizaciones como la de Ferrocarriles de México, la banca nacional, Teléfonos de México y el ramo minero han tendido como consecuencia verdaderos bastiones de la ignominia, como el Fobaproa.

Los partidos que suscribieron el llamado *Pacto por México*, y sus adláteres, podrán configurar un órgano reformador permanente de la Constitución, pero no pueden deformar permanentemente la Carta Magna.

Durante las dos últimas legislaturas este bloque mayoritario ha promovido más de 50 reformas constitucionales. Es una marca histórica parlamentaria, ciertamente, pero también es síntoma de una histeria política: creer ilusamente que modificando la Constitución se transforma la realidad.

Antes de LXII Legislatura, nuestra Carta Fundamental sumaba ya 543 reformas constitucionales. Ahora habrá que añadirle las decenas de reformas que se han suscitado desde entonces. Modificaciones y adiciones que han hecho de nuestro ordenamiento un marco normativo cada vez más laxo e inaplicable.

¿México ha devenido como una nación más próspera, más igualitaria, más educada, más productiva, más democrática, más transparente y con menos corrupción, más justa y con mayor crecimiento económico después de más de seiscientas reformas constitucionales? Por supuesto que no.

No, porque la mayor parte de las reformas constitucionales en este país están diseñadas para el reparto del poder político y económico entre las mismas élites y oligarquías dominantes, no para la distribución masiva de la riqueza nacional y para el mejoramiento de la representación ciudadana.

La mayor parte de nuestras reformas constitucionales son instrumentos de dominación y concentración del poder, no de distribución, inclusión y democratización de éste. Por ende, temas como la impunidad y la corrupción rampante sólo se atacan en el discurso y en la arena del *homo videns*.[1]

Aun cuando desde la trinchera de los partidos mayoritarios se defiende el "dinamismo" con que se modifica nuestra Carta Magna, en realidad tales cambios atienden a los intereses de una camarilla antidemocrática que se ha hecho del poder político desde la Revolución y que, paradójicamente, en las últimas tres décadas ha minado sistemáticamente los postulados de ese último gran movimiento social.

---

[1] Sartori, Giovanni, *Homo videns. La sociedad teledirigida*, Ed. Taurus, Madrid, 1997.

Este grupo —generalmente integrado por socios, amigos, compadres o acreedores políticos— ha conseguido socavar el bienestar social en la misma medida que aumenta su intensa capacidad reformadora de la Constitución. Mediante las "grandes reformas estructurales" pretenden obliterar los canales políticos, para imponerse al resto de las élites o partidos en competencia, así como al conjunto de la sociedad.

Más de 600 reformas constitucionales en prácticamente un siglo, desde la entrada en vigor de nuestro ordenamiento fundamental, cuyos beneficios no se ven en el bolsillo, en la mesa, ni en la casa de los mexicanos; tantas reformas tampoco se han traducido en el mejoramiento de los índices de seguridad, salud, educación o bienestar social. Los beneficios que ha reportado esa retahíla de adiciones, derogaciones y reformas sólo se concentran en la oligarquía económica y política.

La sociedad mexicana requiere una auténtica reforma de Estado, por ello se ha vuelto inmune a este tipo de enmiendas, cambios o parches legislativos que se hacen al vapor, sobre las rodillas, a espaldas de la ciudadanía y con exclusión de los electores.

Tales "reformas estructurales" han generado anticuerpos sociales y movimientos ciudadanos en todos lados (los incidentes ocurridos en Nochixtlán, Oaxaca, dan cuenta de ello). El pueblo sabe muy bien que de tales reformas no obtendrá ningún beneficio, y en cambio sí recibirá muchos agravios. De ello están conscientes las maestras y los maestros que ya comienzan a movilizarse ahora mismo en el país.

El ciudadano de a pie sabe también que no por mucho reformar la Constitución el país amanece más cambiado o mejorado. En esa misma línea se inscriben las iniciativas y reformas del denominado *Sistema Nacional Anticorrupción*, medidas que nacen en un contexto de ilegitimidad, desconfianza y lejanía entre el Gobierno federal y la ciudadanía, por lo que no se vislumbra un futuro prometedor en espera de que se concreten los mecanismos que ataquen y vulneren realmente a la impunidad y la corrupción.

Actualmente México se encuentra en un contexto en que los gobiernos federales y estatales enfrentan fuertes acusaciones de corrupción y conflictos de interés. Asimismo, el Gobierno mexicano recibe cada vez más presiones de carácter exógeno a merced de los compromisos internacionales asumidos con diversos organismos internacionales, y que tienen como telón de fondo temas como la igualdad social, la transparencia y la efectividad en la administración pública.

La reforma constitucional de 2015 que estableció la creación del Sistema Nacional Anticorrupción (SNA) no es la excepción. Su objetivo fue establecer los mecanismos de coordinación y colaboración entre las siete instituciones que conformarán el SNA,[2] así como diseñar y evaluar las políticas públicas en materia de prevención, detención, control, sanción, disuasión y combate a prácticas deshonestas.

La promulgación de este andamiaje jurídico no representará un antídoto contra la corrupción, tomando en cuenta que como aconteció en la última reforma del Título Cuarto de la Constitución, el Ejecutivo federal permanece como la figura más impune e intocable; en

---

[2] Tribunal Federal de Justicia Administrativa, Secretaría de la Función Pública, Auditoría Superior de la Federación, Fiscalía Especializada Anticorrupción, INAI, Consejo de la Judicatura y Comité Ciudadano.

este caso, no podrá ser acusado por actos de conflicto de interés o corrupción, dejando con ello un gran vacío en el sistema de transparencia y rendición de cuentas que se pretende instaurar.

No basta con promulgar leyes secundarias que formarán parte del Sistema Nacional Anticorrupción sin una adecuada implementación por parte de las autoridades del Estado, justo cuando cualquier intento de darle legitimidad y efectividad a la norma debe pasar necesariamente por la moderación de quien se encuentra al frente del aparato gubernamental.

Otro ejemplo clarísimo de que las reformas constitucionales son instrumentos de dominación y concentración del poder, no de distribución, inclusión y democratización de éste, lo encontramos en la Ley Federal de Responsabilidades Administrativas, ya que en un primer momento los partidos políticos que instrumentaron el Pacto por México rasuraron la parte sustancial de la iniciativa ciudadana conocida popularmente como "3 de 3", es decir, lo referido a la obligación de los servidores públicos de hacer públicas sus declaraciones patrimonial, fiscal y de intereses.

Lo anterior redundó en la presión por parte de un grupo de empresarios para que el titular del Ejecutivo ejerciera su derecho de veto, por lo que este último, el día 23 de junio del año en curso, vetó entre otros dispositivos el artículo 32 de la normatividad en comento, el cual obligaba a todo particular que tuviera tratos con el Gobierno a presentar sus declaraciones fiscal, patrimonial y de interés.

Independientemente de los diferentes matices que puede implicar dicho veto, no puede dejarse de lado el hecho de que quizá con tales medidas se podría estar favoreciendo a los empresarios, ya que en los términos del propio titular del Ejecutivo son "un sector importante y lo afectaba de manera directa."

En el dictamen que se presentó ante las cámaras del Congreso, como resultado del derecho de veto del presidente, a grandes rasgos se eliminó la obligación de las personas físicas y morales de presentar declaraciones de situación patrimonial e intereses, mismas que sí se incluían en el pasado dictamen aprobado por el Congreso de la Unión.

En el artículo 46 de dicho dictamen se señala a los servidores públicos como los únicos obligados a presentar declaración de intereses y patrimonial. Se excluye en el artículo 73 como falta de particulares en situación especial la omisión de presentar declaraciones patrimonial y de intereses. Finalmente, en el artículo 81 se elimina la posibilidad de imponer sanciones a una persona moral.

Es decir, el veto del titular del Ejecutivo se trató de observaciones que atendieron a un grupo de empresarios que estimaron que se atentaba contra la protección de sus datos personales. Empero, si prestamos atención a los principios de transparencia y acceso a la información, toda persona física o moral que acceda a recursos públicos debe estar en la lupa del observatorio ciudadano, así como de los órganos de fiscalización.

Como las propias cámaras empresariales lo han reconocido (dentro de éstas, el Consejo Coordinador Empresarial), no sólo los funcionarios del Gobierno sino también los grandes empresarios son parte de la corrupción. Existen múltiples ejemplos de cómo grandes grupos empresariales, tanto nacionales como internacionales, lucran y especulan con el servicio público, a través de la asignación discrecional y amañada de la obra pública,

145

con las concesiones, con fideicomisos e incluso con los fondos de ahorro de los trabajadores.

Las observaciones realizadas por el Ejecutivo propusieron principalmente que fuera suprimido parte de lo aprobado por el Congreso de la Unión: la obligación de presentar su declaración de situación patrimonial, de intereses y fiscal, por parte de las personas físicas o morales que reciban o ejerzan recursos de carácter público o que celebren contratos con el Gobierno federal, estatal o municipal.

El argumento central que sostuvo el titular del Ejecutivo a través de su derecho de veto giraba en torno al hecho de que si no eran modificados los artículos observados la obligación de presentar estas declaraciones incluiría a la población que está inscrita en programas sociales, a los estudiantes becados, entre otros.

Débil argumento si se toma en cuenta que efectivamente los casos más escandalosos de corrupción pasan por la complicidad entre los altos funcionarios del Gobierno y los empresarios sin escrúpulos que se ocultan bajo el cobijo de la iniciativa privada. Cualquier medida para atacar verdaderamente a la corrupción necesariamente debe considerar a contratistas, concesionarios, arrendadores, permisionarios y beneficiarios de los bienes, obras y servicios públicos.

De otro modo estaremos frente a una iniciativa miope, parcial o incompleta. Es abrumadora la cantidad de casos en los que altos funcionarios del Gobierno van y vienen como seudoempresarios que amasan fortunas multimillonarias al amparo de su cercanía con el poder político. La investigación periodística global *The Panama Papers* da cuenta de ello.

Por ende, en los términos de las leyes anticorrupción amasadas por el Ejecutivo bastará con ubicarse como empresario para evadir cualquier tipo de responsabilidad o señalamiento derivado de actos de corrupción que involucren desvío de recursos públicos; licitaciones a modo y con precios inflados; permisos, contratos o concesiones para acólitos y familiares; obras fantasma, arrendamientos onerosos y compras viciadas.

Pretender someter a la población sólo por la fuerza del poder, mediante la ley o por distintos mecanismos externos, no es el camino adecuado para combatir la corrupción. Se requiere de un acto de ética pública; esto implica un cambio esencial en las actitudes de cada individuo, que se traducen en actos concretos, orientados hacia el interés público.

Todo gobierno, para que su administración sea eficaz, debe contar con individuos íntegros. En la medida en que la ley sea eficaz y efectiva, su función disuasiva incentivará comportamientos responsables y comprometidos, los recursos públicos tendrán una mejor probabilidad de emplearse en la ampliación y mejora de los servicios públicos, educación, salud, vivienda y oportunidades, sufragando a la evolución de un México progresista.

Por ello no se deben promulgar leyes laxas, si en verdad se quiere lograr el objetivo de este paquete de reformas (SNA). La corrupción es un problema de vieja raigambre, estructural, generalizado y de las más graves consecuencias en la vida política, social y económica del país, ya que ha minado la estructura y la confianza de las instituciones y la democracia, obstaculizando el desarrollo del Estado.

En el México actual, la corrupción se transparenta, pero la impunidad es la constante. Nos hemos convertido en una sociedad acostumbrada a dejar las vejaciones y los delitos sin sanciones, en una sociedad sin consecuencias; en suma, en una República de la impunidad. La ética política y la moral pública deben ser una premisa cotidiana en la actuación de los actores políticos.[3] Cabe señalar que en el último lustro se ha escrito un largo camino en el marco jurídico mexicano con la presentación de iniciativas que contienen proyectos asociados a la regulación en materia de transparencia y corrupción, iniciativas que están condenadas al fracaso, puesto que cualquier intento legislativo será insuficiente si no existe una "ética pública".

Como es bien sabido, no obstante el cúmulo de iniciativas y proyectos que pasaron a dormir el sueño de los justos o que fueron enviados a la congeladora legislativa, aun cuando el contenido ni siquiera fue valorado, las iniciativas que se registran como antecedentes directos de las reformas que nos ocupan ineluctablemente tenían que venir de los suscribientes del Pacto por México.

El proyecto de Ley General en materia de Responsabilidades de los Servidores Públicos y Combate a la Corrupción tiene como antecedente sendas iniciativas del 13 de diciembre de 2013 y el 18 de junio del 2014. Asimismo, el 26 de agosto de 2015 se presentó la iniciativa con proyecto de decreto para la eventual expedición de la nueva Ley General de Combate a la Corrupción y Responsabilidades Administrativas de los Servidores Públicos.

---

[3] González de Aragón, Arturo, "Análisis crítico sobre el Sistema Nacional Anticorrupción", (En línea). Disponible en: http://www.proceso.com.mx/390527/analisis-critico-sobre-el-sistema-nacional-anticorrupcion-2, consultado el 30 de junio de 2016 a las 21:50 horas.

Finalmente, el 1 de marzo de 2016 se presentó una iniciativa con proyecto de decreto por el que se expide la Ley General de Responsabilidades Administrativas de los Servidores Públicos y Particulares vinculados con Faltas Graves y la Ley Orgánica del Tribunal Federal de Justicia Fiscal Administrativa, y mediante la cual se reforman, adicionan y derogan diversas disposiciones de la Ley Orgánica de la Administración Pública Federal, de la Ley General de Contabilidad Gubernamental, de la Ley de Coordinación Fiscal y de la Ley de Fiscalización y Rendición de Cuentas de la Federación.

Por otro lado, para complementar el cuadro de iniciativas que constituyeron la base del Sistema Nacional Anticorrupción, el 17 de marzo de 2016 se presentó la iniciativa ciudadana de la Ley General de Responsabilidades Administrativas, la cual, conforme al informe presentado por el instituto correspondiente, cumplió con el número de firmas de ciudadanos establecido por la fracción IV del artículo 71 de la Carta Magna, esto es, el 0.13% de la lista nominal de electores.

Como ha quedado de manifiesto, no deben conformarse los gobernados con los alardes que hace la clase política cuando señala que con esta reforma se comienza un camino de leyes de vanguardia que nos permitirá transitar hacia un Estado de derecho más transparente, responsable y honesto.

No se pueden acompañar los vítores de una clase política que señala sin razón que el llamado Sistema Nacional Anticorrupción más bien se trata de un proceso de parlamento abierto, pues lo que sucede en realidad es que estamos frente a un proceso de simulación, en el que sociedad civil, la academia y el sector privado, así como diversas fuerzas políticas, no estuvieron en posibilidad real de realizar propuestas a la Ley General del Sistema Nacional Anticorrupción, la Ley General de Responsabilidades Administrativas y la Ley Orgánica del Tribunal Federal de Justicia Administrativa; mucho menos tendrán la posibilidad de dar el debido seguimiento.

Sin embargo, no se trata de escribir un largo camino de reformas si el Estado mexicano vive una situación entrópica, si la impunidad juega un papel importante en su "realidad nacional" y en la cual precisamente esa misma clase política que alardea la serie de reformas que diseñó y pretende instrumentar, constituye el grupo más nocivo e impune que se quiere combatir.

La impunidad que impera en México se deriva de cinco causantes. La primera es la desigualdad social; la segunda, la informalidad, que con impunidad absoluta trastoca todas y cada una de las nociones de Estado de derecho, por lo que entre otras cosas implica la apropiación indebida de bienes públicos y la evasión de impuestos; asimismo, de manera preocupante su número ya asciende al 58% de la población (ENOE 2014).

La tercera, las penas o sanciones exiguas y, sobre todo, la bajísima probabilidad de que una persona que infringe la ley resulte condenada por la comisión de algún delito: apenas 2%. La cuarta, la frágil capacidad de investigación del Estado, la falta de preparación, ética y profesionalización de los policías, ministerios públicos y miembros de los tribunales (*per se* esta causa da lugar a la ineluctable impunidad en los hechos, que se retroalimenta con el abuso o la deficiente instrumentación del derecho).

Finalmente, la quinta causante de nuestro aciago contexto de corrupción e impunidad la encontramos en el ejemplo negativo que las élites y liderazgos políticos, económicos, intelectuales y mediáticos exhiben frente al resto de la sociedad. Como ya se había detectado en los intentos pasados de renovación moral de la sociedad y del Estado en su conjunto, el ciudadano común y corriente observa todos los días ejemplos de cómo las élites mexicanas cometen abusos, atropellos, despilfarros y todo tipo de acciones contrarias a derecho, y quedan impunes.[4]

Es tiempo de preguntarnos: ¿qué debe hacer la ciudadanía para que los funcionarios y servidores públicos se comprometan y realicen su trabajo adecuadamente? Es lamentable que en el *Índice Global de Impunidad* generado por la Universidad de las Américas, de los 59 países comparados, México se ubique en el penúltimo lugar, superado sólo por Filipinas, y en la vecindad de Colombia (3), Turquía (4), y Rusia (5). En contraste, en el otro extremo se ubican Suecia (51), Noruega (49) y Dinamarca (48).

Finalmente, no puede perderse de vista que la criminalidad y la violencia corren en mayor medida y de mejor manera por los conductos de la corrupción y la impunidad. No cabe duda del vínculo estrecho que existe entre estas variables. De conformidad con estos últimos datos, así como con las tablas y gráficos descritos en la primera parte del presente trabajo, los países que ocupan los primeros lugares en cuanto a tasas de criminalidad, coincidentemente también se encuentran en la cima del grupo de países que presentan los índices más altos de corrupción e impunidad.

---

[4] Reyes Heroles, Jesús, "Sentimiento dominante: impunidad". (En línea). Disponible en: http://www.eluniversal.com.mx/entrada-de-opinion/ articulo/jesus-reyes-heroles-g-g/nacion/2015/07/30/sentimiento-dominante, consultado el 30 de junio de 2016 a las 22:10 horas.

Entre quienes yace la consigna de conducir la nave estatal y propugnar en todo tiempo por la seguridad y el bienestar general, difícilmente se puede encontrar un aliciente más poderoso para manifestar la frustración, el coraje, la impotencia y el resentimiento a través del crimen y la violencia, que la persistente corrupción y la rampante impunidad instalada en la clase política.

Incidencia delictiva y su impacto económico

América Latina y México son considerados por algunos autores (como Marini y Sunkel) países subdesarrollados o en vías de desarrollo, debido a las condiciones económicas que los han marcado a través de la historia. Es decir, la mayoría de estas naciones aún son dependientes del capital y los recursos financieros extranjeros procedentes de los países independientes, como es el caso de Estados Unidos de América, por medio de organismos internacionales como el Fondo Monetario Internacional (FMI) y el Banco Mundial (BM).

Por otra parte, la dependencia que existe entre América Latina y las naciones formalmente independientes se ha traducido en una relación de subordinación, en la cual las relaciones de producción han sido modificadas o recreadas. El surgimiento de la gran industria genera una división internacional del trabajo, en la que la superexplotación del trabajo tiene que ver con el pago que reciben la personas, pero a su vez este pago se encuentra por debajo del valor de la fuerza de trabajo y ha servido como un mecanismo estructural de la acumulación del capital en las economías dependientes.[1]

El modelo de desarrollo de sustitución de importaciones que adoptó por largas décadas América Latina trajo consigo grandes problemas en torno a la producción de bienes, ya que las políticas que se encuentran alrededor de la sustitución de importaciones estuvieron encaminadas desde el principio al mercado mundial, siendo los más beneficiados los países independientes. Este modelo de desarrollo provocó que América Latina se hiciera cada vez más dependiente del capital financiero extranjero.

A principios de los años ochenta, ante la severa crisis ocasionada por la dimensión de las deudas externas, los países denominados en vías de desarrollo —entre ellos México—, la mayoría de los estados latinoamericanos, del sudeste asiático y algunos de los países africanos tuvieron como característica común para solucionar tal crisis la aplicación de políticas depredadoras de ajuste estructural encaminadas a la liberación de sus mercados nacionales.

Esas políticas fueron implementadas principalmente desde varios organismos financieros internacionales, entre ellos el Fondo Monetario Internacional y el Banco Mundial, como parte de la continua renegociación de la deuda externa, a la que por cierto la mayoría de estos países siguen estando atados.

A raíz de las relaciones con los organismos financieros internacionales, en México se empieza a aplicar el modelo de desarrollo neoliberal, el cual ha generado

---

[1] Marini, Ruy Mauro, *Dialéctica de la dependencia*, Editorial Serie Popular Era, México, 1973, pp. 13-77.

154

mayor dependencia económica y a su vez mayor empobrecimiento en el país; es decir, se amplió la brecha de la desigualdad económica.

De esta manera, se presentaron varias dificultades para sanear la economía de estos países en vías de desarrollo y, con ello, las condiciones específicas para poder acceder nuevamente a créditos de la banca internacional, después de la denominada *crisis de la deuda*. Es así que estos países se vieron en la necesidad de aceptar las políticas de ajuste estructural, la apertura de sus mercados financieros al capital exterior, la atracción de inversiones mediante los procesos de privatización, así como la reducción de la presencia estatal en cuestiones económicas.[2]

Las políticas económicas neoliberales, así como la globalización económica, han dejado una gran huella con el cierre de empresas, despidos, descapitalización de productores y pauperización de familias de sectores populares.[3] A su vez, han traído un alud de importaciones, muchas veces a precios de *dumping*,[4] el desplome de los precios de los productos agrícolas, la decadencia de los productos tradicionales de exportación y de los bienessin procesar, y han producido una reorganización del espacio productivo nacional que desplazó los polos de desarrollo regional hacia el norte y occidente, dada su

---

[2] Nogue Font, Joan y Vicente Rufí, Joan, Capítulo 3: "La crisis y la reestructuración del Estado-nación", en *Geopolítica, identidad y globalización*, Ariel, Barcelona, 2001.

[3] Mestries, Francis, "Reformas neoliberales, globalización y migración internacional en Veracruz" en: Aragonés, Ana María, y Rubio, Blanca, *Nuevas causas de la migración en México en el contexto de la globalización: Tendencias y perspectivas a inicios del nuevo siglo, 2009.*

[4] *Dumping* es entendido como una competencia desleal en la que se vende una mercancía al costo de producción (se baja el precio) para después destruir el mercado local, porque el costo de venta es muy superior.

cercanía con los mercados norteamericanos y asiáticos y a sus mejores comunicaciones; empero, en contrapartida, se pronunció el rezago del sureste y sur del país, desfavorecidos en infraestructura, educación y tejido industrial. Desde la implementación del modelo neoliberal en nuestro país, en los últimos cuatro sexenios, en vez de irse generando las condiciones óptimas de desarrollo anualmente se ha producido más pobreza; se ha pauperizado la creación de empleos dignos, pero la de los denominados *trabajos chatarra* ha ido en aumento; además, se ha generado una mayor dependencia hacia Estados Unidos de América, y a su vez se han incrementado los niveles de inseguridad y delincuencia.

En la urgente y constante búsqueda de ingresos hay dos posibles caminos para el común de las familias latinoamericanas y en particular las mexicanas: la migración, o el acercamiento a formas no reguladas o ilegales de negocios. En estos términos, el narcotráfico, junto con otras prácticas delictivas, se traduce en una manera "inmediata", y generalmente más rentable, de sufragar las carencias económicas derivadas de una economía nacional quebrada y mal distribuida. Lo anterior es favorecido por prácticas socialmente "toleradas", como la corrupción de los agentes estatales.

Los tipos penales que más han merecido nuestra atención en esta investigación son delitos contra la salud, homicidio, trata de personas, violación, piratería, y delitos de cuello blanco, por mencionar a algunos. En este contexto, resulta relevante poner el acento en el tema del narcotráfico y del crimen organizado, tópico que mereció una mención especial en el primer capítulo del presente trabajo.

En el mundo de las drogas existen agentes sociales involucrados. Por un lado, están los agentes sociales activos visibles (traficantes y elementos policiacos) y, por otro lado, los agentes sociales menos dinámicos y mejor protegidos (traficantes de estatus)[5], relacionados de cierta manera con las clases altas y el ámbito político.

Estos agentes sociales provocan con sus acciones "secuelas" en los campos de lo social, económico, político y cultural, en los niveles local, estatal, regional, nacional e internacional. Este hecho es conocido como *narcopolítica*. La problemática del crimen organizado ha traspasado fronteras. Hoy en día, y a la par de la globalización económica, podemos hablar de una globalización criminal. Según la ONU, las grandes agrupaciones mafiosas han dejado de operar exclusivamente en sus territorios locales, y se han abierto canales de cooperación e intercambio con grupos antes muy distantes, de la mano de los procesos de internacionalización del mercado bursátil.[6]

Existen agrupaciones delictivas que han elevado o que han hecho abstracta la línea entre transacciones bursátiles legales y de procedencia ilícita; por ejemplo, la mafia rusa, que tiene injerencia directa en espacios territoriales como Brasil. Hay una línea muy delgada entre las transacciones bursátiles legales y las transacciones bursátiles con recursos de procedencia ilícita.

[5] Astorga, Luis, *El siglo de las drogas. El narcotráfico, del Porfiriato al nuevo milenio*, 2005.
[6] Organización de las Naciones Unidas (ONU) [En línea], "Crimen organizado y globalización financiera", disponible en: http://interamerican-usa.com/ articulos/Crim-org-terr/Crm-org-Glob-fin.htm, consultado el 21 de abril del 2016, 11:24 horas.

Elementos como el secreto bancario, la falta de regulación fiscal y financiera en múltiples países en vías de desarrollo, los altos niveles de corrupción y la existencia de paraísos fiscales han permitido una convivencia e interrelación a veces imperceptible entre las finanzas legales e ilegales. "Desde hace algún tiempo, las mafias han sustituido la bandera negra por la computadora y el estuche de violín con una metralleta dentro por el maletín de ejecutivo".[7]

Análisis económico del crimen en contra de las personas

En este subcapítulo nos referiremos a algunas de las conductas antisociales que más impactan a los sectores económicos de una nación. La delincuencia económica recibe este nombre porque tiene que ver con la obtención de grandes recursos económicos a través de hechos ilícitos, es decir, a través del comercio ilegal de sustancias prohibidas, tráfico de drogas y tráfico de personas, por mencionar algunos.

Asimismo, se hace llamar *delincuencia económica* a la acción ilícita mediante la cual se obtienen grandes recursos económicos, ya sea por transacciones ilegales en la economía o por producto directo de delitos, como podría ser el lavado de dinero, que abarca el comercio ilegal internacional.[8]

También se debe ubicar dentro de la delincuencia económica a los actos ilícitos que realizan personas de

---

[7] *Ibidem.*

[8] Bruccet Anaya, Luis Alonso (2001), *El crimen organizado (origen, evolución, situación y configuración de la delincuencia organizada en México)*, Editorial Porrúa, México, 2001, P. 32.

alto nivel económico y, por ende, poder adquisitivo, que valiéndose de su puesto ocupacional y poder llevan a cabo acciones fraudulentas dentro de su empresa o trabajo, con el fin de enriquecerse ilegalmente o amasar grandes cantidades de dinero. A esto también se le conoce como *delincuencia de cuello blanco*, es decir, la que realizan los banqueros, financieros y empresarios bursátiles.

Asimismo, encontramos dentro de este tipo de delincuencia la falsificación de documentos mercantiles, cheques, bonos, acciones; la estafa; el abuso de confianza; la malversación de fondos y la revelación de secretos. Las operaciones con recursos de procedencia ilícita constituyen un delito derivado algunas veces de la delincuencia organizada, como producto igualmente de la comisión de otros ilícitos, y también entran en el bloque de ilícitos característicos de la delincuencia económica.

Una de las prácticas de delincuencia económica mas ejercidas en México es la defraudación fiscal, tanto nacional como internacional. De acuerdo con la CEPAL.

> México es la principal puerta de escape de flujos ilícitos en operaciones comerciales de las empresas trasnacionales en América Latina [...] A través de la subfacturación y la sobrefacturación de productos que comercializan las compañías, salieron 48 mil 314 millones de dólares de México [...] La CEPAL calcula que la fuga de flujos ilícitos de la región ascendió a 110 mil 600 millones de dólares durante 2013, lo que indica que 44% de estos recursos correspondieron a México.[9]

---

[9] *El Universal*, 9 de agosto de 2016, primera plana.

Debido a la interacción de los actores que forman parte de la dinámica de la economía ilegal, se pueden suscitar hechos lamentables como la trata de personas, los secuestros y el tráfico de órganos. En estos casos la carencia de valores humanitarios y el nivel de ingresos potenciales derivados de estas prácticas se conjugan para generar una dinámica que, en contubernio con algunos actores gubernamentales, lacera directamente la unidad social.

Comenzaré ahora por dar una breve descripción de cada uno de los delitos, divididos en la clasificación de *comunes* y *de alto impacto*, señalando su regulación, su tasa de ocurrencia y los costos económicos que tiene cada uno.

Delitos contra la vida y su repercusión económica

Homicidio

El tema del homicidio, desde la perspectiva de la economía criminal, tiene distintas causas. La motivación más común en nuestro país responde a la lógica de ajuste de cuentas dentro del círculo de agrupaciones delictivas. Son constantes los enfrentamientos a causa de disputas de territorios o mercados. Sin embargo, un homicidio no necesariamente se suscita por estas razones.

Día a día se generan millones de transacciones de grandes capitales, derivadas de inversiones que, a pesar de encontrarse dentro del marco de lo legal, no dejan de tener un lado siniestro. Cuando hay algún factor de resistencia para la realización de grandes inversiones, existen dos vías de solución: la intervención del Estado en su calidad de "protector de las inversiones para el desarrollo del país" y de "promotor de la inversión extranjera", o bien, cuando eso no funciona, la eliminación del problema.

En México, entre los años 1990 y 2006 hubo una presencia estable en la tasas de homicidios; no obstante, a partir de 2007 hubo un incremento en la violencia criminal, sobre todo en la parte norte de la República, ya que las demás regiones han tenido números similares previos a los de 2007.

En la medición del crimen violento en México la tasa de homicidio intencional suele ser la mejor observable. El INEGI tiene registros muy completos integrados con las respectivas actas de defunción expedidas por las instituciones de salud.

El vínculo que se genera entre el ciclo económico y el homicidio es una relación directa que se manifiesta cuando hay pérdidas económicas o crisis monetarias. Por lo tanto, el incremento en la tasa de desempleo está acompañado del aumento en los índices de criminalidad.

La vida es uno de los derechos fundamentales de mayor relevancia, pues sin él no se puede dar el ejercicio de los demás derechos. Es así que en México se protege en la Constitución con acciones como la abolición de la pena de muerte y la criminalización del homicidio en los códigos penales. A su vez, la comunidad internacional también lo resguarda; es el caso de la Convención Americana de Derechos Humanos, la cual consagra en su artículo 4:

Artículo 4. Derecho a la Vida

1. Toda persona tiene derecho a que se respete su vida. Este derecho estará protegido por la ley [...] Nadie puede ser privado de la vida arbitrariamente.

2. [...]

3. No se restablecerá la pena de muerte en los Estados que la han abolido.

Las cifras respecto a este delito son alarmantes, según datos del *Informe de víctimas de homicidio, secuestro y extorsión 2015*, realizado por el Secretariado Ejecutivo del Sistema Nacional de Seguridad Pública, en 2015 a nivel nacional se reportaron aproximadamente 36 mil 169 homicidios. En la Ciudad de México la cifra fue de 1,689 homicidios; y en el caso concreto de la Delegación Cuauhtémoc la cifra fue de 93 homicidios dolosos.

De enero a mayo de 2016 se reportaron 15 mil 298 homicidios a nivel nacional, mientras que en la Ciudad de México se dieron 658 y en la delegación Cuauhtémoc la cifra fue de 11 homicidios dolosos.

Lesiones

La tasa de incidencia de este delito es relativamente alta. A nivel nacional se estima que ocurrieron cerca de 1.2 millones, mientras que en la Ciudad de México la cifra fue de 11 mil 250 delitos de lesiones.

Este ilícito repercute de manera directa en la economía, al generar costos de atención a la salud por los daños ocasionados. A nivel nacional, se estima que en 2014 el costo por este delito fue de 5 mil millones de pesos.

Delitos contra la propiedad y su repercusión económica

Robo

Según datos del ENVIPE, en 2014[1] se cometieron 9.6 millones de robos en calle o transporte a nivel nacional, mientras que en la Ciudad de México la cifra alcanzó los 24 mil 490 robos o asaltos en la calle o el transporte público, perdiéndose 27 mil 385 mil millones de pesos por este tipo de robo.

Se cometieron poco más de 2 millones de robos a casa habitación a nivel nacional, generándose pérdidas por 23 mil 550 mil millones de pesos. Mientras que en el caso de robo de vehículos la cifra es de casi 4 millones, con pérdidas por 31 mil 217 mil millones de pesos.

En 2015 los ministerios públicos del país recibieron 1.5 millones de denuncias por presuntos delitos, y uno de cada tres casos correspondió a denuncias por robo.[2]

Asimismo, de acuerdo con los datos del Secretariado Ejecutivo del Sistema Nacional de Seguridad Pública (SESNSP), en 2015 fueron presentadas 1 millón 501 mil

---

[1] Véase *Encuesta Nacional de Victimización y Percepción sobre Seguridad Pública 2014* (ENVIPE 2014), Instituto Nacional de Estadística y Geografía. Disponible en: http://www.inegi.org.mx/est/contenidos/proyectos/encuestas/hogares/regulares/envipe/envipe2014/doc/envipe2014_nal.pdf. [Consultado el 11 de junio de 2016].
[2] Fuentes, Mario Luis, "México social: robo, el delito favorito de la delincuencia", *Excélsior*, 15/marzo/2016, ver en línea http://www.excelsior.com.mx/nacional/2016/03/15/1080950.

060 denuncias ante las agencias del Ministerio Público en todo el país.

Frente a los datos del SESNSP, el INEGI reporta un acelerado incremento en la tasa de incidencia delictiva en el país, al menos entre 2010 y 2014. En efecto, en las bases de datos que se presentan sobre seguridad pública y justicia se encuentra que la tasa de incidencia delictiva (número de delitos por cada 100 mil habitantes) pasó de 30 mil 535 en 2010, a 41 mil 655 en 2014.

Las entidades donde más se ha disparado la delincuencia son: Estado de México, con un crecimiento de 60% en el periodo señalado; Baja California, con 43.9%; Colima, con 43.2%; Guanajuato, con 42.6%; Michoacán, con 41.3%; Querétaro, con 38.2%; Morelos, con 34.6%: Campeche, con 28.6%; Puebla, con 26.7%; y la Ciudad de México, con 26.7%.

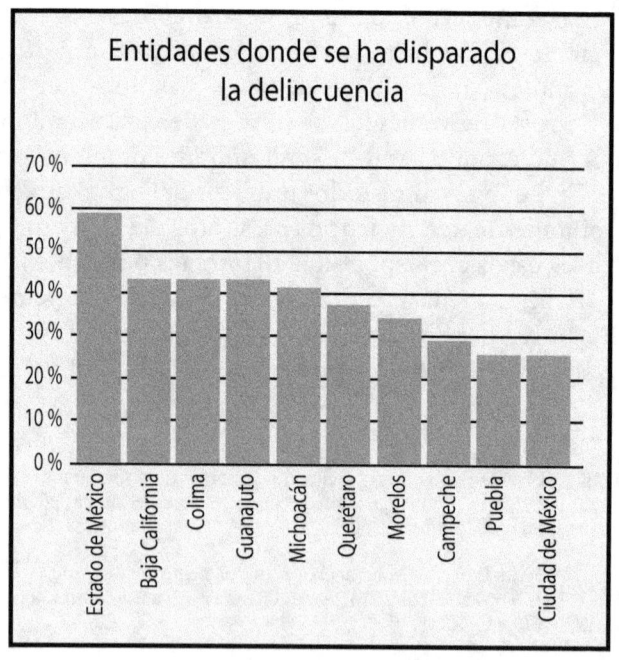

Los datos del SESNSP muestran que entre 2010 y 2015 el número de robos en el país ha disminuido en proporción del total de delitos denunciados ante la autoridad. En efecto, en 2011 los robos representaron 44.1% de las denuncias presentadas ante los ministerios públicos. Para 2012 representaron 41.6% de las denuncias presentadas ante los MP; en 2013 descendieron a 40.8%; en 2014, a 38.6%, mientras que en 2015 se ubicaron en 37.65% del total; es decir, en ese año uno de cada tres delitos denunciados ante la autoridad fue por robo. En esa categoría también se desprenden dos subdivisiones: robo con violencia y robo sin violencia. De los primeros, en el periodo señalado, se han presentado 1 millón 025 mil 489 denuncias ante el MP, mientras que de robo sin violencia se han presentado un total de 2 millones 255 mil 038 querellas.

Debe insistirse en que los datos del SESNSP se basan en los registros de averiguaciones previas o denuncias interpuestas ante los ministerios públicos de los estados; sin embargo, de acuerdo con la *Encuesta Nacional de Victimización y Percepción del Delito 2015*, entre 2010 y 2014 el promedio de delitos no denunciados se ubica en 92.4%.

De acuerdo con esa misma encuesta, en 2014 hubo 2.24 millones de víctimas en el rango de edad señalado del delito de robo sin violencia, así como 855 mil víctimas de robo con violencia. Con estos datos, la tasa de prevalencia delictiva en este grupo de población relativa al robo sin violencia se ubica en 23 mil 192 casos por cada 100 mil en el grupo de edad, y en 8 mil 849 casos de robo con violencia por cada 100 mil en el mismo segmento etario.

Robo de identidad

El robo de identidad o usurpación de identidad está creciendo aceleradamente. Este delito se usa de manera ilegal para abrir cuentas de crédito, contratar líneas telefónicas, seguros de vida, realizar compras e incluso, en algunos casos, para el cobro de seguros de salud, vida y pensiones. Es decir este delito se da cuando una persona obtiene, transfiere, posee o utiliza de manera no autorizada datos personales[3] de alguien más, con la intención de asumir de manera apócrifa su identidad y realizar compras, obtener créditos, documentos o cualquier otro beneficio financiero en detrimento de sus finanzas.

Durante el primer semestre de 2015 las reclamaciones aplicables a un posible robo de identidad se incrementaron 40% con respecto al mismo periodo de 2014, al pasar de 20 mil 168 a 28 mil 258, según información de la Comisión Nacional para la Protección y Defensa de los Usuarios de Servicios Financieros (Condusef).

Se estima que México ocupa el tercer lugar en América Latina con alta incidencia de este delito. Datos de la Condusef revelan que de cada 100 reclamaciones imputables a un fraude, dos corresponden a posible robo de identidad. Con respecto al monto reclamado por los usuarios, en el primer semestre del año ascendió a 118 millones de pesos, 19% más a lo reclamado en el mismo periodo de 2014, y de este monto, el saldo abonado fue de 69 millones de pesos, es decir, 58%.[4]

---

[3] Los datos personales son: nombre, teléfono, domicilio, fotografías, huellas dactilares, números de licencia seguridad social, números de tarjeta de crédito y cuentas bancarias, nombres de usuario y contraseñas.
[4] Ver en línea: http://www.forbes.com.mx/8-medidas-eficaces-contra-el-robo-de-identidad.

En los últimos cuatro años se ha incrementado el número de casos de robo de identidad en materia fiscal por medio de la utilización de un Registro Federal de Contribuyentes apócrifo. Actualmente, la Procuraduría de la Defensa del Contribuyente (Prodecon) está investigando 500 casos. Esta modalidad de robo de identidad suele usarse para solicitar la devolución de impuestos de un contribuyente, cuyo saldo a favor es depositado en la cuenta bancaria de alguien más. Igualmente, por medio de una credencial de elector falsa un delincuente puede darse de alta al RFC, o bien, depositar enormes montos económicos (con probabilidad de la delincuencia organizada) en una cuenta bancaria que abrió usando el RFC de otra persona.[5]

Despojo de bienes inmuebles

En la Ciudad de México viven alrededor de 9 millones de personas[6] y muchos otros millones más circulan a diario por ella. En los últimos años la población ha crecido a grandes niveles y no cabe duda de que la capital del país es un foco de atracción y de oportunidades para muchos mexicanos del interior de la República, quienes migran a la urbe en aras de obtener una mejor calidad de vida.

Es así que la ciudad se ha sobrepoblado y el Gobierno no ha tomado las medidas necesarias para poder brindar todos los servicios a la población y así garantizar-

---

[5] http://www.elfinanciero.com.mx/economia/prodecon-halla-500-casos-de-robo-de-identidad-en-materia-fiscal.html.
[6] Datos del INEGI. Disponible en: http://cuentame.inegi.org.mx/monografias/informacion/df/poblacion.

les una vida digna. De esta manera se han generado problemas de falta de agua, inseguridad, desempleo y falta de vivienda.

La vivienda es un derecho humano que permite el desarrollo de las personas de manera digna; sin embargo, es uno de los derechos que más cuesta satisfacer y en el cual poco se ha hecho por parte de la autoridad. Ante ello, la población se siente desprotegida, sentimiento que ha sido aprovechado por muchos líderes sociales para actuar quebrantando la ley, enarbolando una causa social de vivienda.

Se ha desatado en la ciudad un enorme problema por la vivienda, de tal suerte que comienzan a incrementarse dos formas de adquirir propiedad: la prescripción y el despojo de bienes inmuebles.

La prescripción es un medio por el cual se pueden adquirir bienes de manera legal. Se basa en la posesión que se tiene sobre una cosa durante un determinado tiempo que hace que se adquiera el derecho de propiedad sobre ellos.

Funciona de la siguiente manera: una persona debe tener en posesión un bien mueble o inmueble ostentándose como el propietario, debe hacerlo de manera pacífica, continua y pública. El tiempo de la posesión varía dependiendo de la naturaleza del bien: si es inmueble debe ser por cinco años, cuando es de buena fe, y 10 años cuando es de mala fe; mientras que los bienes muebles deben tenerse tres años de buena fe, y cinco de mala fe.[7]

Así muchas personas ocupan bienes con el fin de, cierto tiempo después, prescribirlos y hacerlos propios. Todo esto de manera pacífica; sin embargo, ello ocurre

[7] Véanse artículos 1152 y 1153 del Código Civil para el Distrito Federal.

en el menor número de los casos, pues hoy en día lo que opera con mayor frecuencia es el despojo de inmuebles, el cual es un delito y se hace de manera violenta, para lucrar con las propiedades y hacer de ellas focos de crimen. Se han formado asociaciones que enarbolan legítimamente la causa social de vivienda, pero algunas de ellas desvirtúan este objetivo social y se dedican a la invasión de predios con el fin de apropiárselos ilegalmente y obtener un lucro económico indebido. En el siguiente apartado desarrollaré a fondo este tema.

La invasión como *modus operandi*

La invasión para el despojo de predios resulta de la pretensión que tienen ciertos sujetos de adquirir la propiedad de un bien a través de una posesión continua pero que, a su vez, se muestra irregular dados los elementos de violencia y demás hechos contrarios a la ley y el orden público que se realizan para la obtención de su cometido.

Se han formado grupos que, dada su necesidad de tener una vivienda, han recurrido a la irregularidad bajo la fachada de la operación de figuras como la prescripción, pero que a su vez son notoriamente contrarias a derecho, al ser evidenciadas por su falta de servicios, planificación y forma de ocupación.

Mientras más se fomenta la irregularidad en la adquisición de bienes inmuebles, este problema se acompaña del aumento de sectores que no cuentan con servicios públicos íntegros y que a largo plazo generan grandes problemas económicos al Gobierno de la Ciudad de México.

En la Ciudad de México una de las delegaciones más afectadas por este fenómeno ha sido la Cuauhtémoc,

169

debido a la enorme colusión que han tenido estos grupos con la autoridad durante tantos años como parte de la corrupción imperante, la enorme cantidad de dinero que se genera y muchas veces como una cuota política.

En no pocas ocasiones los grupos reciben información por parte de la autoridad acerca de cuáles predios o inmuebles están deshabitados; con tales datos se forman grupos de choque, los cuales, a través de violencia, entran al lugar y lo habitan, cuidándolo para que nadie más pueda acceder a él.

Según datos del Secretariado del Ejecutivo se han presentado mil 552 denuncias de despojo ante la Procuraduría General de Justicia del Distrito Federal en lo que va de 2016. En 2015 la cifra llegó a los 3 mil 250,[8] lo cual indica la enorme incidencia respecto a esta conducta antijurídica, ya que ha resultado atractiva y provechosa para muchos líderes y grupos políticos.

Estas cifras son altas, a pesar de que en gran parte de los casos no se hace la denuncia respectiva por la poca confianza que se tiene en el sistema de justicia. Según datos de la *Encuesta Nacional de Victimización y Percepción sobre Seguridad Pública 2015*, en 2013 y 2014 sólo se denunció el 10.7% de los delitos y únicamente el 8% del total llegó a averiguación previa.[9] Esto indica que sólo estamos viendo la punta del *iceberg*.

---

[8] Véase *Incidencia delictiva del fuero común*, Secretariado Ejecutivo del Sistema Nacional de Seguridad Pública. Disponible en: http://secretariadoejecutivo.gob. mx/incidencia-delictiva/incidencia-delictiva-fuero-comun.php. [Consultado el 16 de junio de 2016].
[9] Véase *Encuesta Nacional de Victimización y Percepción sobre Seguridad Pública 2015 (ENVIPE 2015)*: Principales resultados Distrito Federal, Instituto Nacional de Estadística y Geografia. Disponible en: http://www.inegi.org.mx/est/ contenidos/proyectos/encuestas/hogares/regulares/envipe/envipe2015/doc/envipe2015_df.pdf. [Consultado el 16 de junio de 2016].

Se tienen registros de poco más de 700 predios invadidos por diversos grupos, como Asamblea de Barrios y Frente Popular Francisco Villa, entre otros muchos más. La cifra es sin duda alarmante y muestra de la descomposición social que se vive en la ciudad. Se calcula que este delito genera una economía ilegal de más de 3 mil millones de pesos, según estimaciones aproximadas del valor de los inmuebles.

Organizaciones relacionadas con la ocupación de predios en la Delegación Cuauhtémoc

1. **Grupo de Alejandra Barrios**
2. **Distintas vertientes de Asamblea de Barrios**
3. **Distintas vertientes del Frente Popular Francisco Villa**, una de ellas encabezada por Norma Moreno.
4. **Bloque Urbano Popular**, es parte del Movimiento Nacional por la Esperanza.
5. **Alianza Mexicana de Organizaciones Residentes (AMOR)**, de Lorena García.
6. **TEQUIO**, que encabeza Alejandro Martínez Mondragón, ligada al PRD.
7. **Grupo Cedro**, encabezado por Virginia Hernández.
8. **Movimiento de Unificación y Lucha Triqui** (MULT)

Enseguida se mostrarán fotografías e información de algunos de los predios mencionados.

1. Altata 12 esquina con Benjamín Hill, colonia Hipódromo

Ocupantes: integrantes de la agrupación Asamblea de Barrios Poniente.

Predio desalojado y bajo resguardo de la PGJDF. Es importante señalar que la misma agrupación tiene muy cerca, en la colonia Escandón, otro predio desde el cual recibían refuerzos y apoyo de personas de la misma organización.

Problemática:

• Señalamientos de posesión de armas, venta de drogas, secuestro exprés y extorsión.
• Balacera reciente dejó como saldo un muerto.
• Escandalizaban la vía pública.
• Cancelaron zona Ecopark y se apropiaron de banqueta y lugares de estacionamiento.

2. Zacatecas 75, colonia Roma Norte
Ocupantes: población indígena, familias de origen otomí. Habitan en viviendas de lámina, en condiciones muy precarias y hacinamiento.
Problemática:

• Parte de la población joven se droga y se dedica al robo de autopartes.
• Hay reportes de casos de venta de droga.
• Conflicto interno. Son constantes las riñas entre los mismos habitantes.

- Recientemente hubo un herido con arma punzo-cortante.
- Escandalizan en ocasiones la vía pública en la madrugada.

3. Roma 18 o Londres 7, colonia Juárez

Ocupantes: población indígena, familias de origen otomí. Habitan en viviendas de lámina, en condiciones muy precarias.

Problemática:

- Quejas vecinales acerca de robo de autopartes, tira de residuos sólidos en vía pública, consumo de drogas, entre otros.

4. Orizaba 215 esquina con Coahuila, colonia Roma Norte

Ocupantes: integrantes de la organización de comerciantes de Alejandra Barrios.

Problemática:

• Se trata de una casa catalogada por el Instituto Nacional de Bellas Artes. La ocupación se llevó a cabo luego de un enfrentamiento con otro grupo. Hubo disparos de arma de fuego en la madrugada. Las ventanas fueron clausuradas con metal.
• Constantemente se percibe olor a droga en el exterior del inmueble.

5. Chihuahua 193-197, colonia Roma Norte

Ocupantes: Organización AMOR, Alianza Mexicana de Organizaciones Residentes, de Lorena García, que se dedica a gestionar la expropiación de inmuebles para convertirlos en vivienda de interés social, y funge como coordinadora territorial en Cuauhtémoc por el Partido Movimiento Ciudadano.

Problemática:

• Se trata de un predio afectado por el terremoto de 1985. Los habitantes viven en condición de riesgo, entre escombros.

• Ocupantes se apropian tanto de banqueta como de lugares de estacionamiento en la calle Chihuahua. Los vecinos las conocen como las "franeleras" de esa calle. Amedrentan por igual a vecinos y visitantes.

6. Querétaro 87, colonia Roma Norte

Ocupantes: en su mayoría, integrantes de la organización TEQUIO, que encabeza Alejandro Martínez Mondragón, ligada a la agrupación Asamblea de Barrios y al PRD.

Problemática:

• Se trata de una casa catalogada por el INBA, a la que se le han realizado modificaciones de manera irregular.

• Predio con riesgo estructural.

• Constantemente los vecinos perciben olor a droga.

7. Avenida Bucareli No. 107 esquina General Prim, colonia Juárez

Problemática:

• Edificio de cinco niveles y taller en planta baja, acceso peatonal; hay personas que lo habitan, al parecer familias. Hay comerciantes durante el día.
• Los vecinos reportan venta de productos nocivos para la salud, como droga.
• Se encuentra ocupado por la organización de la lideresa Alejandra Barrios.

8. José María Iglesias No. 36, entre Ignacio Mariscal y Edison, colonia Tabacalera

• Predio de dos niveles el cual ostenta una lona con la leyenda: "No está en venta".
• Se reporta que cuenta con luz en la parte superior, pero no sale nadie.
• Se encuentra ocupado por el Frente Popular Francisco Villa.

9. Roma 18, entre Londres y Berlín, colonia Juárez

• Edificio de dos plantas, con acceso peatonal; hay personas que lo habitan irregularmente y son quienes lo cuidan.

• Se presume que allí viven 15 familias indígenas, con movimiento de accesorios comerciales durante el día y la noche.
• Se encuentra ocupado por la organización UPREZ Benito Juárez.

10.   10. Turín 46, entre Abraham González y Versalles, colonia Juárez

• Edificio de una planta, acceso peatonal. Las personas que lo habitan, cuidan de él.
• Se presume que allí viven familias indígenas, con movimiento de menaje para comercio en vía pública durante el día.
• Se encuentra ocupado por organización desconocida.

Una legítima demanda social, como la obtención de vivienda digna, no puede ser pervertida ni corrompida por la práctica ilegal de la invasión que fomentan grupos con fines económicos y políticos muy diferentes a los planteados por la izquierda social y democrática.

Tales agrupaciones aprovechan inmuebles abandonados, en litigio o de propiedad incierta para ocuparlos en contra de la ley. Los invasores suelen contar con información de las autoridades, en particular del Registro Público de la Propiedad y el Comercio, lo cual demuestra la colusión entre ellos. Operan bajo el amparo de partidos políticos y autoridad, y se ha convertido en un negocio redituable para ellos, pero la invasión es una práctica que debe terminar.

Estos grupos buscan, en primer lugar, la prescripción de los inmuebles, para poder apropiárselos. Una segunda conducta es que se asocian con supuestas inmobiliarias, las cuales venden a un tercero el bien inmueble, pero lo entregan invadido o resulta que aún no lo han prescrito y, por ende, no es de su propiedad. Y tanto desocupar el predio invadido o estar ante la venta de cosa ajena son situaciones en extremo incómodas para el comprador particular, quien ha sido víctima de un fraude.

Otra conducta es la presión política. Los grupos invaden predios y con ello hacen presión al Gobierno para que les dé vivienda, obteniendo algunos lugares para los grupos más vulnerables; sin embargo, en el mayor número de los casos son los líderes quienes designan a las personas que se quedarán con las viviendas, quienes en su mayoría son de su propia familia.

Es el caso del predio Isabel la Católica 656 los habitantes pagaron a sus líderes cerca de mil pesos mensuales durante aproximadamente 20 años, y cuando el Instituto de Vivienda del Distrito Federal (INVI) por fin otorgó la vivienda, los líderes las adjudicaron a sus familiares, quedando varias familias en la calle.[10]

Lo anterior es un claro ejemplo de cómo los líderes llenan sus bolsillos al recibir el dinero de personas necesitadas de vivienda que al final nunca llegan a obtenerla, ya que aquéllos la asignan a sus familiares en lugar de entregarla a quienes verdaderamente la requieren.

Otra forma de presión política se da cuando la autoridad, a cambio de la promesa de otorgar vivienda a ciertos grupos, como contraprestación les pide su voto, o bien los usan como grupos de choque para enfrentar diversos problemas por debajo de la ley.

---

[10] Al respecto véase la nota de *El Universal* de fecha 29 de abril de 2016, http://www.eluniversal.com.mx/articulo/metropoli/cdmx/2016/04/29/lideres-defraudan-al-gestionar-viviendas-del-invi.

Otro comportamiento es el uso de estos inmuebles como centros para transgredir la ley: allí se orquestan robos, extorsiones y delitos contra salud, como la venta y consumo de drogas, entre muchas otras actividades ilícitas.

Siguiendo la teoría de las "ventanas rotas", en la Delegación Cuauhtémoc está sobradamente comprobado que a la invasión ilegal de un predio sigue una cadena de delitos en la vía pública que terminan por generar inseguridad y violencia antisocial en el entorno. Es necesario que se tomen las medidas necesarias para reducir esta tan alarmante problemática. La vivienda es un derecho humano y no debe usarse como bandera para satisfacer intereses políticos y personales. Tampoco se trata de criminalizar a los demandantes de vivienda, sino de legitimar y legalizar la forma de obtenerla. La garantía de este derecho debe estar enfocada en brindar una vida digna a las personas, en aras de una sociedad más igualitaria.

Piratería

El Acuerdo Nacional contra la Piratería suscrito en 2006 señala que por piratería:

> Debe entenderse toda aquella producción, reproducción, importación, comercialización, venta, almacenamiento, transportación, arrendamiento, distribución y puesta a disposición de bienes o productos en contravención a lo establecido en la Ley Federal de Derechos de Autor y en la Ley de la Propiedad Industrial.[11]

---

[11] Ver en línea: http://dof.gob.mx/nota_detalle.php?codigo=4964729&fecha=06/03/2007.

Ante esta situación, la piratería ha afectado la creación de empleos y el crecimiento económico; puesto en entredicho la perspectiva de desarrollo de sectores estratégicos para el país; limitado el crecimiento y la participación de empresas formales y productivas en el mercado y ocasionado escenarios de competencia desleal, al aumentar la economía informal y al disminuir la calidad de productos y servicios.

Asimismo, ha impedido al erario federal la posibilidad de aumentar su recaudación y desalentado la actividad creativa al no permitir la aparición continua de nuevos y mejores productos y servicios en el mercado, que es uno de los signos clave para evaluar la competitividad de un país.

La falsificación y la piratería siguen siendo graves problemas de alcance mundial, ya que trascienden fronteras, son fenómenos de escala transnacional.

Por otra parte, las formas de piratería más notoriamente delictivas están cambiando: a medida que las redes digitales se han ido convirtiendo en el medio más utilizado para acceder a la información o transferirla, la práctica callejera de la venta directa de CD y DVD piratas ha comenzado a decrecer, sobre todo en el mundo desarrollado.

El ejercicio de la piratería se modifica con la aparición de un medio capaz de englobar al conjunto de las redes preexistentes, y no sólo por las más obvias características de internet, esto es, por su casi perfecta instantaneidad y sus mínimos costes de distribución, sino por otras causas asociadas.[12]

---

[12] Joe Karaganis (ed.), *Media Piracy in Emerging Economies*, Nueva York, Social Science Research Council, 2011. El texto íntegro del mencionado estudio puede descargarse o consultarse gratuita y legalmente, tanto en inglés como

De acuerdo con Khoo Boon Hui, ex presidente de INTERPOL, la fabricación y la distribución de productos falsos e ilícitos se realiza:

> A escala industrial, y "la falsificación y la piratería se perpetran sin tener en absoluto en cuenta la salud y la seguridad de los consumidores.
>
> Son dos componentes de una actividad delictiva organizada transnacional mucho más amplia: el tráfico de productos ilícitos es un problema tan complejo como diverso que requiere una respuesta conjunta a escala mundial todavía más dilatada que permita que el peso de la ley caiga con toda su fuerza sobre los delincuentes transnacionales que realizan estas actividades.[13]

Asimismo, indicó que sólo en 2012 ya se habían llevado a cabo —con el apoyo de la organización policial mundial— cinco operaciones internacionales en África, Europa Central y América Central, que dieron como resultado el decomiso de productos falsificados, piratas e ilícitos por valor de unos 155 millones de euros, así como la detención de 1,700 personas.

La falsificación y la piratería son prácticas que afectan a casi todos los sectores económicos que dependen de la creatividad y la innovación, y están generalizadas en todas las economías. Se puede decir que, tradicionalmente, los afectados por la falsificación eran los pro-

en castellano (*Piratería de medios en las economías emergentes*, traducción de Clio Bugel y Guillermo Sabanes), en la siguiente dirección electrónica: http://piracy.americanassembly.org/the-report.
[13] Ver en línea: http://www.interpol.int/es/Centro-de-prensa/Noticias/2012/PR073.

ductores de artículos suntuarios, pero en la actualidad la práctica se ha extendido a industrias tan diversas como los espectáculos, los cosméticos, los productos alimenticios, los electrónicos, los repuestos de automóviles y los medicamentos, siendo este último un caso especialmente alarmante.

Asimismo, la falsificación y la piratería suponen pérdidas directas para los individuos y las empresas que innovan y desarrollan productos originales, pero sus efectos repercuten en la economía mundial. La disponibilidad y el consumo generalizados de productos falsificados y pirateados socavan la confianza en un sistema regulado y, en función de las circunstancias específicas, podrían traducirse en una pérdida de oportunidades para la innovación, en la merma de los beneficios, en la reducción de puestos de trabajo, ingresos fiscales y servicios de financiación pública.[14]

El 6 de abril de 2010 el pleno de la Cámara de Diputados aprobó la Ley Antipiratería, en la cual se destacan las reformas al Código Penal Federal y a la Ley de la Propiedad Industrial para establecer la persecución de oficio al delito de piratería y endurecer las penas en contra de quien venda objetos falsificados en la vía pública.

Las cifras oficiales proporcionadas por el Instituto Mexicano de Propiedad Industrial (IMPI) y la Procuraduría General de la República (PGR) no dejan lugar a dudas: México es uno de los países mayormente afectados por la piratería a nivel mundial, y la Organización para la Cooperación y el Desarrollo Económico (OCDE) indica que ocupamos el sexto lugar en piratería a nivel global, aun-

---

[14] Sexto Congreso Mundial sobre la Lucha contra la Falsificación y la Piratería. Ver en línea: http://www.wipo.int/wipo_magazine/es/2011/01/article_0001.html.

que el Grupo Multisistemas de Seguridad Industrial nos ubica en la cuarta posición, sólo detrás de Rusia, China e Italia.[15]

Por tanto, el daño a la economía por causa de la piratería se ha extendido a los libros, perfumería, medicamentos, televisión por cable, juguetes, baterías, accesorios (bolsas, cinturones, carteras, etcétera), películas, entre una interminable lista de productos. Los principales puntos de venta (el 63%) son tianguis, mercados y vía pública.

Los costos por esta conducta antijurídica son en extremo elevados. La pérdida económica por el consumo de piratería es enorme. La estimación de consumo en México de 2014 podría financiar a la Universidad Nacional Autónoma de México (UNAM) durante todo un año, e inclusive pudo haber pagado dos Institutos Nacionales Electorales en 2015.

Según un estudio realizado por el Centro de Investigación para el Desarrollo A.C. y American Chamber of Commerce of Mexico en 2014 el mercado sombra de la piratería pudo costarle al país más de 43 mil millones de pesos, cifra que es equiparable al 28% más que todo el presupuesto 2015 para el Consejo Nacional de Ciencia y Tecnología (Conacyt) y 34 veces más que todo el presupuesto del Instituto Mexicano de la Propiedad Industrial (IMPI), además de una pérdida recaudatoria de poco más de 6 mil millones de pesos por Impuesto al Valor Agregado (IVA).[16]

[15] Ángel Hernández. "Piratería, imparable en México". Ver en línea: http://www.vertigopolitico.com/articulo/30473/Pirateria-imparable-en-Mexico.
[16] CIDAC/American Chamber México. "Reporte Piratería. Entendiendo el mercado sombra` en México. cidac.org. 2015. CIDAC. 10 de julio de 2016. http://goo.gl/ILUOso.

Estimaciones generales de piratería			
	2010	2012	2014
Mercancía	Gasto anual en piratería	Gasto anual en piratería	Gasto anual en piratería
Vestido, calzados y accesorios	$27,843,580.26	$26,251,726.00	$29,905,151,25
Productos farmacéuticos	$1,236,774.98	$1,034,415,17	$1,065,450.15
Cosméticos, lociones y perfumes	$1,939,692,57	$2,094,661.46	$2,439,484.25
Enseres para limpieza del hogar	$5,965,883.92	$6,258,321.77	$7,429,390.20
Bebidas alcohólicas y tabaco	$696,642,72	$1,194,602,33	$1,998,995.12
Libros y discos compactos	$490,260,84	$458,461,33	$565,629.81
Total	$38,172,835.29	$37,292,188.06	$43,404,100.78
Diseño propio hecho a base de estadísticas del reporte de piratería de CIDAC, A. C., 2015			

Delitos contra la salud y su repercusión económica

A nivel nacional, en 2015 se reportaron 8 mil 689 delitos contra la salud, siendo el más frecuente el comercio y posesión de narcóticos.[1] En la Ciudad de México la cifra de estos ilícitos fue de 500, cifra menor a la realidad. En lo que va de 2016 se tiene conocimiento de 2,035 de estos actos ilegales a nivel federal, mientras que en la capital del país, en los primeros meses de 2016 ha alcanzado la cifra de 121.

Narcotráfico

El narcotráfico mueve una gran cantidad de dinero y dispone de una red de implicados en la que actúan desde simples trabajadores hasta responsables de servicios relacionados directamente con la lucha antidroga. Es así que a este hecho se le puede identificar con la "narcopolítica", ya que se encuentran involucrados en el tráfico de drogas y en las redes de delincuencia organizada tanto servidores públicos, como políticos y otros altos funcionarios.[2]

El narcotráfico es considerado una organización delictiva, ya que involucra distintos agentes relacionados entre sí y con funciones específicas, es decir, existe una especie de división del trabajo. Así, hay grupos que se en-

---

[1] Véase *Informe de víctimas de homicidio, secuestro y extorsión* 2015. Secretariado Ejecutivo del Sistema Nacional de Seguridad Pública.
http://secretariadoejecutivo.gob.mx/docs/pdfs/victimas/Victimas2015_042016.pdf
[Consultado el 11 de junio de 2016].
[2] Carmen Avendaño, citada por Villamarín Pulido, Luis Alberto, *Narcoterrorismo, la guerra del nuevo siglo*, Ediciones Nowtilus, S.L., Madrid, 2005, p. 28.

cargan de sembrar y cultivar, grupos de recolección, grupos encargados de la transformación y producción, así como grupos para la transportación, distribución y venta.

El narcotráfico se ha convertido en una verdadera industria empresarial ilegal, la cual genera cantidades exorbitantes de dinero ilícito, el que a su vez tiene que ser "lavado" posteriormente, para poder facilitar su circulación.[3]

México ha sido omiso en adoptar o incorporar en su legislación los estándares internacionales contemplados en instrumentos del derecho internacional, como la Convención de las Naciones Unidas contra la Delincuencia Organizada Transnacional, o la Convención de Mérida contra la Corrupción.

Algunas disposiciones contenidas en estos instrumentos internacionales hacen énfasis en la necesidad de orquestar a nivel institucional, nacional y externo, una serie de medidas que posibiliten un ataque contundente y efectivo a la estructura financiera de la delincuencia organizada; que erradiquen de manera radical la corrupción de las altas esferas políticas y burocráticas; que optimicen los sistemas de administración y de procuración de justicia.

Sin embargo, se puede comenzar por lo más mínimo, es decir, analizar concienzudamente si en nuestro ordenamiento fundamental y leyes secundarias se establece el concepto de delincuencia organizada transnacional, como una categoría provista de los elementos considerados en los estándares internacionales, pues no se puede augurar un combate efectivo a ese fenómeno si no

---

[3] Bruccet Anaya, Luis Alonso (2001), *El crimen organizado (origen, evolución, situación y configuración de la delincuencia organizada en México)*, Editorial Porrúa, México, 2001, p. 679.

se estudia, analiza y visualiza a la luz de las experiencias y los conocimientos técnicos aportados por la comunidad internacional. Máxime cuando se trata, precisamente, de un fenómeno de carácter transnacional.

Por ende, desde la dimensión normativa cabría analizar a profundidad los contenidos de los dispositivos constitucionales que hacen referencia de manera directa a este fenómeno delincuencial. El artículo 16 de nuestra Carta Magna, así como los artículos de las leyes secundarias correlacionadas, adoptan una definición de delincuencia organizada que no se corresponde completamente con los elementos incorporados en las definiciones del derecho convencional internacional.

La definición vigente de *delincuencia organizada*, incluida en el artículo 16 constitucional y en la ley secundaria correspondiente, no garantiza la plena imputabilidad y punibilidad de los agentes que caen en las diferentes situaciones de hecho que son consideradas como delitos con carácter de delincuencia organizada transnacional, vistos desde la óptica del derecho internacional.

Ciertamente, la delincuencia organizada no expide identificaciones o credenciales que acrediten la pertenencia a los diferentes grupos criminales, por lo que la acreditación de los extremos legales para configurar la agravante del delito en comento suele ser compleja, y en consecuencia, en algunas ocasiones miembros de la delincuencia organizada quedan impunes, sobre todo cuando se trata de elementos de operación o de mando medio que no son muy conocidos por las corporaciones policiacas o de procuración de justicia.

Con el propósito de remediar el grave lastre que constituyen estos grupos delincuenciales, resulta imperativo librar una guerra en varios frentes, como los correspondientes al socavamiento de sus estructuras financieras —las cuales, en muchos de los casos, permanecen incólumes—, el rediseño institucional de los sistemas de seguridad pública y seguridad nacional, así como el mejoramiento de los servicios y ofertas de empleo lícitas en las grandes concentraciones urbanas, por citar algunos ejemplos.

Sin embargo, no se debe abandonar el esfuerzo por actualizar nuestro marco normativo interno en aras de guardar la debida correspondencia con el desarrollo que se ha suscitado en la materia en el escenario internacional.

En tal virtud, se debe considerar también el escrutinio de los dispositivos legales que regulan el fenómeno de la delincuencia organizada, como lo son, entre otros, el artículo 16 constitucional y el artículo 2 de La Ley Federal Contra la Delincuencia Organizada, de forma tal que las autoridades de administración y de procuración de justicia encuentren en la norma mayores elementos para inculpar y enjuiciar a los presuntos responsables de la comisión de delitos que encuadren en la agravante de delincuencia organizada.

La estructura del crimen organizado ha pasado por un largo proceso de maduración y consolidación, por lo que se conocen bastante bien los modos de su funcionamiento y operación, y los delitos en específico en los que se concentra su actividad criminal o delictiva.

Y si estamos en el entendido de que las actuales organizaciones criminales funcionan como una industria que busca acrecentar sus recursos para poder invertir y reinvertir en la diversificación de sus negocios ilícitos en delitos más graves y más complejos, no se debe pasar por alto que el delincuente que actúa en solitario, también podría estar fomentando la industria del crimen organizado, al perpetrar un acto de delincuencia organizada.

De cierto modo, con la incorporación en nuestro marco normativo de categorías conceptuales, como el denominado *acto de delincuencia organizada*, se podría avanzar en la adopción de algunas de las premisas previstas en la Convención de las Naciones Unidas contra la Delincuencia Organizada Transnacional, como por ejemplo las relacionadas con los "delitos determinantes".

Asimismo, de una vez por todas se debe poner empeño en echar mano de las valiosas orientaciones que se desprenden de dicho instrumento internacional, por lo que respecta a la variedad de conductas que podrían ser tipificadas como delitos relacionados con la delincuencia organizada. Orientaciones que se prevén, por ejemplo, en el artículo 5 de la Convención de Palermo.

En este sentido, estamos de acuerdo con que quienes pertenecen a estas organizaciones y quienes no pertenecen terminan siendo parte de las estructuras de la delincuencia organizada o de apoyo a éstas, en razón del carácter finalista de la acción, tomando en cuenta las acciones u omisiones de los agentes como acontecimientos finalistas y no solamente casuales.

El párrafo noveno del artículo 16 constitucional establece lo que debe entenderse por *delincuencia organizada*. De este modo, los actos de ésta se constituyen por delitos que se cometen en forma permanente o reiterada, en los términos de la ley de la materia. Sin embargo, el dispositivo constitucional es escueto o insuficiente al prever una única hipótesis para encuadrar al fenómeno de esta modalidad delictiva, puesto que entiende por ésta una organización de hecho de tres o más personas, que tiene por objeto el que se ya se apuntó. Por lo cual, se deja fuera a aquellos sujetos que actúan por sí solos, con o sin orden de algún jefe o líder de algún grupo de delincuencia organizada, pero cuyas acciones u omisiones redundan en beneficio directo o indirecto de ésta, con lo que estarían llevando a cabo actos de delincuencia organizada.

Esto último, tomando en consideración las aportaciones teóricas del jurista Hans Welzel, quien es precursor de la teoría de la acción finalista, que plantea una sistematización jurídico-penal del delito con base en que la acción encierra una conducta voluntaria que persigue siempre un fin.

Las estructuras de la delincuencia organizada tienen mucho tiempo operando y los actos o actividades de los que se sirve en muchas ocasiones provienen no necesariamente de los miembros de una organización de hecho o de las órdenes de los jefes de éstas.

Imaginemos un sujeto que comete individualmente robo de automóviles y que no pertenece formalmente a ninguna organización de delincuencia organizada, pero que vende sistemáticamente los autos robados a quienes sí se asumen como miembros de ésta (fruto del acto) y cometen otra serie de ilícitos, como secuestros, traslado de estupefacientes, etcétera, utilizando a los autos como instrumentos del delito.

En tal supuesto, el individuo que originalmente roba automóviles finalmente estaría cometiendo un acto de delincuencia organizada, ¿por qué entonces la agravante de delincuencia organizada no se le debe imputar también a éste?

Lo anterior cobra especial relevancia cuando se cae en cuenta en que las redes de delincuencia organizada asociadas al narcotráfico, en su modalidad de narcomenudeo, han ido evolucionando de tal forma, que en el tráfico, distribución o venta de psicotrópicos, estupefacientes o drogas sintéticas se suman cada vez más agentes individuales y colectivos que alargan, aún más, la de por sí enorme cadena de distribuidores, comercializadores o transportadores de estas sustancias.

Narcotráfico y narcomenudeo en la Ciudad de México y en la Delegación Cuauhtémoc

Según información de la DEA (siglas en inglés de la Agencia para el Control de Drogas, *Drug Enforcement Administration*), los cárteles que operan, principalmente, en la Ciudad de México son: el Cártel de Sinaloa, el cártel de Los Caballeros Templarios, el Cártel del Golfo, Los Zetas y la organización de los Beltrán-Leyva.[4]

Según información de la Procuraduría General de la República, que investigó el hecho más alarmante en la Ciudad de México en octubre de 2015 sobre la aparición de un hombre colgado en el puente de La Concordia, en la delegación Iztapalapa, el suceso estuvo ligado a la aparición de grupos de delincuencia organizada asociados al narcotráfico y a los ajustes de cuentas en la capital del país.

Aunque el Gobierno de la Ciudad de México ha negado que los cárteles de narcotráfico tengan presencia en la megaurbe, la DEA considera, según la información de sus servicios de inteligencia, que tal presencia sí existe y que sus actividades van en aumento.

Sin embargo, se debe reconocer también que en la Ciudad de México la delincuencia organizada no presen-

---

[4] DEA (2015). *Cárteles de droga en México.* Map 1. Mexican Cartels: Areas of Dominant Influence and Keys Areas of Conflict.

ta los altos niveles de protección, complicidad y convivencia que se han observado en otras entidades federativas respecto a los cuerpos de seguridad pública oficiales. Evitar que el crimen organizado avance y tome control de estos cuerpos en la capital del país es una máxima prioridad de seguridad nacional y de seguridad ciudadana.

Los delitos contra la salud, en su modalidad de narcomenudeo, se han ido actualizando constantemente, y el acopio, venta, distribución o transportación de narcóticos prohibidos por la ley ha crecido exponencialmente, dada la multiplicación de los espacios y los agentes que intervienen en tales actividades.

La producción, transportación, el tráfico y la comercialización de psicotrópicos, estupefacientes y drogas sintéticas en vecindades y establecimientos mercantiles a lo largo y ancho del territorio nacional, han presentado un incremento sensible, principalmente a partir del recrudecimiento de la mal llamada *guerra contra el narco*, iniciada y secundada durante las últimas administraciones.

En el caso de la Ciudad de México los restaurantes, bares, puestos ambulantes, centros nocturnos y tiendas representan los lugares comunes para llevar a cabo los supuestos de hecho relacionados con los delitos contra la salud en comento. Empero, habrá que considerar el uso de distintos muebles o vehículos (taxis, motonetas y bicicletas), así como la participación cada vez más activa de nuevos agentes (como las poblaciones callejeras), para tratar de dimensionar la magnitud de la evolución del fenómeno del narcomenudeo.

De las actividades delictivas de alto impacto consideradas como delitos graves, el narcomenudeo se erige como un fenómeno en plena efervescencia. Tal ha sido la proliferación de la cadena de ilícitos implicados, que hoy

195

no cabe duda del gran impacto y la repercusión económica que estos representan en la Ciudad de México.

Los grupos delincuenciales relacionados con la serie de actividades que se esconden tras el narcomenudeo han sufrido una especie de metamorfosis al amparo de la corrupción y la impunidad, lo que los ha fortalecido de forma exacerbada, económica y políticamente.

Incluso se han presentado fenómenos que apuntan a un tipo de sinergia siniestra, en donde los grupos locales se han asociado con cárteles nacionales y han constituido sus propias organizaciones criminales.

Con base en la información criminológica respecto de la delegación Cuauhtémoc, se han ubicado puntos exactos de posible consumo y venta de drogas y estupefacientes en las colonias Ex Hipódromo de Peralvillo, Peralvillo, Buenavista, Santa María la Ribera, Guerrero, Centro, Morelos y Doctores, con mayor número de denuncias realizadas.

En las siguientes imágenes se presentan puntos clave de consumo, venta y distribución de drogas y estupefacientes:

Posibles puntos de narcomenudeo en la delegación Cuauhtémoc[5]

En la colonia **Buenavista** encontramos posibles puntos de venta de droga, principalmente en las calles Sahagún, Aldama y Sol, como se presenta en el siguiente mapa:

---

[5] Fuente: Elaboración propia a partir de información proporcionada por la Dirección General de Seguridad Pública de la Delegación Cuauhtémoc 2016.

En la colonia **Centro** encontramos posibles puntos de venta de droga principalmente en las calles República de Ecuador, República de Perú, Rincón de Garibaldi, Plaza Montero, República de Honduras, República de Brasil, Ignacio Allende, Comonfort, Av. Juárez, Balderas, López, Luis Moya, Ayuntamiento, Victoria, José María Izazaga, Bolívar, Nezahualcóyotl, Mesones, República de Uruguay, 5 de febrero y Eje Central.

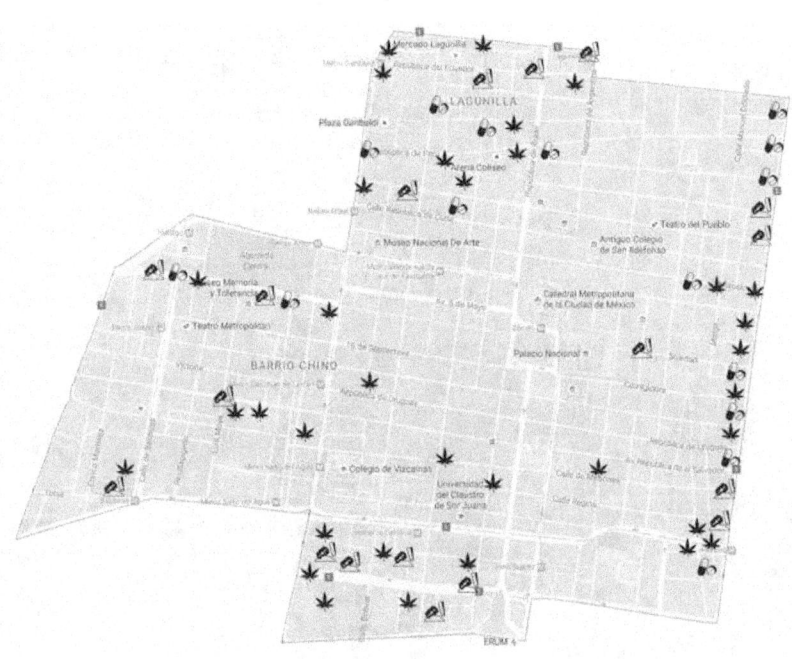

En la colonia **Ex Hipódromo de Peralvillo** encontramos posible punto de venta de droga ubicado principalmente en Calzada de la Ronda.

En la colonia **Guerrero** encontramos posibles puntos de venta de droga principalmente en las calles Sol, Luna, Degollado, Héroes, Galeana, Zarco, Violeta, Moctezuma, Camelia y Magnolia, como se presenta a continuación:

En la colonia **Morelos** encontramos posibles puntos de venta de droga principalmente en las calles Tenochtitlan, Toltecas, Jesús Carranza, Jaime Nunó, Ignacio Allende, Matamoros, Peralvillo, Rivero, González Ortega, Florida, Caridad-Tepito, Granada, Constancia, González Bocanegra, Santa Lucía, Peñón, Totonacas, Gorostiza, Manuel Doblado, Obreros y Díaz de León.

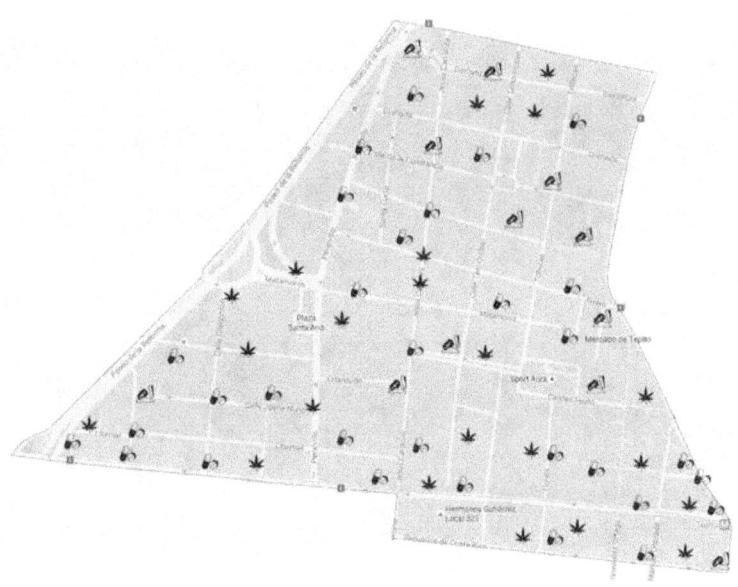

En la colonia **Peralvillo** encontramos posibles puntos de venta de droga en las calles Chopin y Ricardo Castro.

En la colonia **Santa María la Ribera** encontramos posibles puntos de venta de droga principalmente en las calles Peral, Manuel Carpio, Enrique González Martínez y Jaime Torres Bodet, como se presenta a continuación:

Delitos de cuello blanco y su repercusión económica

Los delitos de cuello blanco, según hemos visto, son acciones delictuosas ejecutadas por sujetos pertenecientes a las clases sociales media alta y alta, con posición de poder económico, político o profesional, y son cometidos en razón de la ocupación o poder que se ejerce, puesto que los delincuentes utilizan sus conocimientos profesionales, contactos o nivel social para perpetrar los ilícitos, mismos que penetran en toda clase de ámbito profesional y dejan tras de sí altos costos financieros y económicos para las empresas u organizaciones donde son cometidos.

La delincuencia de cuello blanco requiere procedimientos y técnicas innovadoras y audaces para combatirla, dado que los programas de rehabilitación, prevención y sanción están enfocados a la delincuencia común y a las clases sociales más desprotegidas. En cambio, los delitos de cuello blanco tienen mayor posibilidad de defensa, de engaño e incluso de prestigio social. Este tipo de ilícitos merma el crecimiento económico del país, inhibe las inversiones, reduce la productividad del gasto público y, por supuesto, profundiza la desigualdad social.

La clasificación de estas conductas delictivas, antijurídicas, puede ser diversa, aunque encierre la misma materia: delitos económicos, empresariales, financieros, profesionales, ocupacionales y por supuesto los de cuello blanco.[1]

---

[1] Expresión acuñada por Edwin H. Sutherland en 1939 con motivo de su presentación sobre el tema ante la Sociedad Americana de Sociología, misma que constituyó la apertura de un nuevo campo de estudio de la criminología.

Estos delitos rompieron con el paradigma criminológico que identificaba a los delitos con las clases sociales menos privilegiadas y desde su surgimiento se les han dado diversas denominaciones: delitos económicos, empresariales, financieros, profesionales, ocupacionales y de cuello blanco; pero todos concuerdan en características comunes y generalmente han sido usadas indistintamente, aunque cabe señalar que dentro de la literatura especializada hay autores que los diferencian.

Fraude

Este tipo de delincuencia económica de cuello blanco se presenta como parte del propio sistema económico, político y social, y está vinculado con las metas de éxito, consumo y ascenso social vertiginoso. Por eso se diferencia de la delincuencia convencional.

La mayor parte de los sujetos activos de este tipo de delitos son personas en posiciones ejecutivas de empresas privadas y del sector público, con cargos de dirección o de administración, pero que en su mayoría tienen nexos con el poder, lo que posibilita la comisión de estos ilícitos.

Hay un estímulo para la comisión de estos delitos por quienes lo hacen, porque son difíciles de descubrir y de ser sancionados. En general, los delincuentes de cuello blanco conocen la estructura legal y administrativa que les posibilita cometer los delitos, y una vez ejecutados no producen distorsión o choque entre el autor y los agraviados.

A pesar de la poca información sistematizada que se tiene sobre estos delitos, una fuente importante a nivel internacional es el *Reporte a las naciones sobre el abuso y el fraude ocupacional 2016*, de la Asociación de Examinadores de Fraude Certificados, el cual contiene un análisis de 2 mil 410 casos de fraude[2] que fueron investigados entre enero de 2014 y octubre de 2016 en 114 diferentes países, y que presenta las siguientes cifras:

• Las empresas pierden el 5% de sus ingresos anuales como resultado de fraude.

• La apropiación indebida de activos fue la forma más común de fraude (el 83% de los casos), pero causó la pérdida más pequeña; el fraude de estados financieros es la forma menos común (el 10% de casos), pero causa una pérdida alta, mientras que la corrupción representa el 35.4% de los casos.

• Cuanto más dure un fraude, mayor es el daño económico que causa.

• En el 94.5% de los casos del estudio se utilizaron métodos para ocultar el fraude; el más común fue la creación y modificación de documentos físicos.

• De los casos que involucraron como víctima al Gobierno, el nivel federal conlleva las mayores pérdidas.

• La pérdida promedio de las organizaciones pequeñas era la misma que la de las organizaciones más grandes; sin embargo, en las primeras se tiene un impacto mucho mayor.

• La corrupción es la práctica más frecuente en las grandes organizaciones, mientras que la manipulación de verificación, nómina y los esquemas de

---

[2] El *Reporte* clasifica los fraudes ocupacionales en tres categorías principales: la apropiación indebida de activos, la corrupción y el fraude en estados financieros.

hurto en efectivo fueron más comunes en las organizaciones pequeñas.

• Los servicios bancarios y financieros, el Gobierno y las industrias de la administración pública y de fabricación fueron los sectores más representados en los casos de fraude que se examinaron.

Casos de fraude por región	
Latinoamérica y el Caribe (112 casos)	
Antígua y Barbuda	2
Argentina	12
Bahamas	2
Barbados	1
Belice	1
Bolivia	1
Brasil	18
Colombia	14
Ecuador	2
Granada	1
Guatemala	1
Honduras	1
Jamaica	2
México	36
Nicaragua	1
Panamá	2
Perú	4
Trinidad y Tobago	7

Fuente: Reporte a las naciones sobre el abuso y el fraude ocupacional 2016, de la Asociación de Examinadores de Fraude Certificados.

Fuente: *Reporte a las naciones sobre el abuso y el fraude ocupacional 2016*, de la Asociación de Examinadores de Fraude Certificados

• Las organizaciones pequeñas tenían una aplicación significativamente menor de controles antifraude que las grandes organizaciones.

• Los controles antifraude más comunes son las auditorías de los estados financieros, el código de conducta y la certificación de la gestión de los estados financieros.

• La debilidad organizativa que contribuyó a los fraudes en el estudio fue la falta de controles internos (el 29.3% de los casos), seguido de una anulación de los controles internos existentes (el 20% de los casos).

• El nivel de autoridad del autor es directamente proporcional al nivel de pérdida que genera el fraude. La pérdida promedio proveniente de un delito cometido por un propietario/ejecutivo fue cuatro veces superior a la pérdida causada por los administradores, y casi 11 veces mayor que la causada por empleados.

• El lugar común del que provienen los fraudes es del departamento de contabilidad (el 16.6%).

• Mientras más individuos implicados, mayor pérdida se genera, y los autores presentan señales como difícil situación financiera, estrecha asociación con un proveedor o cliente, problemas de control excesivos y recientes problemas de divorcio o de la familia.

• La mayoría de los defraudadores profesionales son delincuentes por primera vez.

• En el 40.7% de los casos, las víctimas no denunciaron por miedo a la mala publicidad.

• En México, la impunidad hace posible que la comisión de estos ilícitos tenga alto impacto en las finanzas públicas y corporativas. El aumento de delitos económicos es alarmante: casos de corrupción, malversación de activos, delitos cibernéticos, fraude en adquisición de bienes y servicios, fraude en capital humano, fraude contable, son cada vez más frecuentes.

Según cifras de la *Encuesta global de delitos económicos, Capítulo México*, de la firma PwC, en nuestro país 36% de los encuestados informó haber sido víctima de estos delitos.

La Auditoría Superior de la Federación (ASF) estimó que 86 mil millones de pesos fueron utilizados en desvíos, subejercicios, despilfarro de recursos públicos y pagos indebidos en el gobierno, y según Transparencia Mexicana en 2010 se destinaron 32 mil millones de pesos a *mordidas*, e incluso los hogares con salario mínimo destinan al año el 33 por ciento de sus ingresos para pagar actos de corrupción.[3]

Los costos sociales y la economía de los delitos de cuello blanco, principalmente fraude y corrupción, son preocupantes y tienen un impacto directo en la confianza ciudadana y en el deterioro institucional, y lo más grave, en numerosas ocasiones estos delitos son presentados como prácticas inevitables, conocidas y tácitamente toleradas por todos.

---

[3] Barragán, Daniela, "¿Cuánto le cuesta a México la corrupción, violencia y pobreza?", *Sin embargo*, 13 de agosto de 2015, http://www.sinembargo.mx/13-08-2015/1447572.

A través de la historia política se ha plasmado que quienes poseen el poder en los sistemas políticos lo han utilizado para explotar y victimizar a quienes se encuentran en las posiciones más desfavorecidas de los mismos. A finales de 1939, en medio de un clima político mundial desfavorable, el sociólogo estadounidense Edwin H. Sutherland acuñó el término *delito de cuello blanco* en la reunión anual de la *American Economic Society*, en Filadelfia. La delincuencia de cuello blanco, señaló en Filadelfia, se da en cualquier ocupación y puede descubrirse fácilmente a lo largo de una conversación casual con el representante de una determinada profesión. Basta con preguntarle: ¿qué prácticas deshonestas existen en su profesión? La delincuencia de cuello blanco en el mundo de los negocios se manifiesta sobre todo bajo la forma de manipulación de informes financieros de compañías, la falsa declaración de *stocks* de mercancías, los sobornos comerciales, la corrupción de funcionarios realizada directa o indirectamente para conseguir contratos y leyes favorables, la tergiversación de los anuncios y del arte de vender, los desfalcos y la malversación de fondos, los trucajes de pesos y medidas, la mala clasificación de las mercancías, los fraudes fiscales y la desviación de fondos realizada por funcionarios y consignatarios.

Los delitos de cuello blanco se llevan a cabo en esferas sociales sofisticadas, en medios aventajados y a través de métodos que permiten incrementar fortunas privadas, amenazando muchas veces con desarticular las estructuras más importantes de la economía de un país y la función misma del Estado.[4]

---

[4]Roque Díaz, José Rodrigo, "Delitos de cuello blanco", (En línea), disponible en: http://www.proceso.com.mx/283123/delitos-de-cuello-blanco, consultado el 29 de mayo de 2016 a las 22:18 hrs,

Entre los delitos de cuello blanco se pueden mencionar el fraude de garantías, violaciones antimonopolio, soborno, violaciones fiscales,[5] delincuencia financiera, peculado, enriquecimiento ilícito, lavado de dinero y tráfico de influencias, entre otros.

Precisamente donde más se ponen en evidencia las consecuencias aciagas de la corrupción y la impunidad, es en la serie de delitos de cuello blanco que quedan sin resolver y en la percepción de invulnerabilidad de los servidores públicos o altos funcionarios que cometen este tipo de delitos.

Parece que las malas prácticas de las administraciones de todos los órdenes de Gobierno relacionadas con la falta de castigo a los delincuentes de cuello blanco es de viejo cuño. La costumbre o tradición de evitar llegar hasta las últimas consecuencias cuando se trata de las acciones delictivas de los altos funcionarios es tan antigua como el Estado mexicano mismo.

Mariano Otero sabía de la importancia del régimen de responsabilidades en la construcción de un sistema democrático:

La sola aristocracia de las democracias es la aristocracia del saber, de la virtud, de los servicios: y si bien ésta no se improvisa no puede encontrarse fácilmente en una Nación que combatida por las revoluciones ha visto a la inmoralidad corromperlo todo, tampoco las constituciones son obra de una sola generación, es necesario crear desde ahora lo que ha de existir un día.[6]

[5] Geis Gilbert, *El delito de cuello blanco como concepto analítico e ideológico*, Universidad de California, EE.UU., p. 7.
[6] Monreal, Ricardo, *Origen, evolución y perspectivas del Federalismo mexicano*, Ed. Porrúa-UNAM, México, 2005, p. 117.

En aras de clarificar esta visión respecto de la corrupción e impunidad que constituían una mácula en la República, cabe traer a colación lo siguiente: "En una nación donde se perpetraron tantos crímenes y ningún castigo se impuso, felicitémonos si llegamos a conseguir que no queden impunes los que se hallan claramente definidos".[7]

El voto particular del destacado jurista jalisciense en la elaboración del Acta de Reformas de 1847 aclara el sentido de los artículos 16 y 17, extraordinariamente sencillos pero trascendentales, aunque lamentablemente se derogaron a la primera oportunidad con la intención de garantizar la impunidad a la que éste hacía alusión.

Tales dispositivos se referían al hecho de que el presidente sería responsable de los delitos comunes que cometiera durante el ejercicio de su encargo, y aun de los de oficio exceptuados por la Constitución, siempre que el acto no estuviera autorizado por la firma del secretario responsable. Asimismo, los secretarios del despacho responderían de todas las infracciones de ley que cometieran, ya fueran actos de comisión o de pura omisión.

Casi un siglo después, y con la intención de retomar un tema trascendental que había sido y sigue siendo objeto del soslayo por parte de la clase política, en cumplimiento a lo preceptuado en el artículo 111 constitucional, el Gobierno de la República expidió la Ley de Responsabilidades de los Funcionarios y Empleados de la Federación, del Distrito y Territorios Federales y de los altos funcionarios de los Estados, de fecha 21 de febrero de 1940.

---

[7] *Ibídem.*

La expedición de esta ley fue de importancia capital, en tanto que con excepción del primer intento realizado por la Ley de Responsabilidades oficiales de 1870 no se había logrado una efectiva labor de codificación ni tampoco se había dado cumplimiento a lo preceptuado en la Carta Fundamental de la República. En la exposición de motivos de la citada Ley de Responsabilidades Oficiales de 1940, se manifestaba, entre otras cosas, que:

> La conducta de los malos funcionarios, cuando queda indefinidamente impune, además de constituir un pernicioso ejemplo, puede conducir al pueblo a la rebeldía como único medio para libertarse de ellos, o bien puede llevarlo a la abyección, como resultado de un sometimiento importante, signo indudable de decadencia o bien, produce un estado latente de inconformidad y de rencor que lo hace ver al Gobierno, no como a entidad superior instituida para su beneficio, respetable y orientadora, que habrá de conducirlo al bienestar y al progreso, sino como un poder despótico, y concupiscente que sólo lo oprime y lo explota.

Este decreto, la Ley Federal de Responsabilidades de los Servidores Públicos, la reforma al título décimo del Código Penal y la relativa al llamado *daño moral* del Código Civil, así como la creación de la Secretaría de la Contraloría General de la Federación, pretendieron proporcionar el marco jurídico apropiado para la "renovación moral de la sociedad", postulada por el entonces titular del Ejecutivo federal (1982-1988), y cuya principal finalidad era proscribir la corrupción que había caracterizado al sistema político mexicano.

En esencia, éste fue el último gran intento político e institucional para abatir la corrupción y la impunidad que había caracterizado a una clase política percibida por la sociedad como inmoral y sin escrúpulos. Durante la administración federal 2000-2006 se derogaron apartados importantes de la Ley Federal de Responsabilidades de los Servidores Públicos y se creó la Ley Federal de Responsabilidades Administrativas de los Servidores Públicos.

De la misma forma, durante la LXII Legislatura se reformó una parte importante del Título Cuarto de la Constitución Política de los Estados Unidos Mexicanos; un intento anacrónico y ahistórico que abonó aún más a la confusión y al enredo que caracterizaban al régimen del fuero constitucional.

Durante esa Legislatura se llevaron a cabo sendos proyectos de reforma constitucional para echar a andar el llamado Sistema Nacional Anticorrupción; sin embargo, como ya se mencionó, los legisladores de los partidos mayoritarios *rasuraron* parte de las iniciativas ciudadanas más emblemáticas, como la llamada iniciativa "3 de 3", con el ánimo de seguir favoreciendo entre la clase política la opacidad que la caracteriza.

En suma, aunque discursivamente se ha conseguido instalar en la agenda pública el tema del combate a la corrupción, y aunque los esfuerzos mediáticos han permeado los espacios de opinión pública, se sigue padeciendo disfuncionalidad e ineficacia en los sistemas de procuración y administración de justicia.

No se cuenta con una Procuraduría autónoma, profesional y eficiente; no hay cuerpos de seguridad confiables y preparados; los tribunales no administran justicia, administran sus propios esfuerzos para mantenerse como una clase burocrática privilegiada, y el enredo legislativo que ha sido la marca de las últimas administraciones nos ha llevado al paroxismo institucional. La corrupción y la impunidad se mantienen incólumes como uno de los más grandes lastres de nuestra historia.

Lavado de dinero

Es una de las conductas que más lesiona a la economía de todo país y consiste básicamente en tratar como legal el dinero que proviene de actividades ilícitas. Las organizaciones criminales buscan una serie de alternativas que hagan parecer que el dinero que obtienen es legal para que pueda ser usado.

En el país esta actividad se regula en el Código Penal Federal bajo el nombre de "Operaciones con recursos de procedencia ilícita". Se castiga la adquisición, enajenación, administración, custodia, posesión, cambio, conversión, depósitos y retiros, inversiones, transferencia de recursos que provienen de una conducta antijurídica, así como el encubrimiento de cualquier dato relacionado con estos recursos.[8]

En 2015, según datos de la Unidad de Inteligencia Financiera de la Secretaría de Hacienda y Crédito Público, hubo 136 mil 558 reportes de operaciones inusuales que tienen altas sospechas de ser con recursos de proce-

---

[8] Véase el artículo 400 bis del Código Penal Federal.

dencia ilícita en el país. La cifra de enero a julio de 2016 asciende a los 72 mil 152 reportes.[9] Fue en la Ciudad de México donde se dio el mayor número de operaciones inusuales, puesto que poco más de un cuarto del total de las realizadas se hicieron en la capital.

Las cifras de comisión por este delito han ido en aumento: de 2006 a 2014, la Procuraduría General de la República reportó 2 mil 224 probables responsables detenidos por delito de operaciones con recursos de procedencia ilícita.[10] Se estima que los recursos económicos que se vinculan al lavado de dinero son de aproximadamente 2% del PIB anual, equivalente a 25 mil millones de dólares, una cifra que casi va a la par del crecimiento económico del país, por lo que este delito es uno de los que más impacto tienen en la economía nacional.

Peculado

El peculado es el delito que comete todo servidor público que para usos propios o ajenos distraiga de su objeto dinero, valores, fincas o cualquier otra cosa perteneciente al Estado, al organismo descentralizado o a un

[9] Véase *Estadísticas de recepción y denuncias*, Unidad de Inteligencia Financiera de la SHCP. Disponible en: http://www.gob.mx/cms/uploads/attachment/file/111662/Estadisticas_Recepcion_y_Denuncias_0716.pdf. [Consultado el 7 de julio de 2016].

[10] Véase en Aguirre Quezada, Juan Pablo, Lavado de dinero en México: alcances y retos pendientes, Instituto Belisario Domínguez, Senado de la República. Cuaderno no. 13, 2015. Disponible en: http://www.culturadelalegalidad.org.mx/recursos/Contenidos/ArtculosdeInteresGeneral/documentos/261634444-Lavado-de-Dinero-en-Mexico-Alcances-y-Retos-Pendientes-2015.pdf. [Consultado el 7 de julio de 2016].

particular, si por razón de su cargo los hubiere recibido en administración, en depósito o por otra causa, tal como lo establece el artículo 223 del Código Penal Federal.

En México, durante la actual administración federal se han registrado investigaciones, detenciones y arraigos a exgobernadores, legisladores e incluso a líderes sindicales, principalmente por estar implicados en delitos relacionados con desvíos de recursos.[11] Sin embargo, la norma general es la impunidad.

En los próximos años, frente a la alternancia política en algunas entidades federativas, veremos confrontación política más que justicia; actos de venganza por la corrupción desmedida que priva en todo el país por este tipo de conductas.

Cabe mencionar que dado el alto grado de impunidad que existe en México, solamente en los meses de marzo a diciembre de 2015 se logró consignar a 249 servidores públicos, de los cuales 126 obtuvieron autos de formal prisión.

Inclusive el que fuera candidato independiente, y ahora es gobernador de Nuevo León, Jaime Rodríguez Calderón *El Bronco*, inició una carpeta de investigación llamada *Operación Tornado* en contra de su antecesor, el priista Rodrigo Medina, y otros funcionarios entre los que destacan el extesorero Rodolfo Gómez Acosta; el ex secretario de Economía, Rolando Zubirán; el ex secretario de Obras Públicas, Luis Marroquín, y la exalcaldesa panista Margarita Arellanes, los cuales podrían llegar a ser inhabilitados por 10 años y tendrían que pagar una sanción de aproximadamente 210 millones de pesos.

---

[11] *ADN POLÍTICO*, "Los funcionarios acusados de peculado en el gobierno de Peña", (En línea), disponible en: http://www.adnpolitico.com/gobierno/2013/06/21/funcionarios-relacionados-con-desvio-de-recursos, México, Junio 21, 2013, consultado a las 22:06 horas.

Las dependencias u órganos estatales en los que se encontraron irregularidades mediante esta operación son:

- Metrorrey
- Secretaría del Trabajo
- Secretaría de Obras Públicas
- Secretaría de Desarrollo Económico
- Tesorería
- Secretaría de Seguridad Pública
- Secretaría de Educación
- Secretaría y Servicios de Salud
- Secretaría General de Gobierno
- Dependencias de Caminos
- Agua y Drenaje

Existen numerosos ejemplos de funcionarios en México que están relacionados con el delito de peculado; la lista sería interminable. Sin embargo, la regla es la impunidad, la cual en los próximos años, frente a un escenario de alternancia política en varias entidades federativas, puede ser intercambiada por una especie de cacería de brujas o, en el peor de los casos, por un esquema de complicidades y favores políticos.

Cohecho

Éste es uno de los delitos cometidos por los servidores públicos. Se define en la ley sustantiva federal penal como el acto mediante el cual un servidor público solicite, ya sea por sí o por medio de otra persona, dinero o alguna dádiva como contraprestación de realizar un acto relacionado con sus funciones.

En 2015, según datos del Secretariado del Ejecutivo, se reportaron cerca de 4 mil 600 delitos cometidos por servidores públicos; en lo que va de 2016 la cifra se eleva a mil 500 ilícitos cometidos,[12] entre los cuales los de mayor frecuencia son por cohecho. En la Ciudad de México la cifra es la más alta en comparación con los demás estados: en 2015 se reportaron 709 casos y 320 en 2016.

Y es que en el país el cohecho es una de las conductas más frecuentes entre las autoridades, la corrupción se ha institucionalizado y los niveles de transparencia están por los suelos. La opacidad es un freno (al parecer, protegido) para el desarrollo integral del país.

México se encuentra en el lugar número 95 dentro del índice de percepción de la corrupción que realiza Transparencia Internacional, obteniendo una calificación de 35, lo que representa que hay una percepción de 65% de corrupción en el país, una de las tasas más altas.[13]

México se encuentra entre los 20 países con servidores públicos más corruptos[14] y se ha estancado en su lucha contra tales prácticas, pues sólo sube unos pocos lugares año con año. Tal parece que el interés por terminar esta práctica es nulo.

---

[12] Véase el *Reporte de incidencia delictiva del fuero federal por entidad federativa 2012-2016*, Secretariado Ejecutivo del Sistema Nacional de Seguridad Pública. Disponible en: http://secretariadoejecutivo.gob.mx/docs/pdfs/fuero_federal/estadisticas%20fuero%20federal/Fuerofederal052016.pdf. [Consultado el 5 de julio de 2016].

[13] Véase *Corruption Perceptions Index 2015 (Percepción de la corrupción índice 2015)*, Transparency International. Disponible en: http://www.transparency.org/cpi2015#downloads. [Consultado el 6 de julio de 2016].

[14] Amparo Casar, María, *México: anatomía de la corrupción*, CIDE. Disponible en: http://imco.org.mx/wp-content/uploads/2015/05/2015_Libro_completo_Anatomia_corrupcion.pdf. [Consultado el 7 de julio de 2016].

La corrupción le cuesta al país muchísimo dinero. Existen aproximaciones de que las cifras llegan al 9% del Producto Interno Bruto, equivalente a 113 mil millones de dólares. Ese dinero podría canalizarse a otras acciones y programas de enfoque social, si se implementaran medidas de transparencia y combate a la corrupción.

Tráfico de influencias en México

A pesar de que México es un país grande, con un gran bono demográfico, hoy se encuentra ante un enorme obstáculo: la debilidad de sus instituciones, lo cual se refleja en un sistema legal y de justicia penal deficiente, en el que la corrupción y la impunidad son el principal lastre, lo cual genera un clima político opacado por la falta de compromiso y de actitud cívica, rodeado del cinismo por parte de los representantes de los distintos órdenes de Gobierno.

Gran parte de la clase política, lejos de sensibilizarse ante los problemas de inseguridad, injusticia, corrupción y pobreza, se sigue beneficiando de manera ilegítima de los recursos públicos. En algunos casos, estas corruptelas les cuestan la vida a las personas, particularmente a los más pobres y los más desprotegidos.[15]

Los escándalos protagonizados por familiares de funcionarios públicos, y en algunos casos por los mismos servidores, han evidenciado que el tráfico de influencias y el abuso del poder son prácticas recurrentes en el país. Según un sondeo nacional de vivienda realizado en 2013,

---

[15] Coparmex, *Declaración Tijuana: combatir la corrupción e impunidad y potenciar el desarrollo de México*. (En línea). Disponible en: http://www.coparmexensenada.com/noticias/declaracion-tijuana-combatir-la-corrupcion-e-impunidad-y-potenciar-el-desarrollo-de-mexico, consultado el 4 de junio de 2016 a las 22:07 horas.

el 90% de los encuestados consideró que en los distintos órdenes de Gobierno se utilizan ilegalmente las relaciones con funcionarios para obtener algún favor o recibir un trato especial.[16] El 38% de las personas afirmó que el uso de influencias ocurre en los tres órdenes de Gobierno; el 20% supuso que es frecuente en el Gobierno federal; el 19% aseveró que donde más se saca provecho de las relaciones con funcionarios es en los gobiernos municipales; el 13% pensó que esto ocurre constantemente en el Gobierno estatal; y sólo el 1% creyó que esto no sucede en ninguna instancia gubernamental.

[16] Parametría. *Encuesta Nacional en vivienda*. Representatividad: nacional. Número de entrevistas: 800 cuestionarios hechos a personas de 18 años en adelante, con credencial para votar que residan en el lugar de interés al momento de la entrevista. Fecha de levantamiento: del 30 de mayo al 2 de junio de 2013. Nivel de confianza estadística: 95%. Margen de error: (+/-) 3.5%. Diseño, muestreo, operativo de campo y análisis: Parametría S.A. de C.V. Método de muestreo: aleatorio sistemático con probabilidad proporcional al tamaño. Unidad de muestreo: las secciones electorales reportadas por el IFE.

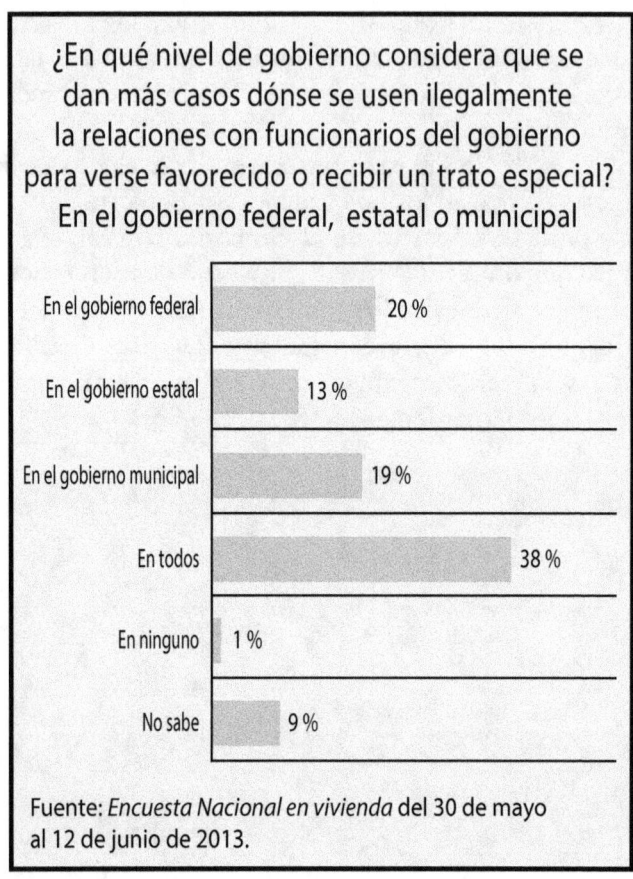

¿En qué nivel de gobierno considera que se dan más casos dónse se usen ilegalmente la relaciones con funcionarios del gobierno para verse favorecido o recibir un trato especial? En el gobierno federal, estatal o municipal

En el gobierno federal	20 %
En el gobierno estatal	13 %
En el gobierno municipal	19 %
En todos	38 %
En ninguno	1 %
No sabe	9 %

Fuente: *Encuesta Nacional en vivienda* del 30 de mayo al 12 de junio de 2013.

Contratismo, "moches" y diezmo, una práctica usual

Si bien hay bastantes autores que nos guían en el análisis de la corrupción, por cuestiones de enfoque retomaremos los niveles que Transparencia Internacional utiliza para la medición del impacto que aquélla tiene en un país. Para este organismo "la corrupción puede ser clasificada como gran escala, menor y política, en función de las cantidades de dinero que se pierde y el sector donde se produce".[17]

Corrupción a gran escala: se compone de actos cometidos en un alto nivel de Gobierno que distorsionan las políticas o el funcionamiento central del Estado, permitiendo a los líderes beneficiarse a expensas del bien público.[18] En otro sentido, es la "transferencia de activos públicos de maneras tales, que ello tiene efectos importantes sobre la riqueza de las organizaciones empresariales nacionales o internacionales."[19]

A. Contratismo

Se le conoce así a la actividad llevada a cabo dentro de la administración pública, mediante la cual se asigna a una empresa privada la realización de actividades propias de los organismos gubernamentales, en la que las licitaciones arregladas, las adjudicaciones directas y la complicidad corporativa son la regla operativa, no la excepción; una combinación de tráfico de influencias, "moches", fraudes y saqueos al amparo del poder público.

"Sin retribución no hay contratación", es el principio que rige al contratismo, el principio corruptor que impera en casi todos los ámbitos del Gobierno, como la seguridad pública, la salud, la construcción de infraestructura y la explotación de los recursos naturales.

---

[17] https://www.transparency.org/what-is-corruption#define (traducción propia).
[18] https://www.transparency.org/what-is-corruption#define (traducción propia).
[19] Susan Rose-Ackerman, *Corrupción y transparencia. Debatiendo las fronteras entre Estado, mercado y sociedad*, pág. 28. https://books.google.com.mx/books?id=-gW7hUGWttzAC&printsec=frontcover&source=gbs_ge_summary_r&cad=0#v=onepage&q&f=false.

223

Uno de los principales indicadores de los gobiernos *populistas* es el patrimonialismo. Todos estos gobiernos, sin excepción, devienen en cleptocracias patrimonialistas. La vía es el contratismo público. El manejo discrecional y opaco en la asignación de la obra pública es el nutriente cotidiano del populismo. Desde Oceanografía hasta Higa, desde La Estela de Luz hasta la Casa Blanca, todas son obras emblemáticas del uso patrimonialista y populista del erario público.

Como ejemplo, algunas de las prácticas que han hecho del contratismo petrolero mexicano una de las fuentes de corrupción más grandes en el país que son, entre otras, las siguientes: fianzas irregulares o por debajo del monto legal establecido; documentación fiscal y financiera clonada, en la que se consigna que las empresas contratistas están al corriente en el pago de sus impuestos y obligaciones ante Hacienda, IMSS e Infonavit; domicilios fiscales inexistentes; registro de trabajadores ante el Seguro Social con menores sueldos de los realmente devengados; contratación de trabajadores "pelones", es decir, sin contratos laborales formales y con cero prestaciones sociales; licitaciones arregladas, en las cuales una empresa presenta cotizaciones irrisorias, por debajo del costo real, y una vez adjudicado el contrato se le asignan ampliaciones presupuestales; incumplimiento de contratos y pagos al 100% de obras o trabajos inconclusos.

Antes de la reforma energética votada el 12 de diciembre de 2013 ya se sabía de muchos negocios turbios llevados a cabo al amparo de contratos de servicios dentro de Petróleos Mexicanos; en algunos de los casos más documentados y escandalosos sonaron siempre los nombres de familiares y amigos del Gobierno en turno.

Oceanografía es un botón de muestra del tipo de contratismo que se practica en Pemex al amparo de contubernios con el poder público y que, lejos de representar un caso aislado, es una modalidad de corrupción que podría generalizarse y arraigarse con la reforma energética. Radicada en la ciudad de Campeche, Oceanografía era una contratista de rango menor hasta la llegada de los gobiernos panistas a Los Pinos. En 2000 estaba quebrada y a punto de ser intervenida por el SAT por un adeudo fiscal de 120 millones de pesos.

De acuerdo con la comisión especial investigadora de la LIX Legislatura, entre 2002 y 2006 la empresa recibió 54 contratos por un monto de 5 mil 929 millones de pesos, gracias a documentadas y reiteradas intermediaciones de dos hijos y un hermano de Marta Sahagún: Manuel y Jorge Bribiesca Sahagún, y Guillermo Sahagún.

Según diversas investigaciones, de 2003 a 2013 la empresa naviera obtuvo más de 100 contratos con Pemex, mismos que en su totalidad llegaban casi a los 3 mil millones de dólares; lo anterior a pesar de que la relación contractual fuera revisada en 2006 por la Auditoría Superior de la Federación y de las más de 19 demandas presentadas contra la misma empresa en cortes estadounidenses, todas por la falta de pago en el arrendamiento de barcos y aviones. Además, se sabe que Oceanografía presentó facturas falsificadas por más de 585 millones de dólares para obtener préstamos a corto plazo en Banamex.[20]

---

[20] "Oceanografía ganó contratos por 3,000 mdd en diez años". *Forbes* staff. Ed. Forbes, 7 marzo 2014. Redacción online http://www.forbes.com.mx/oceanografia-gano-contratos-por-3000-mdd-en-diez-anos/#gs.4UIRfWw.

Esta empresa va más allá de ser un caso aislado, un simple fraude entre particulares o una operación de limpieza sin ribetes políticos: todas y cada una de las prácticas irregulares e ilegales por las cuales se inhabilitó y se aseguraron los bienes de esa empresa son el pan nuestro de cada día en el mundo del contratismo petrolero. Es un ejemplo emblemático del tipo de prácticas empresariales irregulares que traerá en el futuro la reforma energética.

Durante la actual administración federal el panorama no es muy distinto: para el reparto de la renta petrolera, el actual Gobierno ya tiene sus propias Oceanografías, conformadas por los nuevos políticos petroleros del sexenio. Diavaz (asociada con Protego, de Pedro Aspe), OHL México (donde el ex director de Pemex, Emilio Lozoya, fue consejero y directivo), Sempra México (que dirige el ex secretario de Comunicaciones y Transportes, Carlos Ruiz Sacristán), Morgan Stanley Private Equity (representada por Jesús Reyes Heroles Jr.), Oro Negro (al mando de Luis Ramírez Corzo, ex director de Pemex) y Proveedora de Servicios de Energía (propiedad de José María Córdova Montoya), entre otras.

Corrupción a pequeña escala: se refiere al abuso del poder encomendado todos los días por funcionarios públicos de bajo y de nivel medio en sus interacciones con los ciudadanos de a pie, que a menudo están tratando de acceder a los bienes o servicios básicos en lugares como hospitales, escuelas, departamentos de policía y otras agencias.[21]

Corrupción política: es una manipulación de las políticas, las instituciones y las normas de procedimiento en la asignación de recursos y la financiación por los

---

[21] https://www.transparency.org/what-is-corruption#define (traducción propia).

políticos con capacidad de tomar decisiones, que abusan de su posición para sostener su poder, estatus y riqueza.[22]

B. "Moches"

En 2006, después de la reñida y cuestionable elección presidencial en la que Felipe Calderón fue proclamado presidente de la República, los ánimos en el país se encontraban polarizados y divididos; el Congreso de la Unión no era ajeno a dicho escenario.

Ante un Poder Legislativo dividido y sin la posibilidad de que su bancada lograra el avance del presupuesto de egresos planteado, el nuevo presidente optó por ofrecer una bolsa de 5 mil millones de pesos que serían asignados a discreción por los representantes de la Cámara Baja: 10 millones que cada uno destinaría a la realización de obra pública, o Ramo 23, en los estados y municipios que ellos determinaran.

A pesar del cambio de Gobierno y de que el mismo tiene control absoluto del Congreso, con variación en las cantidades, es una práctica que se mantiene hasta nuestros días.

Es en ese panorama político donde un puñado de legisladores se encontró con la oportunidad de generar ganancias a partir de la asignación de recursos federales, una práctica en la que se condiciona la entrega de los mismos a cambio del pago de una comisión y de la contratación de una empresa amiga para la realización del proyecto.

En noviembre de 2013, en diversos diarios de circulación nacional, se dio a conocer que tal estrategia era utilizada por coordinadores de diversas bancadas de la

---

[22] https://www.transparency.org/what-is-corruption#define (traducción propia).

227

Cámara de Diputados para obtener ganancias a partir de recursos del Fondo de Pavimentación. En ese entonces diversos presidentes municipales, principalmente de Guanajuato y Aguascalientes, denunciaron el cobro de al menos el 35% de los recursos presupuestados y la obligación de que empresas específicas llevaran a cabo la realización de la obra.

Por los monopolios privados existentes en las telecomunicaciones, en la minería, en la construcción y en la industria agropecuaria, los mexicanos padecían un sobreprecio de hasta el 30%. Mientras que la corrupción del sector público representa un impuesto de hasta 20% para los mexicanos (en algunos casos es un poco más, como en los "moches" al presupuesto de obras municipales, donde la tasa es del 30%, sujeto a negociación política).

En días recientes esta práctica se denunció en el estado de Yucatán, nuevamente con legisladores de Acción Nacional involucrados en el escándalo.

C. Diezmos

Es el antecedente directo del "moche", y es la práctica común: pedir al menos el 10% de "comisión", dinero destinado a enriquecer a intermediarios y funcionarios que se corrompen. El propio Gobierno federal estimó en marzo de 2012 que la corrupción y el cohecho en las licitaciones públicas es hasta de 100 mil millones de pesos o entre el 7% y el 10% de todas las compras gubernamentales. Nuestra estimación es que podemos ampliar esta meta al cubrir a todo el sector público, incluyendo Pemex y CFE, donde la corrupción en contratos es rampante.

Otros delitos y actividades de alto impacto y su repercusión económica

Trata de personas

La trata de personas es la comercialización de seres humanos con fines de explotación, se refiere a todas aquellas actividades ilícitas que tienen como finalidad que los explotadores utilicen a sus víctimas como objetos que se venden y se compran, de acuerdo con su valor comercial, para obtener un beneficio, a través de:

* Explotación sexual
* Trabajos forzados
* Esclavitud
* Servidumbre
* Extracción de órganos
* Experimentos biomédicos

Cabe señalar que la trata de personas es una conducta delictiva propia de los grupos del crimen organizado; en este sentido, ésta constituye hoy por hoy la tercera actividad criminal mejor redituada, siendo superada en ganancias sólo por el tráfico de drogas y armas. Según datos de la ONU, este delito genera 32 mil millones de dólares estadounidenses cada año, datos coincidentes con los reportados por una de sus agencias: la Organización Internacional del Trabajo (OIT).

Por estas razones, resulta indispensable la intervención oportuna de las autoridades de los tres poderes de la Unión para prevenir, perseguir, castigar y finalmente erradicar tal atrocidad, que se ha convertido en un verdadero estigma social.

El crimen de trata de personas, generalmente, transcurre en tres fases esenciales y la primera es la de "enganche", en la que el tratante recluta a la víctima de forma indirecta mediante anuncios en medios impresos, o a través de las páginas de internet.[1] Los medios de comunicación pueden servir como escaparate para promocionar parte de los servicios que ofrecen las organizaciones criminales que se dedican al "lucrativo" negocio del tráfico de personas, pues la falta de normatividad y lo que podemos llamar el amplio potencial de dichos grupos del crimen para actuar entre los huecos de la ley, son los principales factores anuentes, tanto de la contratación como de la publicación de anuncios relacionados con este fenómeno.

Las nociones más generales respecto de lo que implica el flagelo de la trata de personas se relacionan mayormente con las actividades que tienen que ver con la explotación sexual obligada de hombres, mujeres y niños por medio de la violencia física o moral, engaño o el abuso de poder. Empero, debe recordarse que todo aquello que tiene que ver con trabajos o servicios forzados, esclavitud o prácticas análogas a la esclavitud, servidumbre, o la extirpación de un órgano, tejido o sus componentes también constituye la sustancia del delito.

A la conducta típica de trata de personas se le puede agregar el supuesto de hecho identificado con el tráfico de personas asociado al enrolamiento obligado a

---

[1] Organización Internacional para las Migraciones. Informe *Trata de personas: aspectos básicos*, https://www.gob.mx/cms/uploads/attachment/file/44029/Libro_la_Trata_de_Personas_Aspectos_Basicos.pdf.

pandillas, bandas o grupos de la delincuencia organizada, situación que ha sido motivo de atrocidades, sobre todo en el norte del país, y como ejemplo basta con mencionar cualquiera de las masacres de migrantes.

Por otra parte, el tráfico ilegal de personas va en aumento en las fronteras que existen entre países ricos y países pobres, lo cual afecta no sólo la estabilidad de los auténticos refugiados, sino la soberanía y seguridad territorial de las naciones.[2]

El comercio ilícito de seres humanos involucra mayoritariamente a los grupos más vulnerables: mujeres y niños. Asimismo, se da por dos razones principalmente: el ejercicio de la prostitución y la obligación al trabajo forzado.

Naciones del grupo asiático mantienen una estrecha vinculación delictiva con países, sobre todo subdesarrollados, a fin de acaparar mujeres y menores desprotegidos, que por medio del engaño y falsas promesas son llevados a esas naciones y, una vez incomunicados, amenazados, menospreciados y maltratados física y psicológicamente, son obligados a ser fuente de la disolución.[3] Lamentablemente, la trata de personas con fines de explotación sexual a menudo va acompañada de otros ilícitos igualmente deleznables, como el secuestro, la extorsión, las amenazas, el chantaje y las lesiones.

Muchas veces el secuestro de migrantes se relaciona con la extorsión y la consecuente exigencia del pago de su rescate; es decir, una vez que son secuestrados en territorio mexicano, llaman a sus familias para pedirles una

[2] Bruccet Anaya, Luis Alonso (2001), *El crimen organizado (origen, evolución, situación y configuración de la delincuencia organizada en México)*, Editorial Porrúa, México, 2001, P. 680.
[3] *Ibídem*, p. 686.

cierta cantidad de dinero para poder liberarlos; en caso de no pagar su libertad son obligados, mediante amenazas o coacción, a trabajar para ellos ya sea de *morraleros* o *burreros* —así se les denomina a quienes son obligados a cruzar droga por la frontera hacía el territorio de Estados Unidos de América—. Algunos otros son utilizados para realizar trabajos en el campo, como cultivar y cosechar, así como para llevar a cabo labores de albañilería, o como mensajeros, transportistas y en determinados casos son reclutados para ser sicarios.

En el caso de las mujeres, la mayoría son utilizadas y forzadas a realizar labores domésticas, como la preparación de alimentos para el grupo, y son obligadas a mantener relaciones sexuales con sus victimarios.

Por ejemplo, entre 2009 y 2015 se presentaron 244 denuncias por el delito de trata contra mujeres extranjeras. En algunos de esos casos estuvieron involucrados servidores públicos.

Las víctimas de ese delito provienen en su mayoría de Guatemala y Honduras, pero también de otros países, como El Salvador, Italia, Colombia, Paraguay, Argentina, Venezuela y Nicaragua, y fueron traídas a nuestro país con fines de explotación sexual.

Durante el periodo mencionado, la PGR, a través de la Fiscalía Especial para los Delitos de Violencia Contra las Mujeres y Trata de Personas (Fevimtra), atendió en un refugio especializado a 42 mujeres de origen extranjero; la menor fue una niña guatemalteca de tan solo nueve años de edad.

En ese refugio la Fevimtra brinda alojamiento temporal a las víctimas, así como atención integral que incluye tratamiento psicológico.[4]

---

[4] García, Dennis. "En siete años, PGR da refugio a 42 extranjeras víctimas de trata", *El Universal*, 7 de agosto de 2016, sección Nación, p. A9.

Por otra parte, el 23 de mayo de 2013 se creó la Fiscalía Central de Investigación para la Atención del Delito de Trata de Personas en la Ciudad de México. A continuación se muestran las estadísticas en el combate del delito de trata de personas desde la creación de la Fiscalía, al mes de abril de 2016.

Estadística de trata de persona en la Ciudad de México y en la delegación Cuauhtémoc	
Víctimas mayores de edad	1,147
Víctimas menores de edad	35
Total	1,182
Consignados	494
Total sentencias	107
Sentenciados	253
Operativos	612
Inmuebles asegurados	103

Estadística de la trata de personas en la Ciudad de México y en la Delegación Cuauhtémoc

Según la Comisión de Derechos Humanos del Distrito Federal (CDHDF), en México "la trata de personas cuando se realiza con fines de explotación sexual, afecta particularmente a las mujeres y constituye el segundo delito más importante desde la perspectiva del crimen organizado."[5]

Respecto a la estadística en México (CNDH, 2014), entre 2009 y 2011 se registraron sólo 629 averiguaciones previas en el país por el delito de trata de personas

---

[5] Gómez Gallardo, Perla (2015). *La trata de personas con fines sexuales, segundo delito más importante del crimen organizado.* Comisión de Derechos Humanos del Distrito Federal CDHDF. México.

en el fuero común y en el fuero federal; el 32% de estas investigaciones correspondió a actuaciones del Gobierno federal. Es importante mencionar que los estados de Aguascalientes, Tlaxcala, Chihuahua, Chiapas, Puebla, Oaxaca, Veracruz e Hidalgo y ahora la Ciudad de México, concentran 81% del total de averiguaciones previas sobre trata de personas del fuero común. En el fuero federal se observa mayor dispersión, aunque también sobresalen los estados de Chiapas, Veracruz y Tlaxcala, según información de la PGR.

La Ciudad de México encabeza la lista de personas detenidas por este tipo de delito, y también la lista con 112 lugares en donde ocurrieron los hechos de 2008 a 2013.

La delegación Cuauhtémoc presenta cifras preocupantes en el tema. En la estadística de la Fevimtra se describen los siguientes hallazgos:

Resultados globales en la delegación Cuauhtémoc de 2009 a 2016						
Año	Averiguaciones previas	Víctimas mayores rescatadas	Víctimas menores rescatadas	Consignados	Operativos	Inmuebles asegurados
2009	8	32	12	31	35	8
2010	6	13	4	22	44	6
2011	8	12	8	18	52	2
2012	8	9	3	10	64	3
2013	23	130	4	78	93	23
2014	20	98	3	36	67	20
2015	15	77	3	27	59	15
2016	6	23		20	16	6
Total	94	394	37	242	430	83

En lo que va de 2016, en la delegación Cuauhtémoc se tienen 6 averiguaciones previas, 23 víctimas rescatadas, 20 personas consignadas, 16 operativos y 6 inmuebles asegurados.

La trata de personas es un problema en la Delegación Cuauhtémoc y uno de los delitos más vergonzosos que existen en los niveles internacional, nacional y local, ya que priva de su dignidad a miles de personas que, engañadas, son víctimas de este fenómeno, considerado un crimen de lesa humanidad.

Estas víctimas pueden ser mujeres, hombres y niños de provincias del país o de algunas partes de Sudamérica y Centroamérica, principalmente, aunque también provienen de otras partes del mundo.

235

La Ciudad de México, y principalmente el centro de la misma, es un punto de origen, tránsito y destino donde se explotan víctimas de este tipo de delito. Este tipo de delito constituye una de las investigaciones complicadas, ya que en la trata de personas es difícil que las víctimas denuncien o declaren, tanto por el alto nivel de organización de quienes lo cometen, como de las circunstancias particulares en que se encuentran las víctimas o posibles víctimas, quienes generalmente se rehúsan a colaborar con las autoridades durante la investigación de los hechos.

Resultados obtenidos en el combate a la trata de personas en la delegación Cuauhtémoc, en el periodo 2009-2016

Globales delegación Cuauhtémoc por año de 2009 a 2016						
Año	Averiguaciones previas	Víctimas mayores rescatadas	Víctimas menores rescatadas	Consignados	Operativos	Inmuebles asegurados
2009	8	32	12	31	35	8
2010	6	13	4	22	44	6
2011	8	12	8	18	52	2
2012	8	9	3	10	64	3
2013	23	130	4	78	93	23
2014	20	98	3	36	67	20
2015	15	77	3	27	59	15
2016	6	23		20	16	6
Total	94	394	37	242	430	83

Puntos en la delegación Cuauhtémoc donde se ha detectado que existe trata de personas y que son susceptibles de realizar operativo	
1.	Bar denominado "El búho tropical", ubicado en Dr. Lavista 190 Col. Doctores.
2.	*Table dance* denominado "Queen's" ubicado en Insurgentes Sur 210 Col. Roma.
3.	Bar denominado "Oxford" actualmente "París" ubicado en Oxford 27 Col. Juárez.
4.	Casa de citas sin denominación, ubicada en Monterrey 219 esquina tapachula, Col. Roma.
5.	Bar denominado "Balalaica", ubicado en Eje Central 95 esquina Dr. Martínez del Río, Col. Doctores.
6.	*Table dance* denominado "Clóset" ubicado en Saltillo 67, Col. Hipódromo Condesa.
7.	Bar denominado "El gran marqués", ubicado en Violeta 72, Col. Guerrero.
8.	Bar denominado "Las yardas", ubicado en Plaza Garibaldi.
9.	Bar denominado "The Angel's" ubicado en Plaza Garibaldi.
10.	Bar denominado "Tin Tan", ubicado en Plaza Garibaldi.

Estadística de la trata de personas en la Ciudad de México

Acciones y operativos especializados de detención y recuperación en materia de trata de personas en la delegación Cuauhtémoc
Procuraduría General de la República 2009-2016[6]

---

[6] Fuente: Elaboración propia y datos de la Fiscalía Especial para los Delitos de Violencia contra las Mujeres y Trata de Personas.

Delegación Cuauhtémoc 2009	
Espacio/grupo/tratante	Ubicación
Karla	Circunvalación
Universo y Topacio	Circunvalación
Gasolinera	Guerrero
Mastranzo I y II	Pino Suárez
Payaso	Buenista
Violeta	Merced
El Botas	Circunvalación
5 Hoteles	Buenavista

Delegación Cuauhtémoc 2010	
Espacio/grupo/tratante	Ubicación
Hotel Oviedo	San Plablo
Cantina	Centro
Internet Buenavista	Buenavista
Pasarela-Callejón de Santo Tomás	Centro
Húngaros	Guerrero
Vallarta	Buenavista

Delegación Cuauhtémoc 2011	
Espacio/grupo/tratante	Ubicación
Oaxaca	Merced
Ciria	Merced
Winny	Buenavista
Dominga	Circunvalación
Lizbeth	Buenavista
Manzanares	Centro
Hondureñas	Merced
Ale	Sullivan

Fuente: Elaboración propia y Fiscalía Especial para los delitos de Violencia contra las Mujeres y Trata de Personas.

Delegación Cuauhtémoc 2012	
Espacio/grupo/tratante	Ubicación
Veracruz	Merced
Madia-Perla-Berenice	Sullivan
Hospital Xoco	Pino Suárez
Pamela	Pino Suárez
Guatemalteca	Sullivan
Viridiana	Sullivan
Danahe y Ramón	Buenavista

Delegación Cuauhtémoc 2013	
Espacio/grupo/tratante	Ubicación
Sordomudos	Pino Suárez
Discapacitada	Merced
Baja California	Roma
Córdova	Merced
Puebla	Roma
Valeria	Niños Héroes
Spa masajes	Roma Sur
La Negra	Buenavista
Tepeji	Roma
El Toño	Buenavista
Negro de Guadalajara	Sullivan
Solid Gold	Juárez
M. Obrera	Obrera
Tratante Gabriel	Merced
Azteca	Centro
Savoy	Centro
Spa Versalles	Centro
Obsesión	Roma
Tentación	Doctores
Enfermera	Portales
Guanajuato	Merced
Pareja	Circunvalación
Cande	Merced
El Brujo	Merced

Delegación Cuauhtémoc 2014	
Espacio/grupo/tratante	Ubicación
Cumbres de Acutltzingo	Lázaro Cárdenas
Spa Niágara	Cuauhtémoc
Calígula	Roma Sur
Trata pareja	San Pablo
Trata Ibero	Portales
San Pablo del Monte	Buenavista
San Pablo del Monte PGR	Buenavista
Hidalgo-Zarco	Centro
Fakir	Centro
Concubinos	Merced
Xtrem Sport	San Rafael
Casa de citas	Roma
Pareja Corregidora	Centro
Casa de citas Lesly	Guerrero
Bar Elite, México lindo y bohemio	Juárez
Buenavista y Morena	Buenavista
Buenavista y Morena D1	Buenavista
Zócalo	Pino Suárez
Terapéuticos	Condesa
Divas venezolanas	Insurgentes

Delegación Cuauhtémoc 2015	
Espacio/grupo/tratante	Ubicación
Casa de citas	Roma
Tenancingo	Sullivan
Condesa	Condesa
La Cigarra	Garibaldi
Buenavista	Buenavista
L. Donaldo Colosio	Buenavista
Tlalpan y Pesado	Obrera
Teatro Garibaldi	Centro
Spa Sinaloa	Roma
San Simón	Merced
El Sultán	Centro
Los Carreto	Merced
Gelatinas	Centro
Baja California	Roma
Katrina	Cuauhtémoc
DeseXXX3	Centro

Delegación Cuauhtémoc 2016	
Espacio/grupo/tratante	Ubicación
Oaxaca	Merced
Karaoke	Cuauhtémoc
Roquita y Greco	Centro
Sentatione Elite	Juárez
Metro Hidalgo	Centro
Pino Suárez	Centro

Puntos de trata de personas con fines de explotación sexual en la delegación Cuauhtémoc 2016
Dirección General de Seguridad Pública[7]

[7] Fuente: Fiscalía Especial para los Delitos de Violencia contra las Mujeres y Trata de Personas. "Puntos sujetos a investigación por posible trata de personas en la Delegación Cuauhtémoc. Trata de Personas en la CDMX-Diagnóstico 2009-2016". Procuraduría General de la República. *Estadística de trata de personas.* PGR. México.

Tabla

Ubicación	Explotación de prostitución
Zona de la Merced	350-400
Colonia Buenavista	250-300
Colonia Juárez	180-210
Colonia Guerrero	50-60
Colonia Roma-Condesa	50-60
Zona Catedral	15-20
Plaza Martí	15-20
Plaza Garibaldi	15-20
Santa María la Ribera	15-20

Por lo que respecta a la punibilidad del delito de trata de personas, se aprecia una clara diferencia entre el número de averiguaciones previas y el número de sentencias. La PGR concentra el 30.3% de las averiguaciones previas, y de éstas, el número de sentencias dictadas corresponde solamente al 3.2%.[8]

Inclusive la CNDH ha reconocido que el número total de sentencias es muy reducido y no corresponde a las necesidades de impartición de justicia que se busca en México. El número reducido de sentencias en la materia está directamente relacionado con el fenómeno de la impunidad.

Por otra parte, la capacitación y sensibilización respecto de las implicaciones de este enorme flagelo, dirigida a operadores jurídicos a nivel federal y local, es casi nula. La ausencia de operativos constantes denota

---

[8] CNDH. (2013). *Diagnóstico sobre la situación de la trata de personas en México.* México: CNDH.

la falta de proactividad o de compromiso de parte de las autoridades. Se han documentado casos de víctimas que al momento del operativo o inspección no pudieron ser identificadas como tales, a pesar de haber tenido contacto con las autoridades.[9] El Instituto Nacional de Migración reporta haber practicado 11 mil 436 visitas de verificación (hasta el 30 de septiembre del 2012); sin embargo, no se informa haber detectado a una sola víctima de trata de personas.[10] Cabe mencionar que esto último puede responder al hecho que cuando se iba a realizar un operativo por parte del INM, generalmente un "chivato", "antena" o "soplón" se encargaba de avisar a sus colegas o posibles socios.

No obstante, otro reporte anual de las delegaciones federales del INM, que abarca todo 2012, documenta que realizaron en ese periodo un total de 567 visitas, identificando tres víctimas del delito de trata de personas.[11]

Las víctimas de este delito son albergadas en su mayoría en centros de rehabilitación o asilos; empero, por lo general no existen refugios especializados en la materia. Las víctimas requieren una atención especial para recuperar su estado emocional y físico, así como un adecuado proceso de reinserción social y rehabilitación.

Es tal la falta de espacios e instituciones adecuadas para brindar la atención que requieren las víctimas de trata, que se ha llegado al absurdo de identificar a algunos centros de asistencia donde las mencionadas víctimas son doblemente victimizadas, siendo objeto de la

---

[9] Recomendación 51/2008.
[10] Oficio INM/DGJDHT/DDH/2709/2012, del 15 de octubre de 2012.
[11] Oficio INM/DGJDHT/DDH/1217/2013, del 2 de agosto del 2013.

comisión de otros ilícitos,[12] como el abuso sexual de parte del personal.

Mientras no se aboque la totalidad del Estado mexicano a confrontar de manera seria y responsable el flagelo de la trata de personas, no existirán las garantías suficientes para brindar atención y seguridad a las víctimas, orillándolas con ello a tolerar tratos crueles, humillantes, degradantes y totalmente contrarios a la dignidad humana.

Se han reportado casos de víctimas de trata que son abusadas en los propios centros o lugares de atención y rehabilitación, obligándolas a escapar, para volver a su antiguo estilo de vida ante la falta de oportunidades. Una inadecuada rehabilitación, la ausencia de información respecto de los derechos de las víctimas y las escasas posibilidades que tienen de regularizar su situación migratoria, en el caso de los extranjeros indocumentados, potencian los abusos y la impunidad que alimentan las redes de trata.

Secuestro

Entrando al análisis general de cifras respecto a este delito, en 2015 a nivel nacional se reportaron aproximadamente 1,306 secuestros,[13] con un impacto económico aproximado de 7 millones 654 mil 466 pesos.[14]

---

[12] Oficio 5217/12/DGPCDHAQI, del 20 de junio del 2012, de la PGR.

[13] Véase el *Informe de víctimas de homicidio, secuestro y extorsión 2015* del Secretariado Ejecutivo del Sistema Nacional de Seguridad Pública. Disponible en: http://secretariadoejecutivo.gob.mx/docs/pdfs/victimas/Victimas2015_122015.pdf. [Consultado el 16 de junio de 2016].

[14] Según información de la ENVIPE 2015 el costo total a consecuencia de la inseguridad y el delito en hogares representa un monto de 226.7 mil millones de pesos, es decir, el 1.27% del PIB. Lo cual equivale a 5,861 pesos por persona afectada a nivel nacional.

Por su parte, en la Ciudad de México se reportaron 62 secuestros, con un impacto económico promedio de 496 mil 868 pesos.[15] De enero a junio de 2016 se han reportado 621 secuestros a nivel nacional,[16] que han generado un impacto económico aproximado de 3 millones 639 mil 681 pesos. En la Ciudad de México se han reportado 28 secuestros en la primera mitad del año, con un impacto económico de 224 mil 392 pesos aproximadamente.

Extorsión

> *"Leges Illae Optimun Quae Arbitrio Judicia Pauca Relin-*
> *quunt"*
> (Las mejores leyes son las que menos dejan al arbitrio del juzgador).
>
> Adagio latino

Derivado del crimen de extorsión, en México se creó una aplicación llamada "No más extorsiones" lo cual, de acuerdo con el INEGI, refleja el hecho de que este delito es el segundo que más se comete a nivel nacional,[17] y ya existen en la base de datos alrededor de 112 mil números telefónicos utilizados para extorsionar.

---

[15] Para el caso de la Ciudad de México aumenta el costo por delito, siendo en promedio de 8,014 pesos por persona afectada según información de la ENVIPE 2015.

[16] Véase el *Informe de víctimas de homicidio, secuestro y extorsión enero-junio 2016* del Secretariado Ejecutivo del Sistema Nacional de Seguridad Pública. Disponible en:
http://secretariadoejecutivo.gob.mx/docs/pdfs/victimas/Victimas2016_062016.pdf.

[17] http://www.eluniversal.com.mx/articulo/metropoli/df/2016/03/1/van-mas-de-119-mil-denuncias-de-extorsion-traves-de-app.

247

En el primer año de la administración del actual titular del Ejecutivo (2013), hubo 8,042 denuncias de extorsión,[18] lo que implicó un aumento del 10.59% en comparación con las denuncias presentadas en 2012; y si se realiza un comparativo histórico contra aquellas realizadas en 1997, tenemos un aumento de 818%, un porcentaje realmente alarmante, ya que estas cifras representan prácticamente el recibir una denuncia de extorsión por cada hora que transcurre en México.

Cobro de derecho de piso

Una nefasta tradición en Italia es la denominada *pizzo*, es decir, el pago de "derecho de piso" que la gran mayoría de los comerciantes le tributa a las mafias, entre ellas a la Cosa Nostra y la Camorra.

El 29 de junio de 2004 una asociación de consumidores en Palermo, ya cansada y frustrada del claro dominio de la mafia sobre la economía local, se encaminó hacia la tarea de colocar carteles y calcomanías en postes, cabinas de teléfono y paredes con un claro mensaje: "Un pueblo entero que paga *pizzo* es un pueblo sin dignidad".

En México, las empresas constructoras y distintos negocios padecen del fenómeno denominado *derecho de piso*, una modalidad de extorsión por parte del crimen organizado, que argumenta una supuesta seguridad y facilidades en trámites, permisos o licencias. Suele ser usada por funcionarios públicos infiltrados que desempeñan

---

[18] La información estadística oficial sobre incidencia delictiva se construye a partir de los datos sobre las denuncias presentadas ante las procuradurías generales de justicia de los estados y ante la Procuraduría General de la República mediante el formato CIEISP.

un papel importante al conseguir papelería relacionada, sellos o información acerca de los negocios de la demarcación. Las empresas mexicanas padecen este fenómeno de manera continua y constante a lo largo y ancho de la República Mexicana. En el estado de Guerrero, y en la mayor parte de entidades federativas y municipios, las empresas constructoras no pueden edificar si no pagan este tributo al crimen organizado; generalmente, cuando existe una negativa por parte del empresario o encargado de obra a realizar el tributo, se dan secuestros de familiares y a veces del personal que allí labora, o bien la destrucción o asalto del negocio.

El 15 de octubre de 2015 la empresa Coconal informó al centro de la Secretaría de Comunicaciones y Transportes que un grupo del crimen organizado exigía el pago de derecho de piso para que les permitieran trabajar:

> La empresa informó que a las 13:00 horas aproximadamente se presentaron ante el personal de la misma, un grupo de personas que los amenazaron exigiendo pretensiones económicas, debiendo suspender los trabajos en todos sus puentes hasta en tanto no existiera un arreglo, bajo riesgo de poner en peligro la vida.

Esta situación generalmente lleva a la suspensión de labores y obra por parte de la empresa. Esta supuesta seguridad ofrecida por el crimen en realidad sólo implica un aumento considerable en el costo de operación de los distintos negocios y empresas.

El Gobierno mexicano conoce plenamente este fenómeno, y en lugar de brindar seguridad o una red de protección hacia los negocios, suspende obras y eleva costos desorbitadamente, dando una sensación de abandono a estos empresarios y, por lo tanto, una considerable reducción en tasas de empleo. El costo de no invertir implica grandes pérdidas económicas, y dejar obras a medio construir es un legado que persiste entre gobiernos municipales y estatales.

La ciudadanía en Italia realmente está poniendo el ejemplo, aun con todos los antecedentes históricos relacionados con la mafia, extorsión y asesinatos. Jóvenes ciudadanos reunidos y organizados dijeron *basta* a la extorsión; así fue como nació la organización civil "Addiopizzo", que apoya a los negocios italianos a través de asesorías jurídicas, iniciativas de ley, protección ciudadana a aquellos que forman parte de la red, e incentiva el consumo crítico a negocios locales a través de la sensibilización ciudadana, demostrando que éste es un problema de conjunto que el Gobierno solo no puede resolver, unidos sí.

En México seguimos contemplando y esperando ese momento de unirnos... El pago por derecho de piso no es cuantificable, pero es considerable, dado que llega hasta la localidad más pequeña y al negocio más modesto. Es un delito en auge y en aumento en los últimos años.

Violación

De acuerdo con el Protocolo de atención para personas que han sufrido el delito de violación emitido por la Secretaria de Seguridad Pública en 2009,[19] en nuestro país

---

[19] Ver en línea http://www.equidad.scjn.gob.mx/biblioteca_virtual/publicacionesRecientes/Violencia/11.pdf.

la violación sexual y violación equiparada constituyen algunos de los principales hechos delictivos denunciados ante instancias judiciales en las entidades federativas; en 1997 se registraron 11 mil 664 casos de violación, en tanto que para 2006 esta cifra fue de 13 mil 953.

La violencia sexual, en su modalidad de violación, constituye una conducta criminal que afecta física, psíquica, moral y emocionalmente a las víctimas directas e indirectas, así como a la sociedad en general. Asimismo, las principales víctimas de la violación sexual son las mujeres de cualquier edad. No obstante, cabe recalcar que la violencia sexual no es exclusiva de género, sexo, edad o condición socioeconómica de las personas receptoras de violencia, aunque las más vulnerables son las mujeres.

La "ganancia" que obtiene el violador al cometer este delito es en la mayoría de los casos psíquica; sin embargo, tiene ciertos costos para éste, como pueden ser materiales (herramientas y equipos utilizados para ejecutar este delito), monetarios y temporales. Empero, también existen costos psíquicos como la ansiedad, el miedo y la culpa, aunque hay violadores que no tienen ningún tipo de remordimiento o culpa.

El factor tiempo generalmente puede elevarse al cuadrado, ya que además del que el delincuente "invirtió" planeando el delito en su mente, en caso de ser descubierto y llevado a prisión se tendría que añadir el costo temporal implicado en la pena privativa. El castigo para este delito es de 8 a 20 años de prisión, según lo disponen los artículos 265 y 265 Bis del Código Penal Federal.

Supongamos que el delincuente es condenado a nueve años de prisión, y que este individuo produce económicamente 100 mil pesos al año de manera legal y comprobable. El costo del castigo esperado sería de 900 mil pesos por los años recluido. Y debe añadirse otro factor: la corrupción carcelaria. Por ese concepto se tendrían que sumar costos por seguridad, pase de lista, alimentos, visita conyugal, etcétera.

NÚMERO DE CASOS **DENUNCIADOS** POR VIOLACIÓN

* EDO. MÉXICO 1.545
* CHIHUAHUA 917
* CHIAPAS 741
* GUANAJUATO 724
* CIUDAD DE MÉXICO 711
* BAJA CALIFORNIA 687
* NUEVO LEÓN 614
* PUEBLA 548
* TAMAULIPAS 531
* QUINTANA ROO 519

FUENTE: Secretariado Ejecutivo del Sistema Nacional de Seguridad Pública (SESNSP) 2015

Los delincuentes más propensos a cometer este tipo de delitos generalmente están entre los 20 y los 30 años de edad, promediando un 40% en México.[20]

Por otra parte, el costo que le genera a la sociedad el delito de violación es altísimo, llegando a ser más oneroso que el robo de automóvil, ya que en este delito tenemos a una víctima que necesitará una intensa y prolongada rehabilitación y en muchos casos inclusive hospitalización.

Las secuelas psicológicas derivadas de este delito, sin una terapia adecuada, pueden ser graves y persisten-

---

[20] Andrés Roemer. *Economía del crimen*. México. 2002. Ed. Limusa.

tes. La víctima generalmente pierde confianza y seguridad, y tiende a proyectar esa desconfianza hacia el otro género, lo que puede dificultarle tener una relación sana de pareja.

En la parte económica no solamente pierde la víctima, sino también la sociedad y la familia misma al generarse un periodo de rehabilitación y, por lo tanto, un periodo de erogaciones extraordinarias y de ausencia de percepción de ingresos. Este tipo de gastos debería asumirlos el delincuente por arruinar drásticamente el proyecto de vida de la víctima.

Dadas las consecuencias psíquicas, fisiológicas, sociales y económicas de este delito, resulta muy atractiva la opción de reducir la frecuencia de tal ilícito mediante el aumento de la pena corporal y la adjudicación de todos estos gastos al imputado.

Sin embargo, no debe dejarse de lado la mejora de la política criminal preventiva y la modernización y profesionalización de las técnicas de investigación. De esta manera, los violadores se enfrentarían a costos de oportunidad más altos y así disminuirían sus incentivos para entrar en la realización de este funesto delito.

Prostitución infantil

La Declaración de Estocolmo, adoptada en el Congreso mundial contra la explotación sexual comercial infantil en 1996, define a esta como "una forma de coerción y violencia contra los niños [que] equivale al trabajo forzoso y a una forma contemporánea de esclavitud".[21]

---

[21] Ver en línea: http://www.iin.oea.org/iin/Luciana/Pdf/3.5%20EXPLOTA-CI%C3%93N%20SEXUAL/CONGRESOS%20MUNDIALES%20DE%20

Mientras que en el *Protocolo de Naciones Unidas para prevenir, reprimir y sancionar la trata de personas, especialmente de mujeres y niños* (conocido como *Protocolo de Palermo*), la definición del término *explotación* incluye "la explotación de la prostitución ajena u otras formas de explotación sexual, los trabajos o servicios forzados, la esclavitud o las prácticas análogas a la esclavitud, la servidumbre o la extracción de órganos".[22]

De acuerdo con Humanium, ong internacional de apadrinamiento de niños comprometida a acabar con las violaciones de los derechos de la niñez en el mundo,[23] la prostitución infantil se entiende por el uso de niños en actividades sexuales a cambio de una remuneración o cualquier otro tipo de retribución (por ejemplo regalos, comida o vestimenta). Esta actividad se inscribe también bajo el término *explotación sexual*.

Por ende, estas niñas y niños trabajan contra su voluntad en las calles o en establecimientos como burdeles, discotecas, centros de masajes, bares, hoteles o restaurantes. De acuerdo con el reporte de Humanium, en Pakistán, por ejemplo, más del 95% de los conductores de camiones tienen relaciones sexuales con niños varones.

Así, los explotadores sexuales tienen como blanco a los niños, ya que se aprovechan de su docilidad, puesto que poseen menor capacidad y fuerza para defenderse. Este delito se da regularmente por dos situaciones:

EXPLOTACION%20SEXUAL,%20REVISAR/Primer%20Congreso%20Mundial%20contra%20la%20Explotaci%C3%B3n%20Sexual%20Comercial,%20Declaraci%C3%B3n%20y%20Programa%20de%20Acci%C3%B3n,%20espa%C3%B1ol.pdf.

[22] Protocolo de Naciones Unidas para prevenir, reprimir y sancionar la trata de personas http://hrlibrary.umn.edu/instree/Strafficking.html

[23] Ver en línea: http://www.humanium.org/es/prostitucion-infantil.

1. Por querer obtener un sentimiento de poder sexual o económico.
2. Por buscar experiencias nuevas o por la sensación de impunidad que proporciona el anonimato.

De acuerdo con el reporte de Humanium, las causas de la prostitución infantil o explotación sexual se dan por los siguientes factores:

1. Pobreza: es la causa principal de la prostitución. A menudo, los padres sienten la obligación de vender a sus hijos a proxenetas porque sus bajos ingresos no alcanzan para cubrir las necesidades de su familia. La pobreza también conduce al abandono. Por este rechazo, los niños se ven obligados a dejar el ambiente familiar y a vivir en las calles. Siendo vulnerables y teniendo carencias y necesidades, se convierten en el blanco perfecto de manipuladores, que les prometen trabajo y una remuneración.
2. Dinero: comparado con el nivel de los salarios locales, la prostitución es una actividad muy lucrativa. En Kenia, por ejemplo, un encuentro sexual con una niña de menos de 16 años puede costar aproximadamente 20 euros. Sin embargo, los precios pueden llegar a los 60 euros según el caso. Mientras tanto, un keniata gana de media tan solo cuatro euros al día.
3. Orfandad: las guerras, las catástrofes naturales y las epidemias de VIH/SIDA contribuyen al aumento del número de huérfanos en el mundo cada año. Por ser tan vulnerables, estos niños aceptan cualquier tipo de trabajo. Así, la prostitución se convierte en una forma de supervivencia, dado que es

una actividad altamente lucrativa en comparación con otro tipo de labor degradante o peligrosa.

4. Trata infantil: constantemente, y en todo el mundo, un gran número de niños son secuestrados por el crimen organizado y son integrados en redes de prostitución contra su voluntad.

5. El crecimiento del mercado del sexo: durante los últimos cuarenta años, la industria del sexo se ha sistematizado y difundido por medio de las nuevas formas de comunicación, contribuyendo al desarrollo de la prostitución y, sobre todo, al aumento y la normalización de la pornografía.

Ganancias provenientes de la prostitución

1. Turismo sexual: el turismo sexual, que involucra a los niños, es la explotación sexual de menores con fines comerciales, realizada por una o varias personas que viajan hacia otras provincias, regiones geográficas o países. Desde hace muchos años, los guías turísticos proporcionan las direcciones de los lugares donde se pueden obtener los servicios sexuales de niños. También es posible obtener la información en internet.

2. Proxenetas y el crimen organizado: en la mayor parte de los casos, los niños prostituidos son controlados por proxenetas que se quedan con una porción de los ingresos que generan. Disminuir estas acciones es una tarea de gran dificultad. A veces, los proxenetas suelen ser personas que cuando niños fueron prostituidos en el mismo lugar; otras veces, en los casos de mayor escala, pertenecen a una red global de crimen organizado.

3. Intermediarios: "La cadena que conecta al niño con el explotador puede ser de una extensión de miles de kilómetros". Los reclutadores, los transportistas, los dueños de burdeles y los taxistas son considerados intermediarios. Incluso también los policías, que muy frecuentemente cierran los ojos ante esta problemática.

Consecuencias en los niños

La prostitución infantil tiene efectos negativos sobre el futuro bienestar y la salud mental del niño, dado que a menudo ellos mismos se convierten en proxenetas.

1. El acceso a servicios: los niños sometidos a explotación sexual no reciben educación. Sus familias los rechazan y la sociedad los margina, por lo que no gozan de casi ningún tipo de servicio médico y deben soportar condiciones de higiene absolutamente deplorables.
2. La propagación del SIDA: la prostitución contribuye a la propagación del SIDA, ya que muchos clientes se niegan a usar protección durante el encuentro sexual con el niño. En consecuencia, los menores quedan expuestos a contraer infecciones de transmisión sexual.
3. Enfermedades físicas y psicológicas: en cuanto al daño físico, los niños pueden tener desgarros, secuelas físicas (producto de torturas), dolores, infecciones o embarazos no deseados. Respecto al daño psicológico, los menores pueden presentar varios síntomas; por ejemplo, depresión, confusión de la personalidad o de la orientación sexual, problemas

de conducta (agresividad o enojo), dificultades para dormir, pérdida de seguridad en sí mismos, desconfianza u odio hacia los adultos.

Ante esta problemática, la Organización Internacional del Trabajo (OIT) considera que la explotación sexual comercial infantil (ESCI) es una grave violación de los derechos humanos de niños, niñas y adolescentes, y una forma de explotación económica análoga a la esclavitud y al trabajo forzoso, que constituye además un delito por parte de quienes utilizan a niñas, niños y adolescentes para el comercio sexual.[24]

Sexoservicio

Es considerado como aquella actividad o interacción sexual que realizan las mujeres en mayor medida que los hombres, a cambio de un beneficio económico o material.

Cabe hacer mención que la forma de operar el sexoservicio es por medio de anuncios en páginas web, en periódicos, *hotlines,* centros nocturnos o los llamados *table dance,* aunque en la mayoría de los casos se puede encontrar en ciertas calles y colonias de nuestro país, y el resto del mundo, por supuesto.

El sexoservicio se puede llevar a cabo de manera voluntaria o involuntaria: cuando es de forma voluntaria es porque el hombre o la mujer que ofrecen sus servicios sexuales a otras personas lo hacen por gusto o sobrevivencia, y lo ven como una fuente de ingresos; mientras

---

[24] Ver en línea: Explotación sexual comercial infantil, http://www.ilo.org/ipec/areas/CSEC/lang--es/index.htm.

que el caso involuntario se da a través de la trata de personas, esto es, que por medio de fuerza o presión son obligadas u obligados a ejercer esta actividad, y el pago que reciben por este servicio es destinado a terceros, es decir, son personas explotadas sexualmente.

En torno a la persona que se dedica al sexoservicio de manera involuntaria existe todo un sistema de organización; se encuentran detrás de ella sus explotadores y vigilantes. El costo económico derivado de la prostitución se refleja en costos directos e indirectos. Los directos son aquellos que afectan a la sociedad visiblemente (la persona que gasta en prostitución deja de dar ese dinero a su familia, la sociedad o el Estado), y los indirectos son aquellos derivados de la propia transacción económica y que afectan enormemente la economía formal al incentivar la corrupción, la evasión o la no recaudación fiscal; y posiblemente el menoscabo de la oferta laboral, al tratarse de personas que forman parte del grupo de la población económicamente activa y que cuentan con las capacidades o las habilidades para potenciar el desarrollo de la industria, por ejemplo.

Por otro lado, los costos derivados de la atención sanitaria son un factor a destacar, al existir un alto grado de peligro de contagio de enfermedades de transmisión sexual, lo que implica costos de internamiento, medicamentos, tratamientos, gastos por honorarios médicos... Costos que son absorbidos directamente por la esfera privada o, en su caso, por las instituciones del Gobierno (IMSS o ISSSTE).

Como sucede en el caso de la violación, las personas que son absorbidas por la dimensión negativa del ejercicio de la prostitución podrían enfrentar, junto con

259

sus familias, consecuencias nocivas de carácter psíquico, psicológico, fisiológico y sociológico.

Así las cosas, a la ecuación de los costos económicos de la prostitución se le podrían agregar otros factores, como los gastos por divorcio y las eventuales pensiones alimenticias, gastos de atención psicológica, honorarios de abogados, y los no menos importantes costos sociales.

En este sentido, si se realizara una campaña de concienciación que, cuando menos, revelara los principales factores que integran la serie de costos económicos asociados a la prostitución, se podrían descubrir motivos suficientes para desincentivar o desmotivar a las personas que fomentan de una u otra manera esta actividad.

En México, el 75% de las mujeres se inició en el sexoservicio o prostitución cuando apenas contaba con 12 años de edad:

La Ciudad de México se está convirtiendo en un centro de acopio y distribución de víctimas de toda América Latina, para después mandarlas a Estados Unidos, donde se encuentra el mayor consumo. El 99% de las mujeres son explotadas por proxenetas o alguno de los múltiples actores de la industria del sexo y el 78% de ellas son analfabetas o con primaria incompleta.

En México hay 500 mil personas que son explotadas en la prostitución; el 90% son mujeres y niñas. El 80% de ellas no nació en la Ciudad de México y fueron trasladadas de algún lugar del interior del país para ser prostituidas, de acuerdo con cifras de la Coalición contra el Tráfico de Mujeres y Niñas en América Latina (CATWLAC, por sus siglas en inglés).[25]

---

[25] Velázquez, Carolina, "Denuncia CATWLAC a México como centro de acopio de víctimas , son explotadas en la prostitución alrededor de 450 mil mujeres", 2010, ver en línea http://www.cimacnoticias.com.mx/node/43400.

En las siguientes imágenes se muestran los puntos donde se realiza esta actividad en la Delegación Cuauhtémoc:[26]

---

[26] Fuente: Elaboración propia, con datos de la Dirección General de Seguridad Pública en la Delegación Cuauhtémoc (2016). *Estadística de explotación sexual en la Delegación Cuauhtémoc*. JUD de Gestión de Denuncia Ciudadana y Análisis de Estadística Criminal. Delegación Cuauhtémoc.

Explotación sexual en la Delegación Cuauhtémoc 2016
Dirección General de Seguridad Pública

ZONA CUH 2

Prostitución   Homosexuales

Colonia Buenavista: 250 a 300 personas aproximadamente.
Colonia Guerrero: 50 a 60 personas aproximadamente.
Colonia Santa María la Ribera: 12 a 20 personas aproximadamente

ZONA CUH 4

Prostitución   Homosexuales

Colonia centro

350 a 400 personas aproximadamente en la Zona de la Merced.

15 a 20 personas aproximadamente en la Zona de la Catedral.

10 a 15 personas aproximadamente en la Zona de la Plaza Garibaldi.

ZONA CUH 5

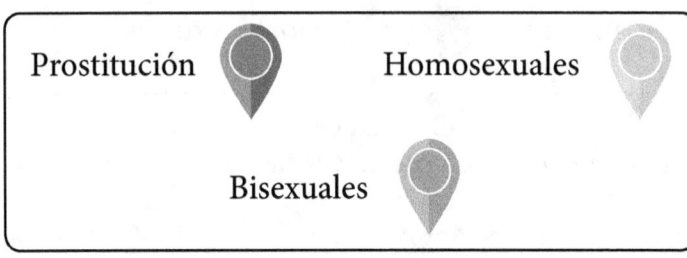

Prostitución   Homosexuales

Bisexuales

Colonia Tabacalera: 50 a **60** personas aproximadamente.
Colonia Juárez: 180 a **210** personas aproximadamente en calle Sullivan.

ZONA CUH 6

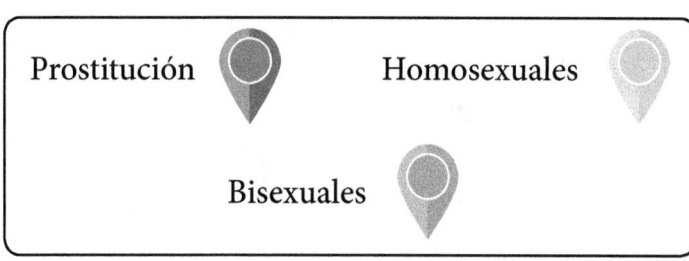

Prostitución Homosexuales

Bisexuales

Se ubican de **15** a **20** personas en la Plaza Martí (inmediaciones del Metro Hidalgo), *Colonia Centro*

ZONA CUH 7

Prostitución    Homosexuales

Bisexuales

ZONA CUH 8

Prostitución   Homosexuales

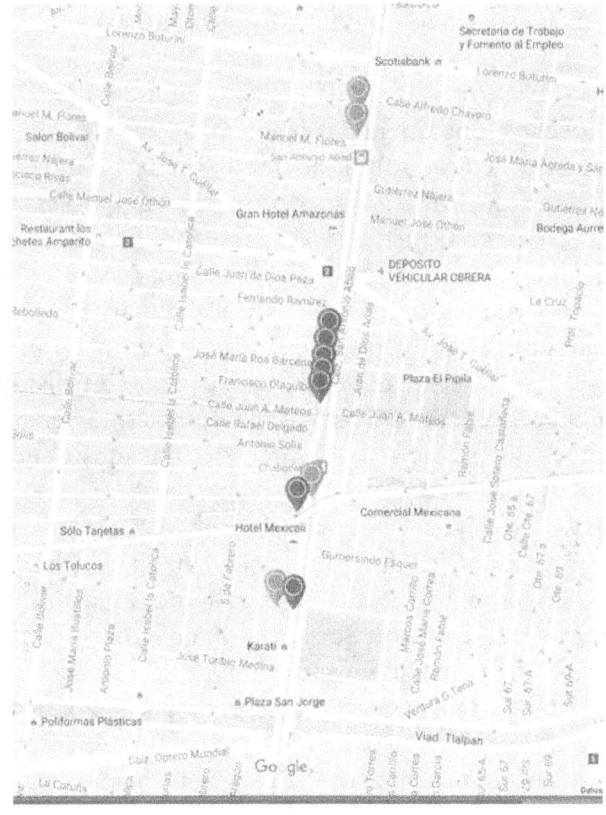

Poblaciones callejeras

La población callejera vive en medio de desigualdades de todo tipo, y generalmente queda al margen de oportunidades sociales, culturales, políticas e incluso del ámbito medioambiental (derechos colectivos), respecto a los requerimientos mínimos para un sano y digno desarrollo personal.

Son un grupo que ha sido olvidado durante años y que, por ende, cada vez son más y con peores condiciones sociales; no gozan de la protección del derecho, y sus derechos fundamentales, como a la vivienda, alimentación, educación o salud, no son en nada garantizados. La Ciudad de México ha sido un foco de poblaciones callejeras, en gran medida debido a la poca importancia que ha mostrado la autoridad al respecto.

Son grupos heterogéneos que habitan en los espacios públicos y abiertos de la ciudad; se integran por hombres y mujeres de todas las edades, con distintas condiciones generales de salud, y lo único que tienen en común es que su espacio de interrelación, subsistencia y satisfacción de necesidades se realiza en el espacio público.

De acuerdo a cifras del censo de población callejera 2010 "Tú también cuentas", realizado por el Instituto de Asistencia e Integración Social (IASIS) de la SEDESO-CDMX, existen 2,754 personas en situación de calle en la Ciudad de México. La mayor parte de población callejera se concentra principalmente en la Delegación Cuauhtémoc.

A continuación se presenta un diagnóstico realizado en torno a dicha problemática, en el que se muestra el número de personas que se encuentran en esta situación, así como un mapeo de población callejera en la Delegación Cuauhtémoc, con el ánimo de tener una radiografía completa, para luego analizar la información desde el punto de vista de la economía del delito y posteriormente presentar algunas acciones concretas.

Diagnóstico en la delegación Cuauhtémoc

El número de integrantes de las poblaciones callejeras ha ido en aumento en los últimos años, principalmente de 2014 a 2015, cuando tuvo un incremento del 6%:

Rango por edad	Mujeres	Hombres	Total
0 - 9	12	16	28
10 - 19	63	93	156
20 - 29	118	220	338
30 - 39	65	187	252
40 - 49	28	124	152
50 - 59	13	58	71
60 - 69	5	25	30
70 0 más años	2	2	4
N/r	1	6	7
Total	307	731	1038

Consumidor de algún tipo de droga	Mujeres	Hombres	Total
Sí	263	622	885
No	44	109	153
Total	307	731	1038

El abandono de estas personas por parte de la autoridad ha generado que recientemente estos grupos se conviertan en epicentros de comisión de delitos, como robo, lesiones, venta y consumo de narcóticos entre otros. Dentro de la Delegación Cuauhtémoc, los siguientes son los puntos de reunión más socorridos por poblaciones callejeras*:

Lugares de pernocta más utilizados	Mujeres	Hombres	Total
Glorieta de Insurgentes	10	82	92
Panteón y Parque San Fernando	32	47	79
Plaza de la Concepción	19	58	77
Artículo 123	22	53	75
Iglesia San fernando	22	34	56
Glorieta San Martín	13	40	53
Parque Dr. Ignacio Chávez	4	42	46
Plaza del estudiante	4	38	42
Glorieta Simón Bolívar	13	27	40
Eje 1 Norte y Reforma	11	18	29
Teatro Blanquita	13	9	22
Buenavista	5	12	17
Total	168	460	628

*Son los 12 más utilizados, pero existen contabilizados más de 250 lugares.

El aumento desmedido y la nula atención que se le ha dado a este grupo, ha desencadenado una serie de problemas que merecen especial atención:

• Malestar ciudadano por los más de diez años de desatención a la problemática; en estos momentos se está en los límites de tensión vecinal.

• Pérdida del espacio público para las y los vecinos, que ha impactado en la calidad, tranquilidad y desarrollo de vida para las familias.

• Altos niveles de violencia e inseguridad a plena luz del día, así como faltas administrativas a toda hora, que dan un sentido de impotencia a la ciudadanía y de frustración ante la violación constante del Estado de derecho.

• Recurrente falta de presencia policial para la prevención y atención de conductas antijurídicas.

Como ya se mencionó, las personas de la población callejera son un grupo vulnerable, desatendido y olvidado, que han debido buscar una salida a través de ilícitos de diversas clases, pero principalmente en los relacionados con narcóticos.

Mediante estas conductas antijurídicas, día con día se impacta en millones de pesos la economía de la ciudad, y principalmente de la Delegación Cuauhtémoc, la cual ha resultado atractiva para el crimen debido a su posición económica y el gran número de personas que circulan cotidianamente por ella. Ante este enorme reto es que la autoridad delegacional implementará el siguiente:

Plan de acción

• Creación de la Coordinación de Espacios Públicos Incluyentes con una perspectiva de derechos humanos que diseña y ejecuta una política transversal en la delegación y sus áreas.

• Capacitación al personal responsable del trabajo con personas que viven y sobreviven en calle.

• Programa de trabajo desde una gobernanza con la ciudadanía, para generar agendas del espacio público con intervenciones culturales, deportivas, sociales, artísticas, medioambientales.

• Construcción de la primera Casa de Vida para poblaciones callejeras.

• Construcción de la primera Casa de Artes y Oficios de las poblaciones callejeras.

• Presupuestos etiquetados para la atención a este sector en estado de abandono social.

• Ejercicio de la seguridad pública para garantizar la seguridad de todas y todos los ocupantes de los espacios públicos en Cuauhtémoc.

• Garantizar el seguimiento a los delitos de fuero común, sin criminalizar a las poblaciones callejeras.

• Dignificar y generar condiciones de vida, desde los derechos humanos, para las poblaciones callejeras y sus familias.

Comercio en vía pública

En el capítulo primero señalé que desarrollaría en un apartado especial y con mayor amplitud el tema del comercio en vía pública, vinculado a la economía del delito. Este tipo de comercio es considerado como un tópico fundamental para entender la magnitud de esa actividad de alto impacto en la Ciudad de México, y particularmente en la Delegación Cuauhtémoc.

El comercio en la vía pública se liga directamente con el tema del sector informal de la economía, cuya conceptualización[27] resulta compleja por la heterogeneidad de los actores socioeconómicos que lo componen, y su desarrollo se encuentra ligado directamente con la ineficacia de los resultados en materia de política económica, concretamente en la incapacidad de generar empleos con base en la relación contractual clásica de trabajador-empleador, en proporción al crecimiento de la población económicamente activa.

En la Ciudad de México, al igual que en todo el país, la crisis económica de la década de los ochenta se convirtió en un acelerador para el crecimiento del "sector informal" y, en consecuencia, del comercio en la vía pública. De la misma manera, la precarización del trabajo formal, reflejada en la creación de empleos de baja remuneración y la pérdida de garantías y prestaciones sociales, ha impulsado a muchos mexicanos a buscar un complemento salarial en el sector informal.

Sin embargo, este fenómeno social no puede ser visto solamente desde un enfoque causalista (desaceleración económica y crecimiento del sector informal), ya que desde una perspectiva sociológica representó una respuesta social a la crisis económica, significando un mecanismo socioeconómico de autoempleo y, aún más importante, de redistribución e inserción económica de amplios sectores de la población.

No obstante, ese mecanismo de respuesta social tampoco puede ser entendido únicamente como una externalidad positiva de inserción económica, ya que sería pasar inadvertido de las dinámicas sociales, políticas y económicas que se han desarrollado alrededor del cre-

---

[27] Existen criterios en cuanto a su organización, acceso a prestaciones económico sociales o regulación normativa. *El sector informal en el Distrito Federal. El comercio en la vía pública.* John Cross, Hilda Dávila, Cuauhtémoc Pérez.

cimiento del "sector informal", las cuales han generado externalidades negativas en la sociedad.

En este contexto, a partir del crecimiento del comercio en la vía pública en la Ciudad de México durante los años noventa, se generó una necesidad de regulación normativa por parte de la autoridad administrativa, con el objeto de regularizar y, en cierta medida, "formalizar" este sector económico, ya que generaba problemáticas como inseguridad pública, irregularidad de la actividad y evasión fiscal, desde el aspecto de recaudación tributaria para el Estado.

En esta lógica, los primeros esfuerzos se materializaron en dos instrumentos normativos principales, como el bando de 1993 por el que se prohibió el ejercicio del comercio en la vía pública en puestos fijos, semifijos y de cualquier otro tipo en las calles comprendidas dentro del perímetro determinado por el Departamento del Distrito Federal, para la primera fase de desarrollo del Programa de Mejoramiento del Comercio Popular, y con la entrada en vigor del Programa de Reordenamiento del Comercio en la Vía Pública emitido en 1998 por la administración pública del Distrito Federal.

Ambos instrumentos jurídicos se crearon bajo la perspectiva de que el comercio en la vía pública era parte de la realidad del desarrollo económico del Distrito Federal, pero los dos adolecieron de perspectiva de comprensión de la dinámica interna de este tipo de comercio, que se caracteriza por una tensión conflictiva entre los actores sociales, la actividad comercial que se desarrolla en las calles y las normas que pretenden regularlo.[28]

---

[28] El concepto de *conflicto* se usa en el contexto de que el comercio en vía pública es expresión de un sistema de actores. *La reordenación del comercio en la vía pública en el Distrito Federal, Programas 1997 y 1998*. Ricardo Torres Jiménez. Revista Sociológica, año 13, número 37, mayo-agosto de 1998.

Por otra parte, tales instrumentos se concibieron bajo una visión liberal-individualista, la cual parte de una autorregulación y la autocorrección bajo la premisa de la libre competencia, sin tomar en consideración la heterogeneidad de las zonas de venta y de los propios ámbitos sociales que integran el sector, ya que existen diferencias entre los vendedores que operan con altos rendimientos y los que solamente tienen un nivel de subsistencia, así como las afectaciones de intereses económicos que propician el alejamiento del cumplimiento de la norma.

Otra variable a considerar radica en la propia actuación de las autoridades administrativas que, bajo el esquema de regularización del comercio en la vía pública, pretendía ofrecer un parámetro que diera certeza jurídica a los comerciantes, con lo cual, en 1998, se creó el Sistema de Comercio en Vía Pública (Siscovip), que tiene como finalidad sistematizar la información de los comerciantes que realizan su actividad en la vía pública, integrando herramientas que permitan además de llevar el registro de éstos, la emisión de los gafetes de identificación y los recibos de pago correspondientes.

El Siscovip fue instalado en cada órgano político-administrativo,[29] así como la recuperación progresiva de la vía pública, a través de —por ejemplo— su reubicación en plazas comerciales (Programa de Mejoramiento del Comercio Popular, de 1993, que incluía la construcción de 29 plazas); sin embargo, los esquemas de actuación se caracterizaron por ser altamente discrecionales, a lo cual se sumó una actuación ineficaz e irregular de los inspectores, situación que se tradujo en que el pretendido obje-

---

[29] Centro de Estudios Sociales y de Opinión Pública. Cámara de Diputados. *Reporte temático número 2*. Junio de 2005. Cuadro 16, P. 25.

tivo de recuperación y liberación de la vía pública no se pudiera concretar, ya que derivado de la coerción e intereses de líderes del comercio, más la actuación irregular de las autoridades administrativas, la mayoría de las plazas comerciales terminaron funcionando como bodegas, y el comercio en vía pública siguió con un crecimiento exponencial.

En consecuencia, contrario al objetivo de regulación del comercio en la vía pública, tales instrumentos normativos fomentaron la creación de monopolios y el fortalecimiento de líderes y caciquismos políticos, así como el desarrollo de una autoridad administrativa ineficaz, situación que desembocó en una alta discrecionalidad y propensión a la corrupción de los encargados de supervisar el reordenamiento de esta modalidad de comercio.

Como resultado de la fallida pretensión para regular el comercio en vía pública, se constituyó una dualidad de poderes fácticos en el control y manejo de éste, dejando en medio al grueso de comerciantes que realizan esa actividad como medio de subsistencia y que, en términos estrictos, representan realmente el comercio en las calles de la ciudad.

En este escenario, es importante resaltar que la dinámica del comercio en vía pública no puede ser entendida sólo en un ámbito de conflictos de interés de los actores que la componen, sino que también debe ser reflexionada en los efectos más cotidianos que la ciudadanía capitalina vive cotidianamente. La creación de liderazgos político-económicos, aunada a la actuación irregular de las autoridades administrativas encargadas de la supervisión y control de este comercio, ha permitido que entre los comerciantes se arraiguen prácticas que generan efectos de impacto negativo en ámbitos sociales, culturales y económicos de la Ciudad de México.

Desde un enfoque antropológico urbano respecto de lo que "debería ser" la vía pública, como bien que puede y debe ser de acceso a todos los habitantes de la Ciudad de México, y lo "que es" en realidad: un espacio apropiado en el que se ejercen relaciones de poder que permiten a los comerciantes en vía pública la negociación política con diversos actores,[30] la discrepancia es obvia.

Un efecto de lo anterior se manifiesta en el carácter permisivo de las autoridades administrativas, cuyo resultado es, entre otros, que los comerciantes en vía pública no retiren sus estructuras al término de sus jornadas laborales, lo que se traduce en deterioro de la imagen urbana, y genera una pérdida de visibilidad para quienes transitan por esos lugares, además de crear espacios que aumentan la comisión de ilícitos, como robo a transeúnte y violaciones.

Otro efecto se encuentra vinculado con la falta de regularización del comercio en vía pública, el cual deriva en un mal equipamiento de infraestructura de los comerciantes, lo que ha generado la proliferación de suministros de energía clandestinos (considérese que la Compañía Federal de Electricidad emite permisos de suministro de energía eléctrica en vía pública, siempre y cuando se cuente con la autorización correspondiente), lo que a su vez provoca que estos comerciantes incumplan obligaciones por el pago de derechos de suministro de energía

---

[30] Sobre el tema de apropiación del espacio se retoma la idea de Diana Alejandra Silva Londoño. *Conflictos por el espacio público urbano y el comercio en vía pública: percepciones acerca de la legitimidad sobre su uso.* El Cotidiano, vol. 22, núm. 143, mayo-junio, 2007, pp. 48-56, Universidad Autónoma Metropolitana Azcapotzalco.

eléctrica, situación que representa la pérdida de ingresos al Estado por este concepto.

Algo similar acontece en la Ciudad de México respecto de la captación de ingresos derivados de los permisos a comerciantes en vía pública ya que, por ejemplo, la Delegación Cuauhtémoc, de conformidad con los registros del Siscovip, cuenta con 10,980 registros de este tipo de vendedores; sin embargo, se tiene una estimación aproximada de que son 22,000 los que actualmente se encuentran instalados en la demarcación y no cuentan con su ingreso al Sistema. Esto se traduce en la falta de cumplimiento de sus obligaciones fiscales y la consecuente pérdida de ingresos a la ciudad por este concepto.

De conformidad con la normatividad, el comercio refiere a la transacción de mercancías de origen lícito; sin embargo, la realidad que percibe la población resulta diferente del ideal normativo, ya que el comercio en vía pública —en conjunto con intereses político-económicos de líderes y corrupción de autoridades— ha permitido la generación y apropiación de espacios para la proliferación de venta de mercancías que violan marcas registradas y derechos de propiedad, a lo cual se nombra coloquialmente como *piratería*; del mismo modo en relación con la expansión de la venta de drogas a microescala, también conocida como *narcomenudeo*. Tales actividades representan una pérdida de ingresos para el erario estatal y federal, así como conductas delictivas y actividades que lesionan la cohesión de la sociedad en su conjunto.

Por otra parte, desde los años ochenta algunos líderes del comercio informal establecieron fideicomisos sociales para sus asociados, sin que a éstos les significara algún beneficio. La figura del fideicomiso es en realidad otro pretexto para cobrar cuotas.[31] Se presume que mediante este mecanismo los líderes obligan a los integrantes a emitir pagos, disfrazados de aportaciones voluntarias, que son equivalentes al cobro por uso y aprovechamiento de la vía pública para el comercio.

Los cobros se exigen semanalmente y, según algunos cálculos, hay asociaciones que agrupan a miles de afiliados que en conjunto reportan 200 mil pesos diarios, aunque según otras estimaciones la cifra puede alcanzar los 700 mil pesos.

Su zona de influencia se encuentra principalmente en calles y plazas comerciales del Centro Histórico, pero se extiende a otros sitios de la demarcación, como la Zona Rosa, o las inmediaciones de estaciones del Metro, como Insurgentes y Chilpancingo.

Asimismo, este tipo de agrupaciones tiene una organización interna muy similar a la estructura delegacional: "Tienen delegados, subdelegados y jefes de unidad departamental encargados de cobrar, vender y operar determinadas zonas. También balizan calles y delimitan territorios".[32]

Al ser de tipo civil, tales asociaciones deben sujetarse a la prohibición legal de no tener un fin preponderantemente económico, es decir, que al percibir ganancias o hacer uso de recursos para uso o consumo personal, pierden la legitimación para su posterior subsistencia.

De acuerdo con lo previsto en la Ley Orgánica de la Administración Pública del Distrito Federal y al Reglamento Interior de la Administración Pública del Distrito Federal, el cobro de derechos por uso y aprovechamiento

---

[31] http://www.jornada.unam.mx/1998/03/29/mas-alberto.html.
[32] http://www.proceso.com.mx/190115/alejandra-barrios-auge-y-caida.

de la vía pública para el comercio corresponde al órgano delegacional, y no a asociación civil alguna.

A la luz de las consideraciones anteriores, es posible destacar lo siguiente:

• El marco regulatorio del comercio en la vía pública ha resultado insuficiente, en razón de una visión carente de comprensión de su génesis, así como de la heterogeneidad y conflictividad de los actores que lo componen.

• El incremento del comercio en vía pública, aunado a la inexistencia de un marco regulatorio adecuado, ha propiciado la consolidación de hegemonías político-económicas por parte de los líderes de comerciantes, que en su mayoría son disfrazadas con organizaciones civiles que supuestamente representan los intereses de los vendedores.

• La dinámica sociopolítica del comercio en la vía pública ha vuelto ineficaz la aplicación de cualquier programa de regularización por parte de las autoridades administrativas y ha favorecido la proliferación de corrupción entre los servidores públicos encargados de su supervisión y regulación.

• La dinámica sociopolítica del comercio en la vía pública ha sido reservada a un ámbito de negociación política con los líderes del comercio y autoridades administrativas, resultando en un abandono de diseño y aplicación de instrumentos jurídicos y programas de reordenamiento.

• Existe un abandono de las autoridades administrativas respecto a los comerciantes de subsistencia en la vía pública, quienes por una parte se encuentran bajo la coerción de los líderes y, por otra, sometidos a los abusos y actos de corrupción de los servidores públicos encargados de la supervisión de este tipo de comercio.

• El crecimiento anárquico del comercio en la vía pública, de manera secundaria e "inconsciente", genera efectos de impacto negativo que trascienden aspectos de carácter económico, constituyendo afectaciones a las dinámicas sociales de la población de la Ciudad de México, que de manera progresiva van minando la cohesión social de la capital.

El comercio informal es un fenómeno con el que vivimos día a día, forma parte de nuestra cotidianidad. El comercio ambulante, mejor conocido como *comercio informal*, es la actividad económica en la que los individuos, de alguna u otra forma, trabajan en actividades en la economía ilícita, ya que no cumple con las regulaciones marcadas por las leyes, es decir, no está formalmente constituida y, por ende, no paga impuestos ni servicios.

Por tanto, es una de las derivaciones más cuestionables de la economía informal, pues de ella forman parte tanto los comerciantes ambulantes como los fabricantes de productos *pirata*, los contrabandistas y los vendedores de armas y productos robados en general, entre otros.[33] Sin embargo, la actividad comercial no registrada ante las autoridades, a la que denominamos *comercio informal*, es bastante permitida y aceptada por las propias autoridades y la población, ya que el acceso a la mercancía que ofrecen es más fácil y, sobre todo, barata.

---

[33] Ver en línea: http://www.institut-gouvernance.org/es/experienca/fiche-experienca-10.html.

El comercio informal no necesariamente se realiza en la calle: también puede tener lugar en locales, plazas comerciales, bodegas y hasta en casas-habitación de los comerciantes.

Cabe hacer la mención que los comerciantes ambulantes son los que ofrecen sus mercancías en la calle, al ras de las banquetas, al interior de los vagones del Metro, afuera de las estaciones del Metro, en los tianguis, en los mercados, parques, paraderos de autobuses, clínicas, centros de espectáculos y cruceros de calles, donde se ubican los semáforos... es decir, en aquellos lugares donde hay auge de población durante el transcurso del día.

Como se ha referido, estos comerciantes se encuentran agrupados en gremios organizados por líderes a los cuales, ya sea por día o por semana, les pagan cierta cantidad de dinero por el derecho de piso, lo que implica una ganancia económica enorme para los dirigentes. Ante esta situación, el comercio ambulante ha ido creciendo y expandiéndose a lo largo de las calles y espacios públicos, generando desorden y caos en el espacio público, así como conflictos con los comerciantes establecidos y habitantes de los lugares donde son colocados los puestos de venta de mercancías ilícitas.

De acuerdo con las propias autoridades, las tres principales fuentes de la mercancía que se distribuye entre los vendedores ambulantes son las siguientes:[34]

1. Contrabando: es una red conocida por todos. A partir de la media noche y durante la madruga-

---

[34] Rodríguez Cabrera, Yenisey, 2007, *El comercio informal, una afrenta a los poderes establecidos. Vendedores ambulantes en el Centro Histórico de la Ciudad de México*, en Institut de Rechercheet Débat sur la Gouvernance, en: http://www.institut-gouvernance.org/es/experienca/fiche-experienca-10.html.

da, los camiones o camionetas con mercancía llegan principalmente a calles de la zona oriente del centro, atrás de Palacio Nacional.

2. Mercancía robada: consiste en que las propias empresas se autorroban para luego levantar denuncias penales y así obtener el monto del seguro. Otra red es la que se da por medio de la compra directa de la mercancía en las aduanas de México. Al parecer, hasta esos puntos de desembarco, sobre todo la del estado de Veracruz, se dirigen las unidades de las organizaciones de ambulantes, y ahí buscan la compra de contenedores con mercancía que no es reclamada o que es de contrabando.

3. Los productos derivados del autorrobo a empresas: está la compra de productos a través de las importadoras, que como la que creó la Asociación Cívica Comercial, que encabeza Alejandra Barrios, que traen directamente sus mercancías y luego las distribuyen en el centro y en toda la ciudad.

Asimismo, el Centro Histórico de la Ciudad de México, ubicado en la delegación Cuauhtémoc, además de ser el asiento físico y simbólico de los poderes ejecutivos federales y locales, ya que allí se ubican el Palacio Nacional y el Palacio del Ayuntamiento capitalino, es una zona que se ha distinguido históricamente por su dinamismo comercial.

Sin embargo, no toda la demarcación tiene problemas de asentamientos de comerciantes informales; éstos se concentran en 42 manzanas (conjuntos delimitados de calles y edificios habitacionales y comerciales). Así, el centro crítico de esa actividad lo constituyen casi 900 calles del Centro Histórico, donde los ambulantes se asentaron y fortalecieron. Algunos de los líderes más importantes, que operan con la anuencia de diversas agrupaciones políticas, son los siguientes:

Malena Acuña	José Luis Medina
José Luis Bacho	Raúl Mejía
Gabriela Barrero Moreno	Francisco Montero
Graciela Barrios	Esther Moreno (Chata)
Marlene Barrios	Francisco Moreno Aguilar
Rubén Barrios	Hilda Magdalena Moreno Gómez
Alejandra Barrios Richard	Aarón Núñez Ibarra
Leobardo Beltrán Castillo	Teodora Orozco Aguilar
Ricardo Cañas	Juan Ortiz
Clara Cerón	Isabel Guadalupe Pérez
Graciela Cervantes	Jorge Pérez
Ignacio Contreras	Benjamín Quiroz
Ángeles Coronado	Benjamín Quiroz Rojas
Graciela Coronel Barrios	Carlos Alfredo Ramírez
Julieta Cornejo Campos	Julio Ramos Sánchez
Lucila Corredor Rodríguez	Martín Ramos Sarmiento
Leticia Díaz	Rocío Raymundo Espíritu
Fernando Duarte	Clara Reyes
Hilario Escalante Amado	Marcos Ríos (Titino)
Araceli Filorio Martínez	Jesús Ríos Racilla
Josefina Flores	Ismael Rodríguez Ramírez
Miguel Galán	Hermelinda Rodríguez Salazar

Evaristo García	María Alejandra Rivera Muciño
Jesús Blas García Morales	Cirilo Robledo
Rosa María Gilbert Ruiz	María Rosete Sánchez
Antonio Gómez	Jorge Sámano Zamora
Gloria González	Diana Sánchez Barrios
Rogelio González Dávalos	Silvia Sánchez Barrios
Beatriz González Hernández	José Sánchez Juárez
Ángela Guzmán Tinoco	Fernando Sánchez Ramírez
Ricardo Guzmán (Barbas)	Julio César Sánchez Ramos
Alejandro Hazas	Armando Sandoval
Concepción Javier Hernández Juárez	Oscar Sandoval
Roberto Hernández Herrera	Pablo Sandoval
Sergio Jiménez Barrios	Cristina Serrano
Rubén Jiménez Barrios	Max Simón
Georgina de Jesús Laureano	Jesús Tello
Ángel Lemus	Cristian Javier Torres García
Gulmaro Limón	Ismael Torres García
Teresa López	Selene Tinajero
Alicia López Rivero	Patricia Tovar
Jorge López Teoyotl	Antonio Ugarte
Gerardo Lucas	Guillermo Vargas
Fernando Márquez Fernández	José Jaime Vázquez
Eulalia Martínez	Grisel Velásquez
Armando Maya	Porfirio Vergara Castañeda
Jesús Maya	

Algunos de estos líderes que dirigen los grupos de comerciantes ambulantes se han fortalecido económica y políticamente al vincularse con partidos políticos y autoridades con el fin de obtener protección y seguir operando en la ilegalidad; a cambio ello ofrecen grupos de choque por medio de los cuales cierran calles y someten a presión a quien les indica su *padrino* político.

Ya se ha señalado que el desarrollo del comercio en la vía pública se encuentra vinculado con el intercambio de mercancías, el cual por su naturaleza tiene ventajas cuantitativas en cuanto a su comercialización, principalmente en lo concerniente a la evasión de pagos fiscales y de cargas económicas, como rentas de locales, pago de luz, lo cual reditúa en reducción de costos que impactan en un bajo precio comercial.

Asimismo, lo anterior impacta en un alto volumen de mercancías que se comercian en la vía pública, situación que se traduce en un factor de dinamismo de los sectores productivos, que en un primer plano significaría una activación económica del mercado interno, como primer productor de las mercancías requeridas.

Sin embargo, en un esquema de globalización económica iniciado desde la década de los ochenta en todo el mundo, y fortalecido en México en la década de los noventa con la firma del Tratado de Libre Comercio de América del Norte, se dio nuestra apertura comercial, bajo la óptica de libre comercio que implicaría que nuestro país veía la expansión de sus productos en los mercados internacionales y la oportunidad de la recepción de mercancías que generarían un desarrollo de competitividad de los sectores productivos internos.

No obstante, los impactos de la apertura comercial han generado escenarios contrastantes de desigualdad económica y productiva, aunados a la permisión de penetración comercial económica por parte de países que, a partir de sus ventajas comparativas y prácticas comerciales desleales, reducen costos de producción que merman la producción interna de las economías receptoras.

Caso particular lo representa la penetración comercial de mercancías chinas en la Ciudad de México, las cuales impactan en dos ámbitos, comenzando por el regulado por el comercio internacional, en el que para 2014 China concentraba la tercera parte de las cuotas *antidumping* y compensatorias impuestas por la Secretaría de Economía respecto de diversos productos importados, por considerar que incurren en prácticas comerciales desleales, los cuales van desde artículos terminados como licuadoras, vajillas y lápices, hasta bienes intermedios como mallas, placas y tuberías de acero.

Pero el ámbito más preocupante se refiere al contrabando y la piratería de mercancías de origen chino, las cuales merman hasta un 40% de las ventas de productos nacionales o extranjeros de ingreso regulado, en razón de tener precios muy por abajo del mercado regulado, ya que eluden el pago de obligaciones arancelarias, pero también por una calidad inferior en el proceso de su fabricación, en virtud de que tienen su mayor ventaja comparativa en el enorme volumen de mano de trabajo barata.[35]

Esta penetración comercial resulta visible para habitantes y visitantes de la Ciudad de México en sitios tan

[35] Para 2014 se tenía un estimado de transacciones comerciales por 61,000 millones de dólares de importaciones correspondientes a la parte legal, sin incluir la mercancía ilegal que entra por algunos puertos del país, como Manzanillo o Lázaro Cárdenas, aunado a la triangulación de importación. *El Financiero*, febrero 2014.

cotidianos y comunes como La Lagunilla, donde todo se vende barato: las pelotas con luz, la máquina de coser portátil, los llaveritos con puerquitos que chillan o los relojes de colores, todo de producción china, los cuales se encuentran a mitad de precio.[36] Asimismo, tal penetración económica ha generado vínculos entre dirigentes del comercio en la vía pública, intermediarios y productores chinos, creando redes comerciales que agilizan la penetración comercial de las mercancías del país asiático, situación que se hace más visible en las temporadas "altas", como Navidad o Día de Reyes, pero también en los objetos más cotidianos que se comercializan, ya que el fuerte de mercancías de origen chino se concentra principalmente en ropa, bisutería y cosméticos.

Además de lo anterior, en los últimos años los comerciantes mexicanos se han visto desplazados por comerciantes chinos y coreanos que han logrado acaparar un número significativo de locales en el centro de la ciudad y colonias con alta concentración comercial, donde los vendedores asiáticos detentan ya el número más importante de establecimientos y puestos ambulantes en los que comercializan los productos antes descritos.

Tal situación ha llevado a considerar a la zona centro como el epicentro de la economía del delito, considerando que allí se ha concentrado el mayor número de personas y organizaciones dedicadas al comercio, despojo de bienes inmuebles, narcomenudeo, poblaciones callejeras y *franeleros*.

Cabe decir que, de unos años a la fecha, los comerciantes ambulantes no sólo ocuparon las aceras y las

---

[36] Respecto de la penetración comercial de China, véase *Expansión* en alianza con CNN, septiembre 2014.

calles, sino que extendieron sus dominios hasta otros espacios de la ciudad.[37]

Franeleros

Éste pareciera ser un tema accesorio a la economía del delito e incluso una mera expresión de la falta de empleo en el país, y particularmente en la Ciudad de México, pero no es así, veamos por qué.

En los últimos años se ha registrado un incremento sustancial de personas que se dedican al cuidado y acomodo de vehículos en la vía pública. En la mayoría de las calles de las delegaciones su presencia es notoria e indiscutible.

En México conocemos por *franeleros* a aquellas personas que reservan lugares en las calles para estacionar los automóviles. Algunas también los limpian. Solían portar un trapo de color rojo o franela roja con el que advertían de su presencia a los automovilistas sobre los lugares desocupados.

¿Cómo surgió esta manifestación de empleo informal? Sin duda como una respuesta al desempleo y a la falta de oportunidades para un sector de la población que desesperado busca como sobrevivir junto con su familia. Este propósito por sí solo no representa una alarma o una derivación de la economía del delito, ni menos actividad peligrosa para la convivencia vecinal o barrial. Incluso podría entenderse como una expresión normal de empleo alternativo, como ocurre todavía en la mayoría de las calles y circuitos de las demarcaciones territoriales de la Ciudad de México.

---

[37] Ver en línea: http://www.institut-gouvernance.org/es/experienca/fiche-experienca-10.html.

Sin embargo, de acuerdo con nuestra investigación de campo y a labores de inteligencia que ha realizado la Delegación Cuauhtémoc, esta forma de empleo aparentemente normal y producto de las políticas públicas que han provocado la precarización del empleo y, en el peor de los casos, la falta de éste, la actividad de los franeleros está sufriendo una mutación o evolución negativa, al constituirse como parte de las células del crimen, de las bandas o de la delincuencia común, en no poco.

Los hombres y mujeres que se dedican cotidianamente a esta actividad están siendo reclutados por grupos delincuenciales para que actúen como informantes, vigilantes o, como comúnmente se les conoce, de *halcones*. Éste es el verdadero riesgo para los barrios y las colonias en donde actúan.

El tema de los franeleros merece atención, ya que en una explicación macroeconómica, y como se ha mencionado, su origen se vincula con la falta de empleo y generación de políticas que generen puestos de trabajo en la economía formal, lo cual ha derivado en la necesidad de estrategias socioeconómicas que desarrollen espacios de trabajo en la economía informal.

Pero su impacto no sólo se limita a una degradación de la imagen urbana de la ciudad y más aun a la obvia falta de planificación en materia de desarrollo urbano de la capital del país; por el contrario, resulta más sustancial abordar el tema desde una óptica cotidiana, desde los impactos que genera en los habitantes de esta ciudad, por su trascendencia.

Existen esfuerzos por regular a los franeleros a través del registro y expedición de credenciales que los acreditan como Trabajadores No Asalariados, lo cual implica una distinción interna del sector, entre los que se integran en un esquema de regulación y los que bajo una óptica específicamente lucrativa se mantienen al margen de esquemas de regulación, siendo este sector el que más aglutina a los franeleros.

Así, este esfuerzo de regulación normativa resultó infructuoso al no tomar en cuenta que la característica principal del desarrollo de los franeleros es la apropiación territorial del espacio público, asociada con una insuficiencia de infraestructura de estacionamientos y el exceso de vehículos.

En consecuencia, la regulación de los franeleros no parte de la realidad de la disputa por el control del espacio público, situación que se traslada al aspecto lucrativo, por lo cual, en un primer momento, esta actividad se desarrolló en un aspecto económico de "propinas", que gradualmente se convirtieron en "cuotas" fijas y establecidas arbitrariamente por los franeleros, las cuales fluctúan entre 10 pesos en una colonia de poca afluencia de vehículos y más de 50 pesos en colonias como la Condesa en la Delegación Cuauhtémoc.[38]

Si bien esta relación económico-territorial establecida por los franeleros originó respuestas de regulación, como la implementación de parquímetros en colonias como Polanco, Condesa, Roma y Florida, bajo la perspectiva de limitar el crecimiento de tal actividad, aunado a una captación de recursos para el erario público, en la práctica sólo consolidó un negocio altamente lucrativo para las empresas privadas, disgregando una estrategia de economía informal que empleaba a personas que realmente necesitaban los ingresos.

---

[38] Francisco Reynoso. *Nexos*, 31 de marzo de 2015.

Otra respuesta de las autoridades de la Ciudad de México se desarrolló a través de las faltas administrativas señaladas en la Ley de Cultura Cívica en 2004, por la apropiación ilegal del espacio, concretamente por impedir o estorbar de cualquier forma el uso de la vía pública, con lo cual se dio un sesgo de criminalización a este sector informal. Lo cierto es que el efecto no fue el esperado, puesto que generó que los cuerpos policiales pudieran tejer una cadena de extorsión en torno a los franeleros, la cual necesariamente impactó hasta los propios automovilistas, ya que por una parte el franelero se convirtió en el indicador de sanciones a los que requerían sus servicios y, en consecuencia, eran sujetos de sanciones administrativas (multas, arrastres de vehículos, corralón), y por otra parte se fomentó la actuación fraudulenta de la autoridad y el automovilista con objeto de evitar las sanciones.

Asimismo, este contexto no se limita a esa red de extorsión y corrupción, ya que ha sido el ambiente propicio para el desarrollo de conductas ilícitas, pues la presencia territorial de los franeleros les permite concentrar información del parque vehicular de su zona, así como de los ciudadanos y hasta de la dinámica de la población que transita por su territorio, escrutinio que les ha permitido ser partícipes directa o indirectamente en la comisión de delitos, principalmente de robo total o parcial de vehículos, además de la filtración del narcomenudeo en las zonas donde operan, o de manera colateral al ser los informantes o *halcones* para la comisión de ilícitos vinculados con el crimen organizado.

Franeleros en la delegación Cuauhtémoc

Una de las problemáticas de seguridad y protección ciudadana en la vía pública de la delegación Cuauhtémoc es la presencia de niños, adolescentes y adultos que se determinan comúnmente como *franeleros*, *viene-viene* o *apartalugares*.

La mayoría de las quejas en la Delegación han sido por el uso de espacios por parte de los franeleros debido a:

1. Obstrucción de entradas o zaguanes de los vecinos de las distintas colonias de la demarcación.
2. Tarifas por el uso de suelo de los automóviles.
3. Tarifas altísimas en las que se estima que ganan hasta 35 mil pesos mensuales, sin deducir impuestos, lo que equivale al sueldo de profesionistas con posgrado.
4. Faltas administrativas y comisión de delitos por parte de los franeleros, asociados al consumo de alcohol y drogas o venta de las mismas.
5. Fomento de pandillerismo o robo de autopartes y otras faltas administrativas.
6. Agresión contra transeúntes.

En consideración de lo anterior, en la Delegación Cuauhtémoc encontramos ventajas en los lugares donde se encuentran los parquímetros, entre ellas:

1. No hay franeleros.
2. Se reduce a la mitad el tiempo para buscar un lugar para estacionarse.
3. Hay más seguridad.
4. Disminuye la contaminación visual y auditiva.
5. Se reducen los contaminantes por CO_2.
6. Se favorece el uso del transporte público y la bicicleta.
7. Se evita la creación de círculos criminógenos.

293

Mapeo de franeleros en la delegación Cuauhtémoc.
Enero-julio de 2016

COLONIA ALGARÍN

Sin atender

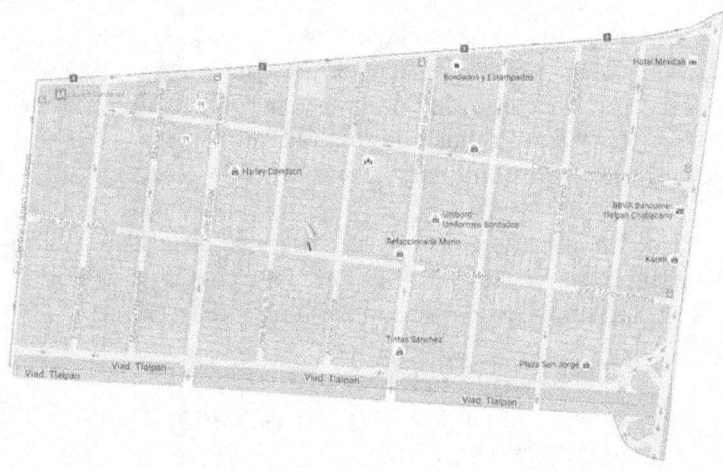

COLONIA BUENAVISTA

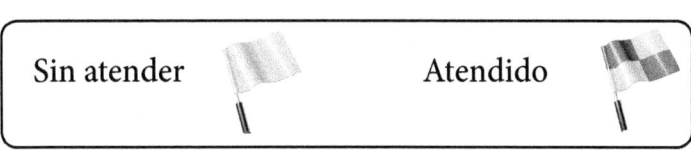

Sin atender

Atendido

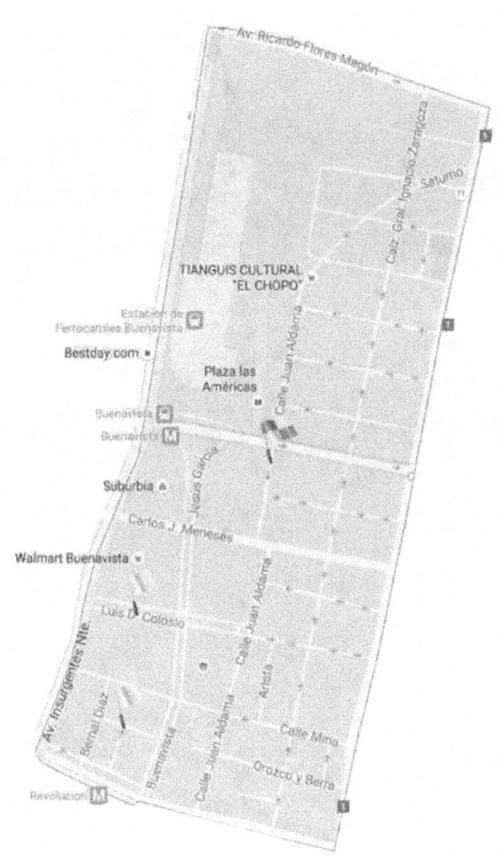

COLONIA BUENOS AIRES

Sin atender

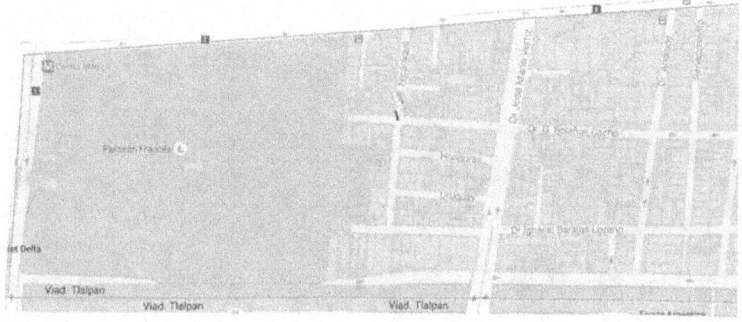

COLONIA CENTRO

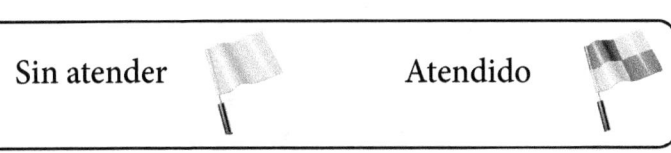

Sin atender   Atendido

COLONIA CONDESA

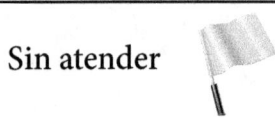

Sin atender

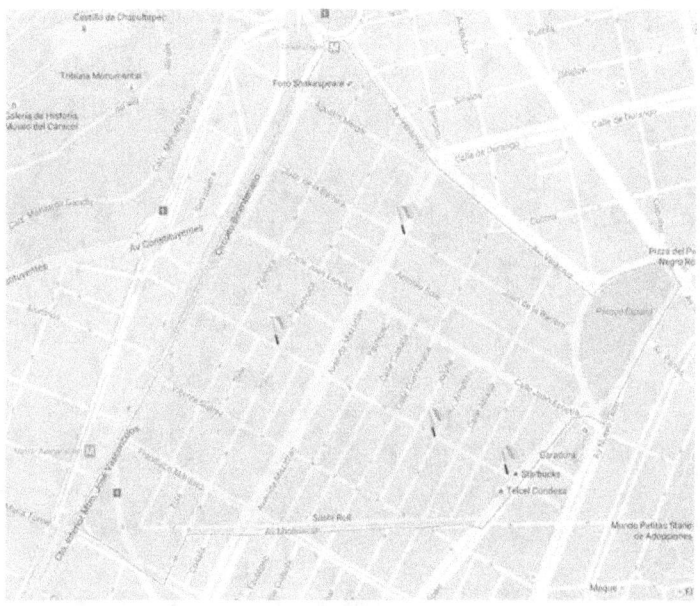

COLONIA CUAUHTÉMOC

Sin atender

COLONIA DOCTORES

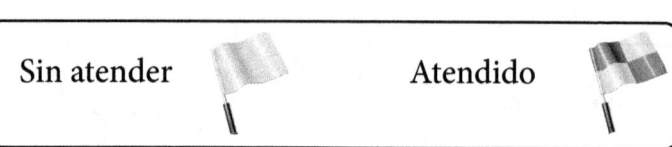

Sin atender   Atendido

300

COLONIA ESPERANZA

Sin atender 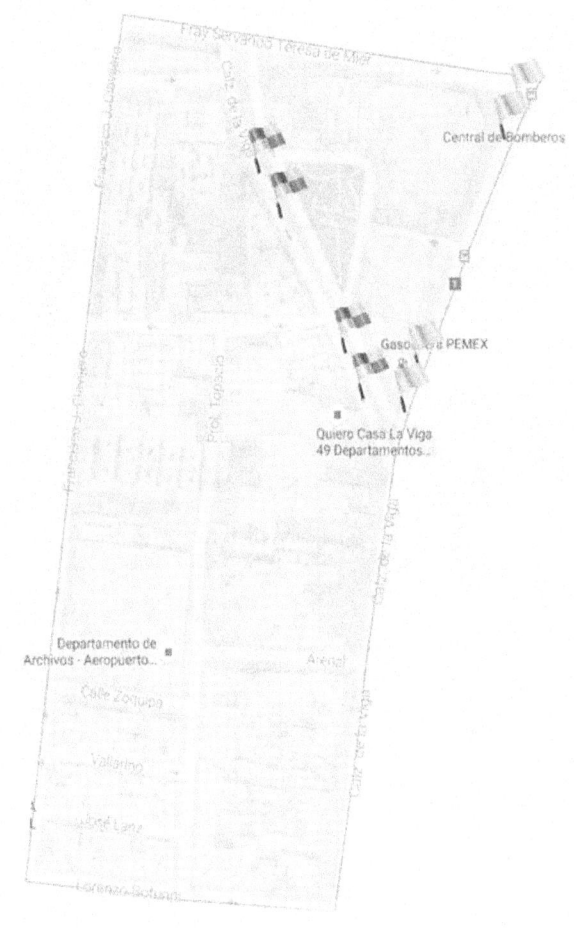 Atendido

COLONIA GUERRERO

Sin atender ⚑ Atendido ⚑

COLONIA JUÁREZ

Sin atender

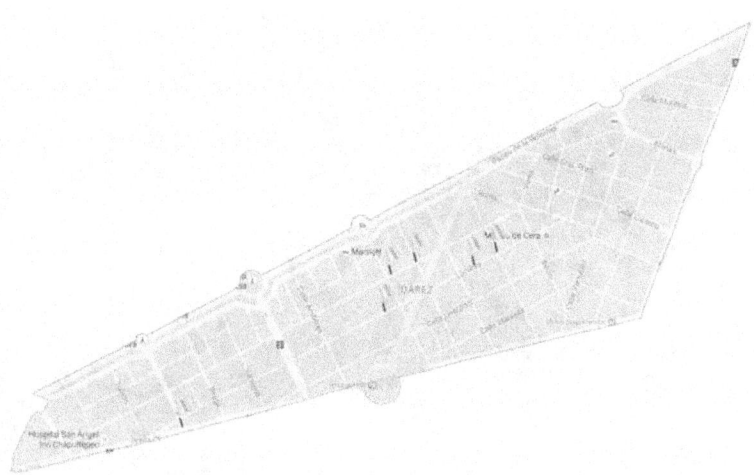

COLONIA OBRERA

Sin atender

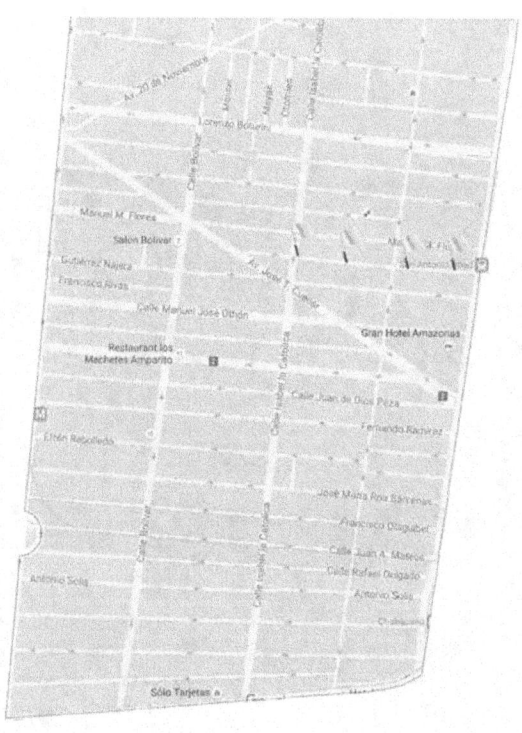

COLONIA ROMA

Sin atender  Atendido

COLONIA SAN RAFAEL

Sin atender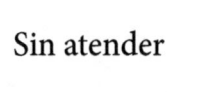

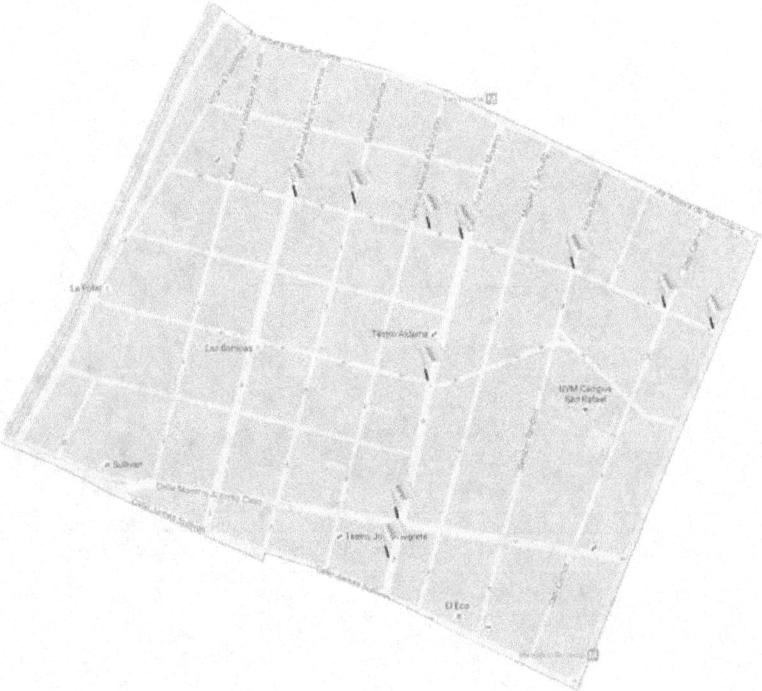

COLONIA SANTA MARÍA LA RIBERA

Sin atender

COLONIA TABACALERA

Sin atender

La prevención social del delito en la Delegación Cuauhtémoc: propuestas, soluciones, y planes de acción

A lo largo de los capítulos se ha desarrollado un panorama de la economía del delito, sus causas, la criminalidad que enfrenta la Ciudad de México y particularmente la Delegación Cuauhtémoc en temas de seguridad. Sin embargo, me parece de lo más conveniente dedicar este capítulo a un tema fundamental: la prevención del delito. La prevención del delito se puede definir en sus diversas acepciones como el anticiparse para impedir a alguien "cometer una conducta típica, antijurídica y culpable, constitutiva de infracción penal".[1]

En este sentido, la prevención social de la violencia y la delincuencia es el conjunto de políticas públicas, programas y acciones orientados a reducir factores de riesgo que favorezcan la generación de violencia y delincuencia, así como a combatir las distintas causas y factores que la generan. Los tipos de prevención del delito son los siguientes:[2]

---

[1] Cuello Calón, Eugenio (2014). *Delito*. Enciclopedia Jurídica. Disponible en línea en: http://www.enciclopedia-juridica.biz14.com/d/delito/delito.htm.
[2] Pavarini Salmini, Robert, cit. por José Peñaloza, Pedro (2012). *Prevención social del delito. Asignatura pendiente*. Editorial Porrúa. Página 172. México.

1. **Prevención primaria**: dirigida a la población en general.
2. **Prevención secundaria**: dirigida a grupos sociales en riesgo de realizar delitos (delincuentes potenciales).
3. **Prevención terciaria**: dirigida a las personas que ya cometieron los delitos, pero con quienes se requiere trabajar para reinsertarlas a la sociedad por medio de prevención que no es privativa de libertad.

Para perfeccionar está clasificación, acudiremos a lo que Van Dijk y De Waard denominaron "el enfoque bidimensional", el cual consiste en no sólo tener en cuenta la intervención preventiva dirigida a evitar que las personas cometan delitos, sino también la intervención preventiva dirigida a evitar que las personas sean víctimas del delito.

La clasificación de las intervenciones preventivas en primarias, secundarias y terciarias se unifica con la categorización de la orientación hacia la víctima.[3]

¿Cuáles son las condiciones y el tipo de población más vulnerable de cometer delitos? Si bien es cierto que la situación económica no es una condicionante para la comisión de ilícitos, sí conlleva factores de riesgo. Estadísticamente, la Delegación Cuauhtémoc ocupa las primeras posiciones de comunidades penitenciarias, tanto en los Centros de Reinserción Social de la Ciudad de México, como en las Comunidades de Adolescentes en Conflicto con la Ley Penal (lo que antes se conocía comúnmente como *Tutelares de Menores*). Ante esta situa-

---

[3] *Ibídem.*

ción, los adolescentes y jóvenes son quienes cometen con mayor frecuencia los delitos.

Respecto a la información de la Subsecretaría de Sistemas Penitenciarios sobre reincidencia en los centros de reclusión (2016),[4] hay cifras considerables en cuanto a los delitos de robo calificado, con 9 mil 472 casos; seguidos del homicidio, con 933; armas de fuego y explosivos, 894; delitos contra la salud, 665, y privación ilegal de la libertad, 654.

El Reclusorio Preventivo Varonil Oriente es el que concentra el mayor número de reos reincidentes, con 5 mil 024; seguido del Reclusorio Varonil Norte con 4 mil 672, y finalmente el Reclusorio Varonil Sur, con 2 mil 284; mientras que la Penitenciaría del Distrito Federal concentra 751 reincidentes, y el Centro Femenil de Readaptación Social Santa Martha Acatitla, con 288 mujeres.

Así, de las 36 mil 501 personas que están recluidas en los centros de la Ciudad de México, más de 50%, que es equivalente a 18 mil 791 reos, están acusados de robo calificado, en tanto que el homicidio es el segundo delito por el cual se encuentran privadas de la libertad 4 mil 481 personas. El secuestro ocupa el tercer lugar, por el que están recluidos 3 mil 018 internos.

En este sentido, es importante mencionar que los distintos programas y proyectos, tanto de desarrollo social como en materia de prevención del delito, se ocupan de llevar a cabo acciones encaminadas a anticiparse a la comisión de un delito, para que no crezcan más las cifras.

[4] Subsecretaría de Sistemas Penitenciarios (2016). *Reincidencia en los centros de reclusión en la Ciudad de México*. Subsecretaría de Sistemas Penitenciarios. Ciudad de México.

A continuación se muestra la clasificación de las 10 colonias de la Ciudad de México que tienen mayor población recluida en algún centro penitenciario.

Ranking de las 10 colonias con mayor comunidad penitenciaria en la Ciudad de México a 2015[5]

Número	Colonia	Delegación	Total de internos
1	Morelos	Cuauhtémoc	984
2	Centro	Cuauhtémoc	652
3	Guerrero	Cuauhtémoc	516
4	Doctores	Cuauhtémoc	336
5	Pedregal de Santo Domingo	Coyoacán	327
6	Agricola Oriental	Iztacalco	299
7	Desarrollo Urbano	Iztapalapa	263
8	Obrera	Cuauhtémoc	245
9	Anahuac 1ªSección	Miguel Hidalgo	238
10	Ejercito Cons-titucionalista	Iztapalapa	222

[5] Fuente: Elaboración propia con datos de la Subsecretaría de Sistemas Penitenciarios (2015). *Estadística de población criminal en los Centros Penitenciarios de la Ciudad de México*. Subsecretaría de Sistemas Penitenciarios. Ciudad de México.

La clasificación anterior nos muestra que cinco de las 10 colonias más conflictivas de la Ciudad de México pertenecen a la Delegación Cuauhtémoc. Los dos tipos de prevención del delito a los que nos enfocamos y en los que se siguen implementando acciones en la demarcación son la prevención secundaria y terciaria. Nos referimos entonces a aquellas personas jóvenes en situación de riesgo, principalmente de 12 a 18 años de edad, ya que se han convertido en una población potencialmente vulnerable para cometer delitos, y a aquellos jóvenes, mujeres y hombres que ya estuvieron en prisión y pueden recaer en la comisión de delitos, principalmente en colonias como Morelos, que ocupa el primer lugar en la estadística.

Factores de riesgo contra factores de protección

Las y los menores infractores, en nuestros días, han sido tema de mucho interés, porque son quienes estadísticamente cometen conductas tipificadas como delitos en la Ciudad de México y en la Delegación Cuauhtémoc, pero trataremos aquí de determinar los factores que contribuyen a ello.

La respuesta a esa pregunta es compleja, ya que para que una persona adolescente logre superar los factores de riesgo, sus madres, padres o quienes la cuidan desempeñan uno de los papeles fundamentales para su desarrollo, puesto que deben generar factores de protección para lograr que éste se dé con éxito.

Lo anterior especialmente en el momento en que las y los niños llegan a la etapa de la adolescencia y pueden desempeñar sanamente sus actividades cotidianas. Es entonces cuando los jóvenes utilizan las bases que se les han enseñado a lo largo de su educación en la infancia para enfrentarse a una situación de riesgo.

Los principales factores de protección se dan en cuatro niveles particularmente: familiar, escolar, laboral y en comunidad, mismos que se describen a continuación:

Nivel	Factores de protección
Familiar	• Comunicación asertiva • Prescindir del consumo de alcohol, drogas o cualquier juego de azar que promueva el juego, las apuestas y salidas fáciles • Buenas costumbres • Valores • Afecto de los padres, entre sí y con los hijos • Apego familiar • No permitir la dependencia de celulares ni tabletas
Escolar	• Sin presencia de drogas • Socialización entre alumnos • Entornos seguros • Profesorado capacitado y con atención individual • Ausencia de compañeros violentos
Laboral	• Organización en el trabajo • Buena convivencia • Socialización adecuada y con respeto con los compañeros
En comunicad	• Tiempo libre y enriquecedor, como las actividades deportivas • Apoyo y trabajo para la comunidad • Buena relación entre la comunidad • Trabajo comunitario

Al respecto, es importante considerar que los primeros años de vida de una persona son fundamentales, especialmente porque son la base de la salud, el crecimiento y el desarrollo —este último inicia desde el proceso de gestación—. Las y los niños deben recibir atención de la salud, una buena alimentación, educación y protección contra las lesiones, el maltrato y la discriminación, así como el fomento de los valores. La base de la educación inicia en el seno familiar.

Pero también se trata de una responsabilidad de los gobiernos, los cuales proporcionan las herramientas —con base en la legislación— en materia de educación, cultura, deporte, salud, oportunidades sociales, etcétera.

Entre los factores de riesgo para las y los jóvenes encontramos que hay al menos cinco tipos: individuales, familiares, grupales, sociales y culturales. Para ejemplificarlo de una mejor manera se presenta la siguiente tabla:

Factores de riesgo asociados a la violencia y la delincuencia[1]

Individuales
Adicciones, falta de gusto por el estudio, intolerancia, baja capacidad de resolución de conflictos, actitudes y valores que favorezcan la cultura de riesgo, embarazo temprano, violencia en el noviazgo.

[1] Fuente: Programa Nacional de Prevención Social de la Violencia y la Delincuencia (2013). *Factores de riesgo asociados a la violencia y delincuencia. Programa Nacional para la Prevención Social de la Violencia y la Delincuencia 2014-2018.* DOF: 30/04/2014. México.

Familiares
Poca cohesión familiar, estilos parentales coercitivos y agresivos o ambivalentes, bajo nivel educativo de los padres, bajo nivel de ingreso familiar, participación de la familia en actividades ilegales.
Grupales
Pertenencia a grupos de pares involucrados en actividades riesgosas (violencia, crimen, drogas, delitos).
Sociales y culturales
Carencias esenciales para el desarrollo humano integral, exclusión por razones económicas, culturales, etarias, de género, etc. Falta de opciones laborales o de estudio, marginación, percepción de que el estudio no es un instrumento para la movilidad social, normas culturales que consideran legítimo el uso de violencia para controlar a mujeres y menores de edad.

Se considera a un(a) menor por la edad establecida por las ciencias penales en el que la mayoría de edad es hasta los 18 años, no antes. Asimismo, las personas menores, para la ley, no cometen delitos, sino conductas tipificadas como delitos o infracciones. A lo anterior se debe que se les denomine como *menores en conflicto con la ley*.

Diversos tratados internacionales, como las Directrices de Riad, las Reglas de Beijing, las Reglas mínimas de las Naciones Unidas para la administración de la justicia de menores y la Convención sobre los Derechos del Niño han puesto énfasis en el bienestar del menor y en que no sea tratado con las leyes penales que sancionan a los adultos. El punto es la prevención.

Ante esto se han creado reformas al Sistema Integral de Justicia para Adolescentes en México, que pretende que las y los adolescentes tengan acceso a un juicio justo, en el que se respeten siempre sus derechos fundamentales y que, en caso de resultar responsables, puedan asumir las consecuencias de su acto a través de tratamientos educativos y de reintegración familiar. No obstante, a esto aún le falta madurar y sigue siendo una ley que no apoya del todo a las personas adolescentes, sobre todo porque se cimienta en una cultura penal que tiene como modelo las sanciones que se aplican a las personas adultas.

Asimismo, aunque la reforma al artículo 18 constitucional se pronuncie a favor de un sistema de justicia especializado, es gravísimo que en la práctica el juez provenga del sistema para adultos, porque se pone en tela de juicio la especialización en tema de menores. Es evidente que hay claras diferencias entre un niño o adolescente y un adulto, y para juzgarlos es necesario atender diversos criterios que estén relacionados con particularidades específicas, con contextos concretos, y considerando la etapa de desarrollo en la que se encuentran los individuos.

Surge entonces la pregunta sobre qué medidas ha emprendido el Gobierno de la Ciudad de México sobre la violencia, por medio del mando único policial. El centralizar la seguridad en los gobiernos estatales posee inconvenientes, ya que sólo se tiene un panorama general de la delincuencia, sin adentrarse a cada colonia o polígono, ni entender por medio de diagnósticos de seguridad las carencias de cada una de las colonias.

En el caso particular de la delegación Cuauhtémoc es necesario crear un vínculo fuerte con ésta en materia de seguridad para identificar qué clase de problemáticas presenta cada una de sus colonias y cuáles son los delitos más cometidos, así como la población que los está efectuando. A esto le llamamos *identificación del problema*.

Propuestas, soluciones y planes de acción

Sería muy difícil determinar aquí qué tipo de variables pueden volver a la humanidad más civilizada, más pacífica, o qué puede hacer una comunidad para vivir en paz. El Gobierno de la Ciudad de México y la Delegación Cuauhtémoc deberían tener, siguiendo a Max Weber, "el monopolio y control de la violencia legítima", por medio de policías especializados, para que la corrupción disminuyera y existiera confianza en nuestras instituciones de seguridad.

Como primera propuesta, sería recomendable tener control sobre el crimen organizado en la Ciudad de México, con apoyo de operativos e investigación, pero teniendo en cuenta que estos grupos criminales no son la única problemática ni el origen de todas las violencias.

Asimismo, se tendría que emprender un combate firme contra el acoso escolar o *bullying*, ya que este tipo de violencia se presenta actualmente en muy altos niveles. Para ello se requiere de personal (profesores) capacitado en materia de prevención del delito, relaciones afectivas, capacidad de resiliencia, igualdad de género, convivencia familiar, convivencia escolar (*bullying*, ciberacoso, *texting*, peligros y prevención), convivencia laboral, acoso laboral o *mobbing*, etcétera.

Igualmente, sería necesario fortalecer las alianzas entre el Gobierno de la Ciudad de México y todas las delegaciones de manera integral, creando programas que se adecuen propiamente a cada demarcación, en los que se propusiera como meta no disminuir la violencia un 20% sino llegar a índices altos, de 60% u 80%, para que la ciudadanía se sienta con mayor seguridad. Ello en un periodo no mayor de 3 a 5 años. Pero para establecer estas metas se requiere de un Gobierno fuerte.

Otra de las probables soluciones sería que la ciudadanía se adentrara más en los temas de prevención y coadyuvara a la disminución de la comisión del delito y la impunidad, con una policía en la que pudiera confiar y a la que no viera como enemiga.

Han dicho a los gobiernos nacionales que, para volverse sostenible, las sociedades tendrían que ser menos violentas. Los altos niveles de violencia en México tienen un efecto negativo sobre el sistema educativo, sobre la economía, en la convivencia, la urbanidad, el libre tránsito, entre otros aspectos, así que es muy importante enfrentar el problema, aunque ello le costaría muchísimo dinero a la economía mexicana, pero invertir de manera importante en la prevención valdría la pena porque probablemente podría resolver buena parte del problema delincuencial.

Por otro lado, uno no puede hacer prevención o lograr reducir los niveles de violencia si el Estado no está basado en la justicia; por ello, la policía o el sistema penal juegan un papel muy importante. Como ejemplo, pongamos el caso de la Ciudad de México, en donde el costo, en términos de castigo (sanción), de tomar una vida, el costo de matar a alguien, es en promedio de 5 a 6 años en la cárcel. Así, entonces, cerca de 95% de los casos de asesinatos quedan impunes.

Y para una persona menor la pena es tan pequeña, que por qué no hacerlo una vez y otra vez. Eso contribuye a la cultura de la violencia. Por ello, la columna vertebral de la prevención del delito y la reducción de la violencia debe ser el sistema de justicia, además de un entorno económico y social incluyente, no discriminatorio ni de marginación.

Ante ello, se vislumbran las siguientes soluciones:

1. Construir un sistema de información basado en evidencias.
2. Intervenciones prometedoras en los tres tipos de prevención, principalmente en la prevención terciaria.
3. Pensar en una legislación que sólo proporcione recursos de prevención a políticas que sí sean eficaces; que se destinen a proyectos que sí funcionen, y no a aquellos que no disminuyan los índices de violencia y delincuencia.
4. Docentes, trabajadores sociales, enfermeros y personal del DIF mejor preparados, cuya formación incluya la prevención de la violencia, cómo mantener el orden en las escuelas y en las aulas, cómo reconocer situaciones de maltrato infantil, y cómo intervenir de manera profesional, entre otros temas.
5. En la Ciudad de México también se debería invertir en profesionales de alto nivel, desde la policía hasta los servidores públicos, quienes identifiquen las problemáticas de cada colonia en materia de seguridad. En algunos países del mundo, la policía sostiene una cercanía considerable con la ciudadanía de tal manera, que cada barrio conoce

a su policía y mantienen vínculos estrechos entre sí. Nosotros, aunque contamos con la Policía de Proximidad y de Seguridad Pública, debemos fortalecer mejor los vínculos.

6. Detección y erradicación de la corrupción en las dependencias gubernamentales centrales y locales, iniciando desde los servidores públicos y siguiendo con cada uno de los trabajadores que participan en el día a día de la administración pública.

7. Generar oportunidades para que haya un crecimiento económico.

8. Desarrollar un sistema de salud pública en el que se implemente el monitoreo, la evaluación y el análisis del estado de salud de la población, la vigilancia, la investigación y el control de los riesgos y las amenazas para la salud pública, la promoción de la salud, el aseguramiento de la participación social en la salud, la formulación de las políticas y la capacidad institucional de reglamentación y cumplimiento en la salud pública, el fortalecimiento de la capacidad institucional de planificación y el manejo en la salud pública, la evaluación y la promoción del acceso equitativo a los servicios de salud necesarios, la capacitación y desarrollo de los recursos humanos, la seguridad de la calidad en los servicios de salud, la investigación en la salud pública y finalmente la reducción de la repercusión de las emergencias y los desastres en la salud pública.[1]

---

[1] Organización Panamericana de la Salud-Organización Mundial de la Salud (n/d). Qué son las funciones esenciales de la salud pública. Washington, D.C. Disponible en línea: http://www.paho.org/hq/index.php?option=com_content&-view=article&id=4159%3A2007-que-son-funciones-esenciales-salud-publicas-fes-p&catid=3175%3Aessential-public-health-functions-ephf&Itemid=3617&lang=es.

Apostar por la salud pública implica que las sociedades tengan más ánimo, ya que si las personas gozan de buena salud, es decir, no hay enfermedades ni patologías, los individuos pueden desempeñar actividades de cualquier tipo. Pero, más que un beneficio, es una obligación de los gobiernos otorgar salud pública, lo cual incentiva que se realicen actividades laborales, deportivas, culturales, etc., precisamente porque la sociedad está sana.

Las sociedades que carecen de servicios de salud que favorezcan su adecuado desarrollo físico y psicológico tienen afectaciones que se manifiestan incluso en materia de violencia y delincuencia.

Finalmente, la materialización de la política criminológica integral se puede ver en las formas de control social, tanto formales como informales, las cuales se especifican en la reforma constitucional de 2008 en materia de justicia penal y seguridad pública, y también en el Acuerdo Nacional por la Seguridad, la Justicia y la Legalidad.

Materialización de la política criminológica integral[2]

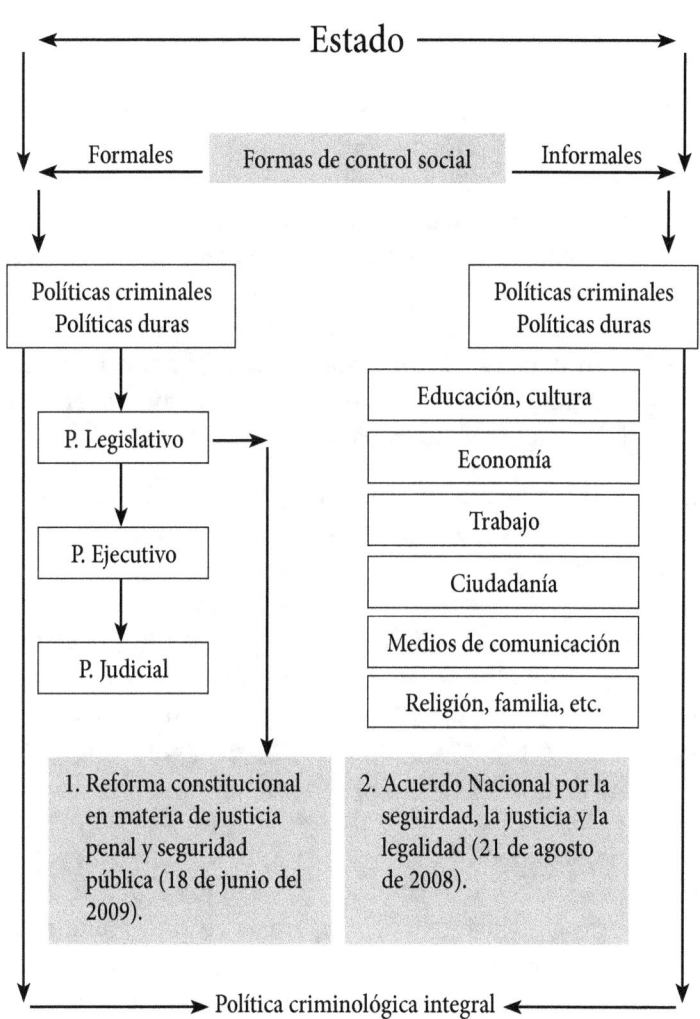

←——————— Estado ———————→

| Formales | Formas de control social | Informales |

Políticas criminales
Políticas duras

Políticas criminales
Políticas duras

P. Legislativo

Educación, cultura

Economía

P. Ejecutivo

Trabajo

Ciudadanía

P. Judicial

Medios de comunicación

Religión, familia, etc.

1. Reforma constitucional en materia de justicia penal y seguridad pública (18 de junio del 2009).

2. Acuerdo Nacional por la seguirdad, la justicia y la legalidad (21 de agosto de 2008).

——————→ Política criminológica integral ←——————

[2] Fuente: Elaboración propia a partir de Lozano Tovar Eduardo (2010). Cap. IV, Materialización de la política criminológica integral en México. Una visión política criminológica integral. Seguridad Pública y Justicia. FCE. México.

Víctimas de delito

En una definición general:

> Víctima es el individuo o grupo que padece un
> daño por acción u omisión propia o ajena, o por
> causa fortuita. La víctima que interesa es la que
> sufre el perjuicio. Es para la victimología, diríase
> clásica, el ser humano que padece daño en los
> bienes jurídicamente protegidos: vida, salud,
> propiedad, honor, honestidad, etc., por el hecho de
> otro e incluso, por accidentes debidos a factores
> humanos, mecánicos o naturales, como ocurre en
> los accidentes de trabajo.[1]

Es fundamental analizar qué papel juega la víctima en el
delito. La tarea de proteger los derechos humanos representa para el Estado la exigencia de proveer y mantener
las condiciones necesarias para que, dentro de una situación de justicia, paz y libertad, las personas puedan gozar
realmente de todos sus derechos. El bienestar común supone que el poder público debe hacer todo lo necesario
para que, de manera paulatina, sean superadas la desigualdad, la pobreza y la discriminación.

El estudio científico de las víctimas del delito tiene como objetivo conocer los rasgos, las características, los
comportamientos y la conducta de ésta para, así, relacionarlos con el delito. Es decir, estudiar en qué medida la
víctima ha contribuido, consciente o inconscientemente,
a la comisión de un delito. Es por ello que la victimología
está asociada tanto con la criminología como con el dere-

---

[1] Neuman, Elias (1984). *Victimología.* Editorial Universidad. Buenos Aires.

cho penal, y se deben analizar los momentos en que ella está sujeta a serlo, antes del conflicto, durante y después.

Esto se nota cuando hay una revictimización al momento de realizar las denuncias ante el Ministerio Público, en donde se tiende a endurecer el trato hacia las víctimas en lugar de que éstas pudieran actuar libremente y sentirse protegidas contra los abusos de autoridades, servidores públicos y particulares.

Es por ello que se deben establecer límites a las actuaciones de todos los servidores públicos, sin importar su nivel jerárquico o institución gubernamental, sea federal, estatal o municipal, siempre con el fin de prevenir los abusos de poder, negligencia o simple desconocimiento de la función.

En la *Encuesta Nacional de Victimización y Percepción sobre Seguridad Pública 2015* (ENVIPE 2015), se estimó que el 33.2% de los hogares a nivel nacional tuvo al menos una víctima del delito durante 2014, equivalente a 22 mil 800 víctimas por cada 100 mil habitantes, y que en la Ciudad de México el número de víctimas del delito aumentó de 2013 a 2014 en 8.9%, de 33 mil 068 a 36 mil 019.

Hay que atender aún más la relación entre el camino del criminal (*iter criminis*) y la víctima (*iter victimae*), y cuáles son las condiciones que genera la víctima para que el criminal las aproveche. Para una mejor noción al respecto, véase el siguiente cuadro:

Factores de riesgo victimales, según Steinmetz[2]

Factores de riesgo	Aspectos	Operacionalización
Factores de atracción	Posesión de objetos valiosos.	Nivel de ingresos, conducta de comprador, ajuar de la casa, traer dinero suelto en lugar de cheques.
	Características sexuales.	Mujer joven (forma de vestir).
	Tener las características.	Adolescentes (conducta de cambio).
Factores de proximidad	Vivir en los alrededores de delincuentes potenciales.	Vivir en una gran ciudad o en un distrito criminal.
Factores de exposición	Visitar lugares frecuentados por delincuentes potenciales.	Conducta de paseo de compras, utilizar medios de transporte colectivos.
	Prevención técnica.	Accesibilidad a la habitación, los automóviles y las chapas.
	Vigilancia y protección.	Vivir en una casa sin custodia, vivir en un lugar aislado. Ir o estar en situaciones en las cuales nadie te puede ayudar. Falta de disposición o inclinación de los vecinos para auxiliar.

---

[2] Fuente: Manzanera Rodríguez, Luis (2006). *¿Cómo elige un delincuente a sus víctimas? Victimización sexual, patrimonial y contra la vida?*, p. 32. INACIPE. México.

En ese sentido, ¿quién no ha sido víctima de un delito? La mayoría de las personas han sido sujetas de un robo alguna vez en sus vidas. Y ése es el delito que se realiza con mayor frecuencia en la Delegación Cuauhtémoc.

Al respecto, es imperativo que los gobiernos analicen las condiciones que favorecen el delito, para combatirlas; por ejemplo, en la falta de seguridad pública; el alumbrado en las calles; las condiciones de cuidado, como las cámaras de seguridad; la identificación de los grupos delictivos; los objetos como coches estacionados que favorecen la comisión de abusos sexuales, entre otros. Pero también generando campañas de prevención para no ser víctimas.

No es novedad que, a diario, en la Delegación Cuauhtémoc tenemos denuncias en materia de robo. Los abusos que se dan dentro del comercio informal en la vía pública y sus implicaciones en la estadística criminal deben ser combatidos.

Por eso deben organizarse campañas en las que no se tienda a generar cada vez más víctimas, y crear políticas bidimensionales que atiendan a las víctimas y les repare el daño en la medida de lo posible; pero que también eviten la generación de factores que contribuyan a la existencia de víctimas.

La delegación política y el municipio son el medio idóneo para entender y resolver los problemas de la seguridad y la justicia, puesto que se habla desde el ámbito local. Desde ahí la ciudadanía transmite su sentir y su anhelo por seguridad y justicia, al tiempo que espera la respuesta a su problemática.

La inseguridad es una de las grandes preocupaciones que tiene la ciudadanía de cualquier entidad, lo cual, aunado a la distancia y la desconfianza que siente respecto a las autoridades, hace que se convierta en un foco rojo que merece especial atención.

Los fenómenos de violencia e inseguridad pública se deben asumir con un enfoque integral de seguridad ciudadana, a partir del cual se tienen que atender al menos cuatro frentes:

1. Protección a las personas y sus bienes (seguridad pública y procuración de justicia)
2. Reconstitución y fortalecimiento del tejido social (política social)
3. Rescate y ciudadanización de espacios públicos (imagen y sustentabilidad urbana)
4. Protección civil, con énfasis en la prevención y la resiliencia (prevención de desastres naturales, urbanísticos y sociales)

En el caso de la Ciudad de México el mando policiaco es único, de tal suerte que las demarcaciones políticas están limitadas en cuanto al apoyo de seguridad e impartición de justicia. Actualmente se está debatiendo la nueva Constitución de la ciudad y el tema de seguridad pública es vital. La nueva Constitución Política de la Ciudad de México debe otorgar facultades plenas en materia de seguridad pública, procuración, administración e impartición de justicia a las delegaciones políticas, las cuales próximamente se convertirán en demarcaciones territoriales; así como elevarlas al estatus de alcaldías.

Colonias de alta incidencia delictiva en la delegación Cuauhtémoc

No cabe duda de que el fenómeno delictivo ha ido en aumento en los últimos años, generando impactos de inconmensurables magnitudes, especialmente en el terreno de lo económico. Particularmente es la Delegación Cuauhtémoc una de las más afectadas por las conductas antijurídicas; esto por ser un foco muy atractivo, debido a que es la séptima economía del país y corazón de los principales corredores económicos.

En la demarcación actúan diversos grupos delincuenciales, que son responsables de diversos delitos, como robo a transeúnte, robo a casa habitación, robo de automóviles, asalto a cuentahabientes, entre otros. Tales conductas antijurídicas han ido en aumento, y por la importancia que el tema reviste nos dimos a la tarea de realizar un diagnóstico amplio al respecto, que nos encamine al mejor plan de acción y prevención.

A continuación se incluyen tabuladores que muestran datos acerca de los delitos más comunes en la delegación Cuauhtémoc, con el fin de tener un panorama más amplio al respecto. En ellos se analiza el número total de casos registrados en 2014 y 2015, las colonias donde con mayor frecuencia se presentó la conducta, así como calles y horarios.

A. Robo en transporte público y a transeúnte

Las estadísticas al respecto muestran un aumento en la comisión de delitos en transporte público de 2014 a 2015, siendo las colonias Centro, Guerrero y Doctores

329

las más afectadas por esta conducta. De igual manera, se incrementó el robo saliendo del cajero automático, principalmente en las colonias Roma Norte y Doctores. Por otro lado, se dio una disminución en el robo a transeúnte; sin embargo, la cifra no deja de ser en extremo alta.

A consecuencia de estos ilícitos se pierden a diario miles y miles de pesos, tanto en bienes como en numerario. Es por ello que se deben implementar esfuerzos para garantizar un medio de transporte y vías de tránsito más seguras para todos los habitantes de la delegación.

Robo en transporte público

Casos registrados 2014 vs 2015
347   419

Colonias de mayor incidencia

	Casos registrados
Centro	176
Guerrero	75
Doctores	36
Roma Norte	15
Juárez	14

Hora de mayor incidencia: de 12 p.m. a 6 p.m.
Calles de mayor incidencia: Arcos de Belén, Avenida Hidalgo, Balderas, Jose María Izazaga.

Robo a transeunte

Casos registrados 2014 vs 2015
1685   1329

Colonias de mayor incidencia

	Casos registrados
Centro	362
Doctores	107
Guerrero	99
Roma Norte	93
Morelos	88

Hora de mayor incidencia: de 9 pm. y de 6 a.m. a 10 a.m.
Calles de mayor incidencia: Eje Central, República de El Salvador, Dr. Arce, Eje 1 Poniente Guerrero.

B. Robo de vehículo y a casa habitación

El robo de vehículo experimentó una disminución de 2014 a 2015, sin que ello represente que el problema se haya erradicado, ya que la cifra sigue siendo alarmante. Las colonias más afectadas fueron Santa María la Ribera y Roma Norte. Por otro lado, el robo a casa habitación se incrementó de 2014 a 2015, siendo las colonias Roma Sur y Centro las de mayor incidencia.

Bajo estas conductas, los grupos criminales se hacen de una gran cantidad de dinero, lesionando la propiedad de muchas personas que habitan y circulan por la delegación, por lo que se necesitan diversas acciones que inhiban la comisión de estos ilícitos, como la colocación de alarmas vecinales y una mayor frecuencia de operativos.

Robo de vehículo

Casos registrados 2014 vs 2015
1133   853

Colonias de mayor incidencia

	Casos registrados
Santa María la Ribera	77
Roma Norte	72
Centro	54
Doctores	41

Hora de mayor incidencia: No hay un patron, el delito puede ser cometido a cualquier hora.
Calles de mayor incidencia: Amado Nervo, Enrique González Martínez, Guadalajara.

Robo a casa habitación

Casos registrados 2014 vs 2015
42   52

Colonias de mayor incidencia

	Casos registrados
Roma Sur	9
Centro	6
Atlampa	3
Tránsito	3
Doctores	3

Hora de mayor incidencia: No hay horario fijo.
Calles de mayor incidencia: Anahúac, Tonalá, Ayuntamiento, Fray Servando Teresa de Mier.

C. Lesiones por arma de fuego y homicidio

Éstas son conductas antijurídicas que atentan contra la vida e integridad de las personas, y que lamentablemente han ido en aumento en la delegación Cuauhtémoc, siendo las colonias Morelos, Centro, Doctores y Guerrero las más afectadas.

Es urgente la implementación de medidas para reducir estas conductas que tanto lesionan a las personas y que conllevan múltiples gastos, especialmente relacionados con la salud.

A continuación se explicará de forma más detallada cuáles fueron los principales delitos cometidos en las seis colonias de la demarcación que reportaron los mayores índices delincuenciales en 2015, cuáles son las formas de operar de quienes cometieron los ilícitos, y exactamente en qué calles ocurrieron los hechos.

Lesiones por arma de fuego

Casos registrados 2014 vs 2015
107   152

Colonias de mayor incidencia

	Casos registrados
Morelos	25
Centro	22
Doctores	17
Obrera	7

Hora de mayor incidencia: No hay horario fijo.
Calles de mayor incidencia: Del Carmen, República de Costa Rica, Av. del Trabajo, Eje 1 Norte, Dr. Márquez.

Homicidio

Casos registrados 2014 vs 2015
71   116

Colonias de mayor incidencia

	Casos registrados
Morelos	25
Centro	15
Guerrero	14
Doctores	10
Atlampa	7

Hora de mayor incidencia: No hay horario fijo.
Calles de mayor incidencia: Florida, Toltecas, Allende, República de Nicaragua.

Análisis de las principales colonias de alto riesgo en la delegación Cuauhtémoc

1. Colonia centro

Durante 2015 la colonia Centro ocupó el primer lugar en la comisión de diferentes delitos en la Delegación Cuauhtémoc, con un total de 782 averiguaciones previas presentadas ante el Ministerio Público.

a) Robo a transeúnte

El robo a transeúnte es el delito con mayor número de averiguaciones previas, ya que se iniciaron 362 denuncias y sólo se lograron 61 detenciones, por lo que podemos concluir que más de 83% de las averiguaciones previas no se resolvió.

Las calles donde se cometió el delito de robo a transeúnte durante 2015 con mayor frecuencia fueron:

- Eje Central Lázaro Cárdenas, entre 16 de Septiembre y José María Izazaga.
- República de El Salvador, entre Pino Suárez y Las Cruces.
- Correo Mayor, entre Moneda y Corregidora.
- Fray Servando Teresa de Mier, entre Bolívar y 20 de Noviembre.
- Eje 1 Norte, entre Allende y República de Argentina.
- Balderas, entre Juárez y Emilio Dondé.
- Isabel la Católica, entre República de El Salvador y 16 de Septiembre.

- República de Cuba, entre Allende y República de Brasil.
- Venustiano Carranza, entre 5 de Febrero y Pino Suárez.
- José María Izazaga, entre Bolívar y 20 de Noviembre.
- República de Argentina, entre Comonfort y República de Ecuador.
- Manuel Doblado, entre Nacional y Lecumberri.
- República de Ecuador, entre Eje 1 Norte Rayón y República de Paraguay.
- República de Perú, entre República de Brasil y República de Chile.
- Arcos de Belén, entre Balderas y Buen Tono.

El horario de mayor incidencia es de 14:00 a 20:00 horas
.

Eje Central Lázaro Cárdenas es un punto de alto impacto para el delito de robo a transeúnte. Allí se localizan la Plaza de la Computación, la Plaza Meave y otras más. Es ahí donde uno de los grupos más representativos de robo a transeúnte, extorsión, pandillerismo, asociación delictuosa con fines de robo y lesiones con arma de fuego y arma blanca opera de manera impune. Es el denominado como la banda de *Los Topos*.

Modus operandi

Los probables responsables se encuentran en la acera, afuera de comercios dedicados a la venta de equipos electrónicos, cómputo y telefonía móvil; se acercan a las personas fingiendo tener promociones de equipos celulares, accesorios, computadoras etc., con precios sumamente bajos, ofertas que resultan atractivas para los transeúntes. Una vez que el posible cliente accede y facilita su equipo celular o dinero en efectivo para la adquisición de estos productos, el probable responsable argumenta ir por el producto, escabulléndose entre la gente y los puestos para ya no regresar.

Ante esta situación, el afectado, después de percatarse de que el supuesto vendedor no regresa con el producto ofertado, se acerca con algún policía ubicado cerca del lugar comentando lo ocurrido a fin de obtener apoyo en la posible localización del delincuente, obteniendo respuesta negativa, con el argumento de que por la forma en que se dieron las cosas no se puede detener a nadie, toda vez que el afectado entregó el dinero o el equipo electrónico de manera voluntaria.

En las redes sociales existen videos y fotografías que muestran de manera muy clara otros *modus operandi* que están muy relacionados entre sí.

El grupo delictivo *Los Topos* opera principalmente en: Plaza del Celular, Plaza Meave y Plaza de la Tecnología, ubicadas en Eje Central, colonia Centro. Colindan con calle República de Uruguay, calle Mesones, calle Esperanza, callejón San Ignacio y calle Aldaco.

Su guarida o base la tienen en la Lonchería Gela, lugar donde se reúnen para distribuir y repartir las ganancias de lo robado; ésta se localiza en calle Delicias número 13, entre la calle de López y Eje Central Lázaro Cárdenas.

b) Robo en transporte público

En 2015 en la colonia Centro se levantaron 176 averiguaciones previas. Sólo se resolvió el 39% de las denuncias realizadas.

De las 176 denuncias, 13 robos en transporte público se realizaron en microbús y en taxi, y 156 se cometieron en el interior del Metro, principalmente en las estaciones Balderas, Pino Suárez, Hidalgo y Bellas Artes.

Modus operandi en el Metro

En las "horas pico", varias personas se amontonan y la víctima no se da cuenta en qué momento la despojan de sus pertenencias, hasta que desciende. Participan dos o más sujetos; lo realizan principalmente en los **horarios de 6:00 a 9:00 horas y de 17:00 a 20:00 horas**. Las calles donde se presentaron los delitos de robo en transporte público, a bordo de microbús, son:

- Av. Circunvalación
- 5 de Febrero
- 20 de Noviembre
- Avenida del Trabajo
- Bolívar
- Comonfort
- República de Ecuador
- Eje 1 Oriente Circunvalación
- Isabel la Católica
- José María Pino Suárez
- República de Perú
- Roldán

De acuerdo con nuestra investigación, podemos afirmar que varios de los delitos se realizaron en la **ruta de microbús que corre de La Villa al Zócalo** y que atraviesa por 20 de Noviembre y 5 de Febrero. Otros robos en microbús se realizaron en la **ruta que corre del Zócalo a La Viga**, en donde se encuentran los callejones de Correo Mayor, el de Las Cruces y el de Santo Tomás, sobre las calles de República de Uruguay y Venustiano Carranza; en el **horario de 7:00 a 20:30 horas**. Es para los delincuentes una ruta de escape ideal para cometer sus fechorías.

c) Robo a negocio

En la colonia Centro se realizaron 83 robos a negocios; podemos mencionar que hay dos modalidades de este tipo de delito.

El primero se lleva a cabo principalmente en tiendas departamentales como Wal-Mart, Sanborns, Suburbia, etc.; lo realizan en especie, es decir, se llevan mercancía. Son custodiados principalmente por personas de seguridad privada.

Modus operandi

Los delincuentes ingresan a la tienda como cualquier comprador y se ocultan mercancía entre la ropa; la mayor parte del tiempo son mujeres o van acompañadas por cómplices hombres, y todos cometen el mismo delito para distraer a la autoridad.

El segundo tipo se realiza en tiendas de conveniencia como Oxxo, Seven Eleven, etc. Los delincuentes van principalmente por el dinero de la venta del día y el *modus operandi* es muy parecido en todos los casos:

Llegan dos o más sujetos a la tienda de conveniencia y con el uso de arma de fuego o arma blanca amenazan al vendedor de turno y lo despojan de la ganancia del día. Principalmente en un **horario de 10:00 pm a 3:00 am. Se comete principalmente en las calles de**:

- Balderas
- República de Argentina
- Correo Mayor
- José María Izazaga
- 16 de Septiembre
- Enrico Martínez
- Av. Chapultepec
- Bolívar
- Eje Central Lázaro Cárdenas
- Donceles
- Pino Suárez
- República de Uruguay
- Av. 20 de Noviembre
- Del Carmen

Tenemos detectados a vendedores de droga en la calle República de Argentina; por lo tanto, concluimos que pueden ser los mismos que cometen los atracos en los negocios para poder suministrar su mercancía.

d) Robo de vehículo

En la colonia Centro se levantaron 54 averiguaciones previas en 2015; el 87% de las mismas quedaron sin resolver.

Las **principales calles** donde se efectuaron los delitos son:

- Peña y Peña, del tramo que comprende de Manuel Doblado a Anillo de Circunvalación Eje 1 Poniente.
- Eje 1 Norte, del tramo que comprende de República de Argentina a Comonfort.
- Eje 1 poniente Circunvalación, del tramo de Lecumberri a San Antonio Tomatlán.
- Nacional, del tramo que comprende de San Pablo a Jesús María.
- Fray Servando Teresa de Mier, de Bolivia a San Lucas.
- Leona Vicario, entre José Joaquín Herrera y República de Guatemala.
- Del Carmen y Eje 1 Poniente Circunvalación.
- Manuel Doblado, entre Manuel de la Peña y General Miguel Alemán.
- Topacio, entre San Pablo y Fray Servando Teresa de Mier.
- Carretones, entre Topacio y Santo Tomas.
- Buen Tono, de República de El Salvador a Arcos de Belén.
- Mixcalco, entre Anillo de Circunvalación y Del Carmen.

Modus operandi

Los usuarios dejan estacionado su vehículo y cuando regresan al lugar éste ya no se encuentra. Otra forma es

342

que dos o más sujetos amenazan con arma de fuego al conductor y lo despojan de la unidad.

e) Violación

De 2014 a 2015 aumentó el número de averiguación de un año a otro: de 7 denuncias, subió a 24. Las calles donde se registró el delito de violación son:

- Zócalo, entre República de Guatemala y Corregidora
- Artículo 123, entre Dolores y García Lorca
- Alhóndiga, entre Soledad y Manzanares
- Madero, entre Motolinía e Isabel la Católica
- República de Ecuador, entre Eje 1 Norte y República de Paraguay
- Salida del Metro Salto del Agua, entre Vizcaínas y Delicias
- Delicias, entre Aranda y Lázaro Cárdenas
- José María Pino Suárez, entre República de El Salvador y Manuel Corona
- Leona Vicario, entre Lecumberri y Miguel Alemán
- Mesones, entre Pino Suárez y 20 de Noviembre
- Pasaje Catedral, entre República de Guatemala y Monte de Piedad
- Paseo de la Reforma, entre Colón e Hidalgo
- Penitenciaría, entre Lecumberri y Joaquín Herrera
- República de Uruguay, entre Las Cruces y Correo Mayor

- República de Argentina, entre República de Uruguay y Eje 1 Norte
- República de Chile, entre Belisario Domínguez y República de Perú

Modus operandi

Uno o dos sujetos se acercan con violencia a las víctimas, las tiran y en el suelo las violan.

Los delincuentes abordan en algún sitio a las víctimas, las suben a un vehículo de transporte público, principalmente taxis, en donde las amenazan de muerte y abusan sexualmente de ellas.

En la calle de República de Uruguay números 25 y 54 se ubican inmuebles de alto riesgo donde hay personas en situación de calle que se drogan y cometen ilícitos, como violar y robar a transeúntes. Cerca de estos domicilios sucedieron las siguientes violaciones:

Las víctimas son interceptadas en Bellas Artes, amagándola con un arma y son llevadas a un edificio en la calle de República de Uruguay, donde son violadas.

Otro punto donde las víctimas son interceptadas es la calle República de Uruguay y la violación se da en la calle República de Cuba.

En la calle República de Argentina con números 73, 76 y 94 se encuentran localizados tres inmuebles de alto riesgo, y cerca de esos domicilios se han cometido violaciones en dos puntos: en el callejón de República de Ecuador y en República de Argentina; las víctimas fueron amagadas con arma blanca.

En el edificio ubicado en Mesones s/n, donde hay una pulquería cerca, se registró una violación. También

344

República de Chile números 38 y 49 son puntos de venta de droga favorecidos por la poca iluminación; en esta calle, cerca de estos puntos de droga, se cometió otra violación.

Otra modalidad para cometer este delito es que en los bares, en una distracción, las bebidas de las víctimas son adulteradas y éstas trasladadas a otro sitio, en donde son violadas. Señalan que los hechos se dieron en algún sitio en la parte posterior de la Catedral Metropolitana.

f) Robo a casa habitación

En 2015 en la colonia Centro se levantaron seis averiguaciones previas de robo a casa habitación en las calles de:

- 5 de Febrero
- Ayuntamiento
- Callejón de San Miguel
- Comonfort
- Luis Moya
- República de Guatemala

Modus operandi

Dos o más sujetos entran a la fuerza a un domicilio, amagan a quienes se encuentran en él y efectúan el robo y sustracción de todo lo de valor.

g) Lesiones por arma de fuego

En el Centro contamos con 22 casos de lesionados por arma de fuego en 2015, los cuales ocurrieron en las calles de:

- Allende, entre República de Cuba y Donceles
- Del Carmen, entre San Ildefonso y República de Colombia
- José Joaquín Herrera, entre Manuel Doblado y Girón
- República de Costa Rica, entre González Ortega y Aztecas
- Aztecas, entre Apartado y República de Costa Rica
- Bolívar, entre Donceles y República de El Salvador
- Comonfort, entre República de Perú y Honduras
- Delicias, entre Vizcaínas y Arcos de Belén
- Donceles, entre Allende y Motolinía
- Eje 1 Norte Rayón, entre República de Ecuador y Comonfort
- Hortelanos, entre República de Costa Rica y Manuel Doblado
- Isabel la Católica, entre 16 de Septiembre y El Salvador
- Lecumberri, entre General Manuel Alemán y Joaquín Herrera
- Mesones, entre 5 de Febrero e Isabel la Católica
- República de Argentina, entre Rayón y República de Ecuador
- República de Guatemala, entre Correo Mayor y Academia
- Republica de Perú, entre República de Chile e Incas
- San Pablo, entre Las Cruces y Escuela Médico Militar

2. Colonia Doctores

En la colonia Doctores se registraron 279 denuncias ante el Ministerio Público en 2015 por diferentes delitos, siendo la segunda colonia con más ilícitos de la delegación Cuauhtémoc.

a) Robo a transeúnte

El delito con mayor número de averiguaciones previas fue el de robo a transeúnte, con 107 denuncias, y sólo se lograron 30 remisiones: el 72% de las denuncias no se resolvió.
Las principales calles de incidencia son:

- Dr. Andrade, entre Dr. Olvera y Dr. Terres
- Lázaro Cárdenas, entre Dr. García Diego y Dr. Martínez del Río
- Dr. Durán, entre Dr. Andrade y Dr. José María Barragán
- Dr. Vertiz, entre Dr. Gómez Santos y Dr. Rafael Norma
- Arcos de Belén, entre Dr. Andrade y Dr. Vertiz
- Dr. Norma, entre Dr. Álvarez Núñez y Dr. Andrade
- Dr. Jiménez, entre Dr. Velasco y Dr. Erazo
- Dr. Navarro, entre Dr. Lucio y Niños Héroes
- Dr. Balmis, entre Eje Central y Dr. Andrade
- Dr. Arce, entre José María Barragán y Dr. Andrade
- Dr. Velasco, entre Niños Héroes y Dr. Jiménez
- Dr. Lucio, entre Dr. Velasco y Dr. Navarro
- Dr. Bernard, entre Dr. Lavista y Dr. Lucio

- Dr. Liceaga, entre Dr. Andrade y Dr. Vertiz
- Dr. Márquez, entre Dr. Jiménez y Dr. Durán
- Balderas, entre Dr. Vertiz y Dr. Río de la Loza
- Av. Cuauhtémoc, entre Dr. García Diego y Dr. Olvera Eje 2 Sur
- Gabriel Hernández, entre Arcos de Belén y Río de la Loza

Modus operandi

El principal es cuando en la calle o avenida uno o varios sujetos se acercan y amenazan con arma blanca o de fuego a sus víctimas y los despojan de sus pertenencias.

Los principales horarios en los que se perpetra este delito son de las 12:00 a las 16:00 horas y de 21:00 a 3:00 horas.

En la colonia Doctores se localizan al menos seis domicilios de venta de droga, que se destacan por la presencia de muchos jóvenes que consumen y compran.

El primero se ubica la calle de Dr. Norma 109; se trata de una vecindad. Ahí se han registrado cinco incidentes de robo a transeúnte.

El segundo se encuentra en Dr. Neva 27, también una vecindad. Se tiene registro de un robo a transeúnte.

El tercer lugar de venta de droga se ubica en Dr. Lucio; es un edificio. En este punto se cometieron 3 robos a transeúnte.

El cuarto se ubica en Dr. Martínez del Río 107, una vecindad. Ahí se cometieron 2 robos a transeúnte.

En Dr. García Diego se cometieron 2 robos a transeúnte y se localiza un punto de droga en el número 66 de la misma calle.

b) Robo a vehículo

Se levantaron 41 denuncias ante la autoridad, mientras que sólo se realizaron dos detenciones, por lo que 95% de las averiguaciones previas presentadas no se resolvió. Las calles donde más se realizó el robo de vehículo fueron:

- Dr. Vertiz, entre Dr. Olvera y Dr. Arce
- Dr. Navarro, entre Niños Héroes y Dr. Lucio
- Dr. Olvera, entre Dr. García Diego y Dr. Aceves
- Eje 3 Morones Prieto, entre Dr. Vertiz y Dr. Núñez
- Gabriel Hernández, entre Dr. Río de la Loza y Arcos de Belén
- Dr. Andrade, entre Dr. Liceaga y Dr. Pascua
- Dr. Jiménez, entre Dr. Erazo y Dr. Velasco
- Dr. Martínez del Río, entre Dr. Lucio y Niños Héroes
- Dr. Arce, entre Dr. Jiménez y Dr. Vertiz
- Dr. Lucio, entre Dr. Lavista y Dr. Río de la Loza
- Dr. Bernard, entre Dr. Navarro y Dr. Velasco
- Dr. Norma, entre Lázaro Cárdenas y Dr. Barragán
- Dr. Velasco, entre Niños Héroes y Dr. Vertiz
- Dr. Lavista, entre Dr. Carmona y Valle y Dr. Lucio
- Dr. Liceaga, entre Vertiz y Dr. Jiménez
-

Modus operandi

Son dos los más comunes: el primero es cuando las personas dejan estacionado su auto y al regresar ya no lo encuentran. El segundo es cuando llegan 2 sujetos con arma de fuego o arma blanca y despojan al usuario de la unidad.

Hay un accionar muy particular en este delito: cuando se trata de motocicletas es más común el robo con violencia, y cuando se trata de automóviles esperan a que se estacionen para cometer el robo. En la colonia Doctores destaca, principalmente, la cantidad de negocios dedicados a la reparación y mantenimiento de automóviles, así como la venta de refacciones.

En total existen aproximadamente 560 negocios dedicados a este giro.

Se puede intuir que algún establecimiento que a continuación mencionaremos puede ser un potencial comprador de piezas robadas o de vehículos enteros: Auto Rines Deportivos, Auto Rines Eliseo, Conversiones López, Gómez, La Esquina, Mellher, Mochis, Paquito, Rines, Servicio Hernández Vázquez, Sin razón social, Venta de rines en vía pública.

c) Robo a negocio

En la colonia Doctores se registraron 41 denuncias en el 2015.

Las calles de mayor incidencia son:

• Eje 2 Sur Dr. Balmis
• Dr. Río de la Loza
• Dr. Andrade
• Av. Cuauhtémoc
• Dr. Lucio
• Dr. Jiménez
• Dr. Navarro
• Lázaro Cárdenas

- Dr. Carmona y Valle
- Dr. Lavista
- Dr. José Terres
- Dr. Martínez del Río
- Avenida Niño Perdido
- Avenida Niños Héroes

Los horarios de mayor incidencia son: 8:00 am a 10:00 am y 13:00 horas a 18:00 horas. En esta demarcación el robo a negocio es prácticamente a tiendas de conveniencia.

Modus operandi

El más común es cuando dos o más sujetos van por el dinero de la venta del día, a través de la violencia verbal y amenaza de arma de fuego o arma blanca.

d) Robo en transporte público

Se reportaron 36 casos de robo en transporte público en la colonia Doctores: 2 en microbús, 4 en taxi y 30 en el Metro. Las calles o lugares de mayor incidencia delictiva en transporte público son:

- Balderas, entre el tramo de Dr. Lavista y Dr. Liceaga
- Avenida Niños Héroes, entre Dr. Navarro y Dr. Erazo
- Estación Balderas, entre Enrico Martínez y Tolsá
- Arcos de Belén, entre Luis Moya y Niños Héroes
- Av. Cuauhtémoc, entre Dr. García Diego y Eje 2 Sur Dr. Olvera

351

- Estación Salto del Agua, entre Dr. Ruiz y Dr. Lavista
- Estación Centro Médico, en la Av. Cuauhtémoc
- Bolivia, entre Dr. Álvarez Núñez y Dr. Andrade
- Dr. Lavista, en el tramo de Dr. Jiménez y Av. Niños Héroes
- Eje Central Lázaro Cárdenas, entre Dr. Aceves y Dr. Arce
- Dr. Valenzuela, entre Dr. Lavista y Dr. Pascua
- Dr. Velasco, entre Dr. Erazo y Dr. Vertiz
- Eje 1 Pte. (Av. Cuauhtémoc), entre Dr. Olvera y Dr. Pasteur
- José María Izazaga, entre Dr. Valenzuela y Eje Central

El horario de mayor incidencia es de 18:00 a 20:00 horas.

Modus operandi

En esta colonia los robos en transporte público con mayor frecuencia se realizaron en el Metro; por lo que sabemos, en la línea 8 principalmente.

El más común es cuando se suben amontonados al vagón y aprovechan para realizar lo que se conoce comúnmente como "bolseo" para despojar de sus pertenencias a los pasajeros, quienes se dan cuenta hasta que descienden del Metro.

Otras denuncias se realizaron por ilícitos cometidos a bordo de un taxi. El *modus operandi* fue que el chofer se detuvo en un punto de poca afluencia de personas y despoja a los pasajeros de sus pertenencias.

Conocemos de denuncias ciudadanas que señalan la existencia de una base de taxis ubicada entre niños Héroes y Dr. Bernard, donde unidades que no pertenecen al sitio se hacen pasar por legales y son abordadas por los usuarios.

e) Lesiones por arma de fuego:

Se levantaron 17 denuncias por el delito de lesiones con arma de fuego, **principalmente en las calles de:**

- Dr. Márquez, entre Dr. Jiménez y Vertiz
- Hospital General de México, entre Dr. Pasteur y Dr. Márquez
- Cerrada Dr. Márquez, entre Dr. Norma y Dr. Gómez Santos
- Av. Cuauhtémoc, entre Dr. Navarro y Dr. Velasco
- Dr. Navarro, entre Dr. Andrade y Dr. Vertiz
- Dr. Norma, entre Dr. Barragán y Lázaro Cárdenas
- Dr. Andrade, entre Dr. Solís Quiroga y Eje Central
- Dr. Liceaga, entre Dr. Jiménez y Niños Héroes
- Dr. Erazo, entre Dr. Andrade y Dr. Vertiz
- Dr. José María Barragán, entre Dr. Olvera y Dr. Aceves
- Dr. Lavista, entre Río de la Loza y Arcos de Belén
- Eje 2 Sur Dr. Balmis, entre Dr. Arce y Dr. Durán
- Eje Central Lázaro Cárdenas, entre Dr. Erazo y Dr. Martínez del Río

3. Colonia Guerrero

En la colonia Guerrero, en el periodo de enero a diciembre de 2015, se registraron 267 denuncias ante el Ministerio Público por diferentes delitos cometidos. En la clasificación por delitos, esta colonia ocupó el tercer lugar.

a) Robo a transeúnte

En la colonia Guerrero el delito que tuvo más averiguaciones previas registradas en 2015 fue el robo a transeúnte, con 99 denuncias.

Las calles donde se cometió el robo a transeúnte con mayor frecuencia fueron:

- Av. Hidalgo, entre Trujano y Lázaro Cárdenas
- Eje Central Lázaro Cárdenas, entre Sol y Camelia
- Francisco Javier Mina, entre Héroes y Soto
- Violeta, entre Soto y Héroes
- Zarco, entre Sol y Camelia
- Degollado, entre Orgazón y Galeana
- Camelia, entre Soto y Lerdo
- Ignacio Allende, entre Sol y Camelia
- Av. Flores Magón, entre Allende y Lázaro Cárdenas
- Eje 1 Poniente Guerrero, entre Violeta y Magnolia
- Luna, entre Zarco y Eje 1 Poniente Guerrero
- Matamoros, entre Allende y Eje Central Lázaro Cárdenas
- Moctezuma, entre Moctezuma y Magnolia

Los horarios de mayor incidencia son de las 14:00 a las 2:00 horas y de las 6:00 a las 10:00 horas.

Modus operandi

El más común en la colonia Guerrero es cuando dos o más sujetos se acercan a los transeúntes y con arma de fuego o arma blanca los amenazan y los despojan de sus pertenencias.

En toda la colonia Guerrero podemos identificar que en una misma calle se forman dos o más grupos delictivos. Esto les permite la autoprotección. Por ejemplo, en el Eje Central Lázaro Cárdenas, entre Pedro Moreno y Magnolia, se encuentra un edificio en ruinas en el que vive población callejera que se salta la barda y realiza robo a transeúnte; ahí se cometieron siete de los casos reportados de robo a transeúnte, pero éste es también un punto conocido de venta de droga.

b) Robo en transporte público

En 2015 en la colonia Guerrero se realizaron 75 denuncias por este ilícito, de las cuales 68 fueron por delitos cometidos en el interior del Metro, 4 a bordo de microbús y 3 a bordo de taxi.

Modus operandi Metro

El más común es cuando un sujeto se sube al vagón y amaga a las víctimas con un arma blanca para desapoderarlos de celular y dinero en efectivo.

El horario de mayor frecuencia fue de 1 pm a 10 pm.

Las estaciones en donde más se cometió este delito fueron:

- Hidalgo
- Guerrero
- Bellas Artes
- Garibaldi

Los robos en transporte público a bordo de microbuses que se denunciaron en la colonia Guerrero fueron 4 y sucedieron en las siguientes calles:

- Eje 1 Norte Rayón, entre Ignacio Allende y Paseo de la Reforma
- Magnolia, entre Zarco y Soto.

Modus operandi microbús

Los denunciantes refieren que dos o más sujetos se suben con armas blancas o armas de fuego, amagan a los usuarios y los despojan de sus pertenencias, principalmente celulares y efectivo.

Los 4 robos a transporte a bordo de microbús que ocurrieron en la calle Eje 1 Norte Rayón fueron en la ruta 22, que corre de la Glorieta de Violeta a la Cárcel de mujeres, en un horario de 17:00 a 23:00 horas.

c) Robo de vehículo

El tercer delito con mayor incidencia en la colonia Guerrero es el robo de vehículo, con 37 denuncias ante Ministerio Público en 2015.

Las calles de mayor incidencia son:

- Zarco, entre Sol y Camelia 6
- Luna, entre Galeana y Lázaro Cárdenas

- Magnolia, entre Eje 1 Poniente Guerrero y Héroes
- Sol, entre Zarco y Héroes
- Eje 1 Norte Mosqueta, entre Paseo de la Reforma y Galeana
- Lerdo, entre Camelia y Sol
- Mina, entre Zarco y Soto
- Pedro Moreno, entre Héroes y Zarco
- Soto, entre Degollado y Mosqueta

Modus operandi

Los principales son:
Los usuarios dejan estacionado su vehículo y cuando regresan al lugar, éste ya no se encuentra allí.
Dos o más sujetos amenazan con arma de fuego al conductor y lo despojan de la unidad.
En la **calle Zarco** se cometieron 7 robos a transporte público, 7 robos a transeúnte, 2 robos a negocio, 6 robos de vehículo, 1 robo a casa habitación y 2 homicidios, siendo de las **calles con mayor número de delitos**.

d) Robo a negocio

En 2015 se realizaron 16 denuncias por robo a negocio en la colonia Guerrero.
Ocurrieron principalmente en las calles:

- Estrella, entre Zarco y Guerrero 2
- Eje 1 Norte Mosqueta, entre Zarco y Soto
- Eje Central Lázaro Cárdenas, entre Violeta y Mina
- Paseo de la Reforma, entre Moreno y Violeta

- Zarco, entre Mina e Hidalgo
- Soto, entre Camelia y Degollado
- Eje 1 Poniente Guerrero, entre Sol y Camelia
- Félix Gómez, entre Eje Central y Lerdo
- Galeana, entre Degollado y Camelia
- Lerdo, entre Luna y Arteaga
- Mina, entre Trujano y Galeana

Modus operandi

Llegan dos o más sujetos a la tienda de conveniencia y con el uso de arma de fuego o arma blanca amenazan al vendedor de turno y lo despojan de la ganancia del día, **principalmente en un horario de 11:00 pm a 3:00 am.**

En la calle **Eje 1 Norte Mosqueta** se dio un robo a repartidor, 2 robos de vehículo, 8 robos a transeúnte, 5 robos en transporte público y 2 robos a negocio, siendo **una de las calles con mayor incidencia en esta colonia.**

Esta calle atraviesa Héroes, Zarco, Soto, Lerdo y Galeana.

4. Colonia Roma Norte

En la colonia Roma Norte se registraron 257 averiguaciones previas en 2015.

a) Robo a transeúnte

En la colonia Roma Norte el delito que más incidencia tuvo fue el robo a transeúnte, con 93 denuncias ante el Ministerio Público.

Las calles donde principalmente se cometió el delito de robo a transeúnte con mayor frecuencia fueron:

- Durango, entre Tonalá y Monterrey
- Puebla, entre Guadalajara y Cozumel
- Av. Chapultepec, entre Valladolid y Medellín
- Orizaba, entre Álvaro Obregón y Guanajuato
- Insurgentes, entre Medellín y Guanajuato
- Medellín, entre Zacatecas y Querétaro
- Veracruz, entre Puebla y Sinaloa
- Jalapa, entre Tabasco y Colima
- Av. Oaxaca, entre Colima y Tabasco
- Av. Monterrey, entre Álvaro Obregón y Guanajuato
- Eje 1 Poniente Av. Cuauhtémoc, entre Álvaro Obregón y Chihuahua
- Frontera, entre Guanajuato y Zacatecas
- Colima, entre Morelia y Frontera
- Mérida, entre Chiapas y Coahuila

Los horarios de mayor incidencia son de las 13:00 horas a las 19:00 horas y de las 0:00 horas a las 3:00 horas.

Modus operandi

El más común es cuando dos o más sujetos se acercan a un transeúnte y con arma de fuego o arma blanca lo amenazan y golpean para despojarlo de sus pertenencias.

En **Durango** se cometieron tres robos de vehículo, 4 robos a negocios, 2 robos a cuentahabientes y 9 robos a transeúnte, **siendo una calle con alta incidencia delictiva**.

b) Robo de vehículo

En el periodo de enero a diciembre 2015 se registraron 72 denuncias de robo de vehículo.

El ilícito se cometió principalmente en las calles de:

- Puebla, entre Cuauhtémoc y Morelia
- Tabasco, entre Mérida y Frontera
- Colima, entre Córdoba y Mérida
- Guanajuato, entre Frontera y Mérida
- San Luis Potosí, entre Monterrey y Tonalá
- Sinaloa, entre Valladolid y Medellín
- Av. Chapultepec, entre Acapulco y Tampico
- Durango, entre Insurgentes Sur y Jalapa
- Mérida, entre Chihuahua y Guanajuato
- Chihuahua, entre Mérida y Frontera
- Frontera, entre Colima y Tabasco
- Medellín, entre Av. Chapultepec y Puebla
- Chiapas, entre Monterrey y Tonalá
- Córdoba, entre Chiapas y Coahuila
- Cozumel, entre Puebla y Sinaloa

Modus operandi

El más común es el robo de vehículo sin violencia: las personas dejan estacionado su vehículo y al regresar se percatan de que ya no está la unidad.

En esta colonia, el 50% es de robo de automóvil y el otro 50% de robo de motocicleta.

La calle de Puebla es un punto de riesgo, ya que la cantidad de delitos cometidos es alta: 9 robos a transeúnte, 4 robos a negocio, un robo en transporte público y 9 robos de vehículos.

En la misma calle de Puebla encontramos 8 establecimientos de venta de autopartes:

1. Auto refacciones Puebla 2000, cerca de Av. Cuauhtémoc
2. Auto repuestos Lupillos, cerca de Guaymas
3. Cax Autopartes, cerca de Guaymas
4. Computadoras automotrices Raedui, cerca de Av. Cuauhtémoc
5. Mafuratoshi Refacciones, cerca de Av. Cuauhtémoc
6. Moran autopartes
7. Motores y Partes Aguilar, cerca de Av. Cuauhtémoc
8. Refaccionaria Cortés, cerca de Av. Cuauhtémoc

El alto número de establecimientos de venta de autopartes hace más tentador el delito de robo de vehículos, ya que la facilidad de deshacerse de éstos es inmediata.

c) Robo a negocio

Se registraron, en 2015, 46 denuncias de robo a negocio en la colonia Roma Norte.

Las principales calles en las que se cometió este delito fueron:

• Frontera, entre Puebla y Av. Chapultepec
• Insurgentes Sur, entre Medellín y Monterrey
• Álvaro Obregón, entre Valladolid y Medellín
• Durango, entre Jalapa y Orizaba
• Puebla, entre Frontera y Morelia
• Av. Chapultepec, entre Guaymas y Morelia

- Av. Cuauhtémoc, entre Obregón y Guanajuato
- Colima, entre Jalapa y Orizaba
- Eje 3 Pte. Salamanca, entre Puebla y Sinaloa
- Orizaba, entre Zacatecas y Guanajuato
- Sonora, entre Av. México y Ámsterdam

Modus operandi

Llegan dos o más sujetos a la tienda de conveniencia y con el uso de arma de fuego o arma blanca amenazan al vendedor de turno y lo despojan de la ganancia del día. Este delito ocurre principalmente en un horario de 10:00 pm a 3:00 am.

En la calle **Frontera** se realizaron 3 robos de vehículo, 3 robos a transeúnte y 6 robos a negocio.

En la calle **Álvaro Obregón** se cometieron dos robos a transeúnte, un robo de vehículo, un robo de casa habitación, una violación y cuatro robos de negocio.

d) Giros negros

En la Roma Norte se tiene conocimiento de 5 giros negros:

1. El Jacalito, ubicado en Medellín 143: se reportan riñas en su exterior a menudo, y disturbios en los alrededores.
2. La Envidia VIP: ubicada en Av. Cuauhtémoc 86, se reportan riñas en su interior y exterior, y venta de drogas.
3. La Tentación: ubicado en Av. Cuauhtémoc 50, se reportan riñas en su interior y exterior, y venta de drogas.

4. En Querétaro 230 se ubica el bar llamado Mama Rumba, donde se reportaron riñas al exterior y venta de drogas.
5. En Puebla 152 se encuentra el Bar Rouge, donde se reportan problemas de vialidad y venta de drogas.

5. Colonia Santa María la Ribera

En 2015 se realizaron 217 denuncias de los diferentes delitos en la colonia Santa María La Ribera. En la clasificación por número de delitos, esta colonia ocupa el cuarto lugar.

a) Robo a transeúnte

Se levantaron 85 averiguaciones del delito de robo a transeúnte. Principalmente sucedió en las calles de:

- Ribera de San Cosme, entre Salvador Díaz Mirón y Manuel Carpio
- Av. Insurgentes Norte, entre Roble y Ébano
- Eje 1 Norte José Antonio Álzate, entre Naranjo y Sabino
- Circuito Interior, entre Manuel Carpio y Salvador Díaz Mirón
- Salvador Díaz Mirón, entre Dr. Atl y Dr. González Martínez
- Dr. Atl, entre Eligio Ancona y Ricardo Flores Magón
- Naranjo, entre Ribera de San Cosme y Amado Nervo

- Nogal, entre Tulipán y Eligio Ancona
- Dr. Mariano Azuela, entre Manuel Carpio y Salvador Díaz Mirón
- Eligio Ancona, entre Trébol y Naranjo
- Jaime Torres Bodet, entre Loto y Salvador Díaz Mirón
- Amado Nervo, entre Santa María la Ribera y Torres Bodet
- Cedro, entre Álzate y Sor Juana Inés de la Cruz
- López Velarde, entre Sabino y Naranjo
- Sabino, entre Loto y Acacias

Modus operandi

El más común es cuando dos o más sujetos se acercan a los transeúntes y con arma de fuego o arma blanca los amenazan y los despojan de sus pertenencias.

Los horarios en que más ocurrió este delito fueron de 7:00 am a 11:00 am y de 18:00 a 01:00 horas.

La calle en la que se realizó la mayor parte de los delitos fue Manuel Carpio, en el número 195, donde se encuentra una vecindad con presencia de población callejera que, bajo el influjo de drogas, cometen el ilícito.

b) Robo de vehículo

El segundo delito con mayor número de casos en la colonia Santa María la Ribera en el 2015 fue el robo a vehículo, con 77 casos.

Las calles de mayor incidencia del robo de vehículo en esta colonia fueron:

- Dr. Enrique González Martínez, entre Manuel Carpio y Salvador Díaz Mirón
- Manuel Carpio, entre Cedro y Fresno
- Dr. Mariano Azuela, entre Margarita y Manuel Carpio
- Naranjo, entre Loto y Acacias
- Jaime Torres Bodet, entre Álzate y Sor Juana Inés de la Cruz
- Sabino, entre Velarde y Nervo
- Fresno, entre Ancona y Carpio
- Amado Nervo, entre Sabino y Torres Bodet
- Circuito Interior Instituto Tecnológico Industrial, entre Lirio y Mirto
- Cedro, entre Tulipán y Díaz Mirón
- Salvador Díaz Mirón, entre Dr. Atl y Jaime Torres Bodet
- Sor Juana Inés de la Cruz, entre Sabino y Naranjo
- Dr. Atl, entre Flores Magón y Ancona
- Eligio Ancona, entre Peral y Cedro

Modus operandi

Los usuarios dejan estacionado su vehículo y cuando regresan al lugar éste ya no se encuentra.

Dos o más sujetos amenazan con arma de fuego al conductor y lo despojan de la unidad.

El horario es muy variado y no hay un parámetro para establecer incidencia.

En la calle **Eligio Ancona** se realizaron un robo a cuentahabiente, un robo a repartidor, 3 robos a negocio, 3 robos a transeúnte y 2 robos a vehículo.

En esa misma calle se encuentra el establecimiento llamado Refacciones Veracruz, donde reciben y compran refacciones sin importar el origen, por lo que el robo de vehículo se considera una opción para conseguir dinero fácil.

c) Robo a negocio

En 2015 se levantaron 22 denuncias de robo a negocio en la colonia Santa María la Ribera. Las calles donde se cometieron los 22 robos de negocio fueron:

- Naranjo, entre Manuel Carpio y Salvador Díaz Mirón
- Ribera de San Cosme, entre Torres Bodet y Santa María la Ribera
- Eligio Ancona, entre Jaime Torres Bodet y Dr. Atl
- Jaime Torres Bodet, entre Salvador Díaz Mirón y Manuel Carpio
- Nogal, entre Manuel Carpio y Díaz Mirón
- Salvador Díaz Mirón, entre Sabino y Naranjo
- Eje 1 Norte José Antonio Álzate, cerca de Jaime Torres Bodet
- Cedro, entre Manuel Carpio y Tulipán

Modus operandi

Se realiza en tiendas de conveniencia. Los delincuentes van principalmente por el dinero de la venta del día, amenazando con arma de fuego o arma blanca al encargado.

El horario de mayor incidencia del delito de robo a negocio es de 17:00 a 23:00 horas.

En la **calle de Naranjo** se realizaron 2 robos a transporte público, 6 robos de vehículo, 4 robos a transeúnte y 5 robos a negocio.

6. Colonia Morelos

En la colonia Morelos se realizaron 208 denuncias de los diferentes delitos ante el Ministerio Público en el transcurso de 2015.

a) Robo a transeúnte

El delito más cometido en la colonia Morelos fue el robo a transeúnte, con 88 denuncias en 2015. Las calles donde se cometió con mayor incidencia el delito de robo a transeúnte fueron:

• Jesús Carranza, entre Constancia y Peñón
• Av. Peralvillo, entre Matamoros y Bocanegra
• Fray Bartolomé de las Casas, entre Toltecas y Tenochtitlán
• Rivero, entre Jesús Carranza y Peralvillo
• Eje 1 Oriente Av. del Trabajo, cerca de Pintores
• Paseo de la Reforma, entre Jaime Nunó y Libertad.
• Aztecas, entre Tenochtitlán y Bartolomé de las Casas
• Comonfort, entre Bocanegra y Jaime Nunó
• Eje 1 Norte, entre Comonfort y Peralvillo
• Florida, entre Caridad y Héroes de Granaditas
• Matamoros, entre Toltecas y Jesús Carranza
• Eje 1 Norte Héroes de Granaditas, entre Florida y González Ortega
• Eje 1 Norte Rayón, entre Allende y Comonfort
• Tenochtitlán, entre Bartolomé y Granaditas

Modus operandi

Dos sujetos menores de edad participan, entre las 14:00 y 15:30 horas, con arma blanca; uno de los dos amaga a la víctima con una navaja y el otro lo despoja de su celular.

Dos sujetos, entre las 15:00 y 18:00 horas, sorprenden a la víctima, y cuando está descuidada le arrebatan sus alhajas; huyen corriendo e ingresan a sus domicilios.

Tres sujetos, en la tarde, amenazan a la víctima, le roban su celular, alhajas y, dependiendo de la oportunidad, su dinero; luego huyen, mezclándose entre los puestos.

De cuatro a seis sujetos, en la tarde, golpean y amenazan a la víctima, le roban su celular, alhajas y, dependiendo de la oportunidad, su dinero.

Dos sujetos, en la tarde, a bordo de motonetas, con arma de fuego, despojan de sus pertenencias a la víctima y huyen en sentido contrario a la circulación.

Dos o tres sujetos, en la tarde, utilizan arma de fuego para amenazar a la víctima, lo despojan de sus pertenencias y huyen corriendo.

En la calle Jesús Carranza se realizaron 2 violaciones, una lesión por arma de fuego, 3 homicidios, 4 robos de vehículo y 8 robos a transeúnte.

En esa misma calle se tiene conocimiento de cinco inmuebles que venden droga:

1. Jesús Carranza 22. Es una vecindad donde los distribuidores se apostan en la puerta para vender la droga; desde ahí tienen una amplia visión en caso de que arribe la policía, e inmediatamente se introducen al inmueble.

2. A un costado de este punto, en el número 21, se encuentra otra vecindad con características similares a la anterior, donde se encuentran muchos jóvenes en la entrada, drogados y en actitud violenta.

3. En el número 42 de la misma calle hay otra vecindad donde se realiza la venta de droga; la operan en su mayoría mujeres y hombres jóvenes.

4. En Jesús Carranza 120 se localiza otra vecindad en condiciones similares y con el mismo modo de operar para la venta de drogas.

5. Existe otro punto de venta de droga en esta calle, pero no tiene número: es un local comercial, donde en apariencia se venden productos diversos, como dulces o cigarros.

En la Avenida Peralvillo se cometieron dos robos a negocio, 3 lesionados de arma de fuego, 2 robos de vehículos, 2 homicidios y 6 robos a transeúnte.

En Peralvillo 62 se encuentra un punto de venta de droga: es una vecindad cuya puerta permanece cerrada y para acceder es necesario tener la llave. Cabe señalar que la puerta de acceso está reforzada con herrería, para darles una mayor protección a los delincuentes en caso de que alguna autoridad pretenda ingresar al inmueble.

Para la distribución de la droga hacen uso de motonetas, circulando entre los puestos ambulantes del tianguis, las unidades habitacionales y en sentido contrario al flujo de los vehículos.

La venta se hace mediante el uso de "burreros": personas en situación de calle, menores de edad y adultas mayores, que en su mayoría son adictos a alguna droga; "llevan y traen" a cambio de un poco de ésta.

Sobre la calle de Carbajal, desde Peralvillo hasta Av. Paseo de la Reforma, se puede observar a estas personas que sirven de "burreros" para el acarreo de la droga para su venta. Quienes se dirigen a comprar saben que el intercambio se efectúa a través de ellos.

En el Eje 1 Norte se cometieron 1 robo en transporte público, un robo a repartidor, 2 lesionados por arma de fuego y 4 robos a transeúnte.

En Eje 1 Norte 110 se encuentra una casa habitación donde se localiza una banda bien organizada que también comete ilícitos como robo a transeúnte y venta de droga.

En Fray Bartolomé de las Casas se reportó un robo a negocio, 2 lesionados de arma de fuego, 3 robos de vehículo y 6 robos de transeúnte.

En Fray Bartolomé de las Casas 21 se localiza un local donde se vende droga; lo protegen jóvenes de la población callejera que generalmente están bajo los influjos de las drogas.

b) Robo de vehículo

En la colonia Morelos, durante 2015, se registraron 40 averiguaciones previas por este delito.

Las calles donde principalmente se realizaron los robos de vehículo son:

- Toltecas, entre Constancia y Rivero
- Jesús Carranza, entre Granda y Peñón
- Fray Bartolomé de las Casas, entre Jesús Carranza y Toltecas
- Gorostiza, entre Tenochtitlán y Toltecas
- Granada, entre Peralvillo y Jesús Carranza

- Eje 1 Ote. Av. del Trabajo, entre Héroes de Granaditas y Caridad
- Constancia, entre Toltecas y Tenochtitlán
- Jaime Nunó, entre Comonfort y Peralvillo
- Libertad, entre Paseo de la Reforma y Eje 1 Norte Rayón
- Peralvillo, entre Estanquillo y Matamoros
- Santa Lucía,, entre Constancia y Peñón
- Tenochtitlán, entre Rivero y Matamoros

Modus operandi

Los usuarios dejan estacionado su vehículo y cuando regresan al lugar, éste ya no se encuentra allí. Dos o más sujetos amenazan con arma de fuego al conductor y lo despojan de la unidad.

En Jesús Carranza se ubican 24 establecimientos de venta de autopartes y refacciones: La guadalupana, El español, Cardanes y Partes Centeno, Charly, Chiquin, El 42, El primo, El texano, Grandin, Importador Directo, Johnny, Jiménez, La competencia, La primera, Laredo, León, Marcan, Mike, Radiadores, Reconstructora automotriz, Súper, Transmipartes el banco, Trasmisiones automáticas, Washporra.

En la calle de Granada existen 31 establecimientos que venden autopartes y refacciones de autos, lo que incentiva que cometa robo de vehículos con mayor frecuencia: El piñón, A. Zarate. G, Bodega, Casa Moreno, Cigüeñales Iturbe, Cigüeñales Peralvillo, Deshuesadero, Diesel Jr., Diesel y monoblocs el 42 sucursal, El chino, El hueso, El pato, El pollo, El tigre, Empresa y refacciones,

León, Motores diésel, Refaccionaria Alonso, Refaccionaria Chiquin, Refaccionaría Díaz, Refaccionaria García, Refaccionaria Palacios, Sin razón social, Sin razón social, Torno, Tracto partes Peralvillo, Tracto refacciones, Válvulas y pistones.

c) Homicidio

Se levantaron 25 averiguaciones previas del delito de homicidio en la colonia Morelos en 2015. Las calles donde más se realizó este delito fueron:

• Toltecas
• Constancia
• Florida
• Jesús Carranza
• Peralvillo
• Eje 1 Ote. Av. del Trabajo
• Aztecas
• Carbajal
• Díaz de León
• Fray Bartolomé de las Casas
• Palma Norte 1
• Peñón

Modus operandi

Ocho de cada 10 delitos de homicidio son realizados por arma de fuego; la principal forma de cometer estos asesinatos es a bordo de motonetas, en parejas; esto es, dos personas cometen el delito y dos más trabajan de "muro" para proteger la fuga de los responsables. Posteriormente, las personas sólo reportan a un herido por arma de fuego tirado en la calle.

En la calle de Toltecas se reportó un robo a negocio, un lesionado de arma de fuego, dos robos a transeúnte, 6 homicidios y 5 robos de vehículo.

En Toltecas 83 se ubica una vecindad donde venden droga; es custodiada por jóvenes drogados y violentos.

En la calle de Constancia se reportó un robo a casa habitación, un lesionado por arma de fuego, dos robos de vehículo y 4 homicidios.

En la calle Santa Lucía esquina con Constancia se ubica un local comercial que vende autopartes y en su exterior se encuentran personas de la población callejera.

Los delitos hasta aquí descritos no ocurren de manera aislada, sino que configuran zonas de alto riesgo: en calles donde hay mayor incidencia de robos a transeúnte, por ejemplo, también se reportan otros ilícitos en las inmediaciones: venta de droga, violaciones, robos a negocio, robos de vehículo e incluso homicidios. Se trata de verdaderas redes delincuenciales.

Las conductas antes detalladas forman parte de ilícitos comunes (con excepción de la violación); sin embargo, la mayor afectación económica es generada por los delitos que antes denominé *de alto impacto*, principalmente aquellos que son cometidos por el crimen organizado. Aunque muchos se han negado a aceptar la existencia de estas agrupaciones criminales, nosotros no lo hacemos y mostramos una visión al respecto.

Delitos y actividades de alto impacto

Como se ha mencionado, no es posible negar que la delegación Cuauhtémoc es un foco de atracción para grupo delictivos que realizan actividades de alto impacto, esto en gran medida debido a la enorme cantidad de personas y de recursos que circulan día con día por la demarcación.

El gran potencial económico de la demarcación la vuelve sumamente atractiva para la comisión de delitos, puesto que en ella los delincuentes obtienen grandes ganancias y una de las actividades más rentables ha sido la comisión de delitos por parte de la delincuencia organizada.

Ya previamente se mencionó que de acuerdo con un informe de la DEA de 2015 se identificó que en la Ciudad de México operan al menos cinco cárteles:

- Cártel de Sinaloa (cargamentos en el Aeropuerto Internacional Benito Juárez)
- Cártel de los Beltrán Leyva (distribución de droga en antros y bares)
- Los Zetas (robo, contrabando de mercancías y trata de personas)
- Cártel del Golfo (robo de mercancías y secuestros)
- Una célula de Los Caballeros Templarios (secuestros y extorsión)

De las 23 conductas tipificadas como actividades ilícitas de la delincuencia organizada, en la Delegación se tiene registro y antecedentes de por lo menos 10: tráfico de estupefacientes, trata de personas, lenocinio, contrabando de bienes y servicios diversos, falsificación de documentos, homicidio calificado, piratería, extorsión, secuestro y tráfico de armas. Me permito analizar algunos un par de casos concretos de actividades de la delincuencia organizada en la Ciudad de México:

1. El llamado "caso Heaven", ocurrido en mayo de 2013, cuando desaparecieron de un bar 13 jóvenes, quienes eran en su mayoría residentes del barrio de Tepito, puso al descubierto la operación y rivalidad de dos grupos de la delincuencia organizada: Unión Tepito y Unión Insurgentes (o Unión Condesa). De acuerdo con las indagatorias oficiales, se presentaron todos los elementos característicos del *modus operandi* de la delincuencia organizada: narcomenudeo, ejecuciones extrajudiciales, protección de policías del cuadrante de la Zona Rosa, y vinculación de los participantes con cárteles mayores. En la investigación abierta por este caso se estableció una línea de vinculación entre la Unión Tepito y el Cártel de los Beltrán Leyva, principales distribuidores de drogas en bares y antros de la CDMX.

2. Unión Tepito. Esta agrupación domina el mercado de la droga en la Ciudad de México. Nació en 2009 como grupo de autodefensa de los comerciantes del barrio frente a las amenazas de La Familia Michoacana, pero después siguió el curso

de muchos de estos comandos de autodefensa: se convirtió en grupo delincuencial dominante.[1]

Estamos entonces ante un fenómeno delictivo de gran magnitud en la Delegación Cuauhtémoc, el cual día con día genera ganancias de millones pesos, lesionando el patrimonio de los particulares y sus demás derechos humanos. Y no podemos quedarnos de brazos cruzados ante ello. Es por eso que, una vez ya mostrado el diagnóstico, se propone un plan de acción cuyo eje principal es la prevención.

Prevención y plan de acción para la Delegación Cuauhtémoc

No cabe duda que las delegaciones juegan un rol vital para la prevención y atención al delito. En el caso específico de la Delegación Cuauhtémoc, durante los primeros seis meses de la presente administración (2015-2018) se han atendido un mil 709 quejas, demandas y denuncias ciudadanas en los siguientes rubros:

• Retiro de vehículos abandonados
• Retiro de vehículos mal estacionados
• Solicitudes de vigilancia
• Instalación de cámaras de videovigilancia
• Alarmas vecinales
• Denuncia de grupos delictivos
• Venta y consumo de droga

---

[1] Nieto, Antonio. Domina *Unión Tepito mercado de droga*. *Reforma*, 25 de abril de 2016.

Con este tipo de acciones, aunadas al fomento a la cultura y a la educación, es que se forma una estrategia de prevención integral con la que se busca disminuir de manera exponencial la incidencia de este tipo de conductas antijurídicas en la demarcación. Esto debe ser apoyado por un buen plan de acción y propuestas como las siguientes:

Además del mando policial centralizado que actualmente opera en la CDMX se debe prever una policía de proximidad ciudadana o vecinal, manejada directamente por las delegaciones. Las delegaciones deben diseñar y operar políticas de prevención del delito, de manera integral, de acuerdo con la realidad delincuencial de cada demarcación.

Entre estas acciones de carácter integral de la seguridad ciudadana que se trabaja en la Delegación Cuauhtémoc se prevén las siguientes, de manera destacada:

- Fortalecimiento del tejido social
- Participación ciudadana directa (mediante contralores ciudadanos y la figura de "vecinos vigilantes")
- Utilización de Tecnologías de la Información y la Comunicación (mediante aplicaciones especializadas y alarmas vecinales)
- Procesamiento y socialización de información sobre las principales conductas delictivas
- Prevención y denuncia de manera segura y confiable de hechos de corrupción que involucren a funcionarios(as) y empleados(as) de la Delegación (a través de la Fiscalía Interna Anticorrupción).

El diagnóstico aquí expuesto es sólo una muestra de la estadística que se tiene acerca del fenómeno delincuencial en la Delegación Cuauhtémoc, y se tiene ya diseñado un plan de acción para combatirlo. Este plan puede funcionar, de concretarse y aplicarse, considerando en todo momento la prevención.

La Delegación Cuauhtémoc es el corazón de la Ciudad de México, llena de gente valiosa y un potencial inimaginable. Por ello es que cada día se debe luchar por brindarle a sus habitantes una mejor calidad de vida. La autoridad tiene como principal tarea la lucha por la seguridad pública integral en cada una de las colonias de la demarcación y de la ciudad en conjunto.

Índice

www.ingramcontent.com/pod-product-compliance
Lightning Source LLC
Chambersburg PA
CBHW062122280526
45788CB00001B/20